내 인생 최고의 선물

내 인생 최고의 선물

ⓒ한헌 외 69인, 2024

초판 1쇄 발행 2024년 5월 20일

지은이 한헌 외 69인
펴낸이 정선모
디자인 가보경 이소윤

펴낸곳 도서출판 SUN
출판등록 제25100-2016-000022호. 2016년 3월 15일
주　소 서울시 노원구 덕릉로 94길 21. 205-102
전　화 010. 5213. 0476
이메일 44jsm@hanmail.net

값 15,000원
ISBN 979-11-88270-78-1(03810)

Printed in KOREA

· 잘못된 책은 바꿔드립니다.

· 이 책은 저작권법에 따라 보호받는 저작물이므로 무단전제와 무단복제를 금지하며, 이 책의 전부 또는 일부 내용을 사용하려면 사전에 저작권자와 도서출판 SUN의 서면 동의를 받아야 합니다.

내 인생 최고의
선물

한헌 외 69인

책을 내며

현재Present가 선물Present이다

김종회(한국디지털문인협회 회장)

  한국디지털문인협회 내 인생 시리즈·5의 주제는 '선물'이다. 내 인생 최고의 선물을 제재題材로 하여 모두 70분 회원이 앞다투어 글을 냈다. 오늘날과 같이 자기중심적인 시대에 쉽지 않은 일이다. 편집위원회에서는 이 소중한 글들을 각기 14편씩 모두 5부로 나누어 편집하고, 여러 공정의 과정을 거쳐 이처럼 소담스러운 책으로 묶게 되었다. 각 부의 말미에 있는 외국인 필자들은 우리 협회 책쓰기 4대학 소속으로 미얀마에서 한국어 글쓰기를 공부하고 있는 학생들이다. 글 70편 모두가 흙 속에서 찾은 옥석玉石 같은 느낌이다.

  이 주제와 관련된, 필자와 친분이 있는 어느 시인의 이야기다. 그의 아들이 미국에서 고등학교를 졸업하고 대학에 들어가기 위해 쓴 에세이의 제목이 '현재의 힘Power of Now'이었다는 것이다. 그런데 그 글의 문면이 고등학생의 생각으로는 매우 사려 깊고 진중했다. 글은 시인 아버지와 오랜 교유가 있던 고故 법정 스님과의 대화에 대한 기록이었다. 아이는 이렇게 물었다. "스님께 세상에서 가장 소중한 것은 무엇입니까?"

  스님이니, 그 대답은 불佛·법法·승僧 같은 3보三寶 쪽에 있을 줄 알았다. 그런데 스님의 답변은 전혀 딴판이었다. "내게 가장 소중한 존재는 바로 너다." 아이는 다시 물었다. "아니, 어떻게 스님께 제가 가장 귀한 존재인가요?" 설법과 문필에 두루 통하여 이미 세상에 이름을 널리 알린 스님은, 아이에게 차근차근 자신의 생각을 들려주었다. "지금 이 순간, 우주의 삼라만상 가운데 나는 너에게 집중하고 있으며 지금 내게 너보다 더 중한 선물은 없다."

글을 쓴 아이는 미국 아이비리그의 명문 프린스턴대학에 입학했다. 스님의 언표가 지금 여기, 현재의 힘임을 납득할 만한 수준의 아이라면, 다른 분야의 공부도 잘했을 터이다. 일찍이 그리스의 극작가 소포클레스는 "내가 헛되이 보낸 오늘은 어제 죽어간 이들이 그토록 바라던 내일이다"라고 했다. 러시아의 문호 톨스토이는 "진정한 생활은 현재뿐이다"라고 단언했고, 프랑스의 철학자 볼테르는 "현재에서 미래가 태어난다"고 주장했다. 우리 각자에게 그 냉엄한 현재는 공평하게 선물로 허락되어 있다.

미국에서 가장 존경받는 여성으로 손꼽히는 대통령 영부인 엘리노어 루스벨트의 편지에는, 다음과 같은 유명한 구절이 있다. "어제는 히스토리이고 내일은 미스테리이며, 오늘은 프레젠트이다." 더글러스 태프트 전 코카콜라 회장이 어느 대학 졸업식에서 연설하면서 이 구절을 인용하고, 그러기에 우리는 현재Present를 선물Present이라 한다고 했다. 오늘의 우리는 과연 우리의 현재를 선물처럼 아끼며 살고 있는가를 반문하고 성찰해 보아야 한다. 그것이 현재를 공평하게 가진 이의 책임이기 때문이다.

우리가 평생을 두고 기억하는 선물은 사람마다 다양하고 뜻깊은 것이겠지만, 누구에게나 예외 없이 공통된 한 가지는 지금 값없이 누리고 있는 현재라는 시간이 아닐까 한다. 이는 범박하고 일상적인 이치이나, 우리 인생의 숙명을 암시하는 철리哲理일 터이다. 이 현재라는 선물을 귀하게 여기므로 우리 협회는 뜻을 한데 모아 여러 사업을 한다. 올해도 5월의 학술 심포지엄을 비롯하여 많은 행사가 예정되어 있다. 책의 발간에 이르기까지 애쓰고 수고하신 분들께, 책이 완성되어 빛을 보게 해 주신 도서출판 SUN에 마음을 다하여 깊이 감사드린다.

축사

문학의 향기 넘치는 다섯 번째 선물

이상우(한국디지털문인협회 이사장)

'만사핸통'의 시대, '손가락 하나로 우주를 만든다'는 슬로건을 걸고 출발한 한국디지털문인협회는 창설 2년 만에 엄청난 업적을 이루었다. 이제는 한국의 디지털 창작 세계에서 대표적 리더로 앞장서게 되었다.

AI까지 나서서 창작 세계에 도전해오고 있는 현실에서, 디지털 속의 문학하는 자세를 지키고 발전시키자는 우리의 목표는 꾸준히 진행되고 있다.

회원들은 협회 창설 이전부터 서로 얼굴 한 번 보지 않고도 핸드폰을 통한 온라인만으로 책을 만들어왔다. 협회 창설 이후 시작한 문집이 벌써 다섯 번째다. 문집을 만들 때마다 공동 테마를 제시하고 그 테마에 얽힌 개인의 인생을 그려왔다. 이번 테마 '선물'도 앞선 주제였던 '선택', '위로', '여행', '동행' 못지않게 흥미를 자아내게 하는 테마이다.

일생을 사는 동안 선물을 받아보지 않은 사람은 없을 것이다. 아니 매일 작든 크든 어떤 종류이든 우리는 선물을 받는다. 복잡한 인생사의 어려운 한 순간을 도와주고 용기를 주는 말 한마디 '선물'에서부터 일생을 잊지 못하게 하는 추억으로 남길 선물을 받아본 사람은 많을 것이다.

여기 실린 '선물' 작가 70인은 모두가 다양하고 소중한 선물을 간직하고 있다. 70편의 작품 속에는 부모로부터 탄생誕生이라는 큰 선물을 받은 것부터 절망의 순간에 용기를 준 한마디 말씀, 평생 희로애락을 함께한 부부간 사랑이라는 선물, 어머니가 남겨준 한 권의 책, 고학 시절에 친구가 도와준 한 학기 등록금, 다른 사람에게는 한 조각 휴지이지만 나를 울리게 한 편지 한 통이 우리에게는 잊지 못할 선물이다. 그 외에도 희망을 선물한 콘서트, 해맑은 손녀의 웃음, 특별한 사람과 함께한 여행, 엄마의 손맛 등 다양한 인생살이가 담긴 소중한 선물이 많았다. 모두가 개성 넘치는 문향을 지니고 있을 뿐 아니라 작가로서의 역량을 충분히 보여주었다.

협회 회원들의 문학 실력을 마음껏 발휘한 이 작품집은 모든 디지털 문학인에게 잊지 못할 선물이 될 것이라 믿는다.

처음 회원이 되어 작품집에 참여한 회원이나 두 번, 세 번, 혹은 다섯 번째 작품집에까지 참여한 회원들의 문운을 빌며 더 좋은 창작을 향해 정진해 주기를 바란다.

목차

책을 내며 김종회(한국디지털문인협회 회장) 4
축　사 이상우(한국디지털문인협회 이사장) 6

1부

가금현 아버지의 편지 15
가재산 어느 멋진 인생의 후반전 20
강세창 막내의 선물 24
고동록 삶의 북극성을 만들어준 성당 29
고문수 대를 이어 찾아온 선물 33
김건이 깜짝 여행 37
김두진 어린 손, 고마운 손 40
김상성 짝 잃은 생고무신 44
김연균 내 인생 최고의 선물, 어머니와의 만남 48
김연빈 10월의 선물, 필경筆耕 53
김영희 터닝포인트가 되어준 멋진 반란 57
김영희(창원) 큰딸이 준 선물 62
김용태 선물 67
Tan Sin 탄신(윤지은) 엄마의 엄마가 되고 싶어 70

2부

김정록 건강은 예방이 우선, 자연치유와 겸해야 75
김정인 풍수와의 인연 79
김천규 암 경험자에게 희망을 선물한 '고잉 온 콘서트' 84
김현지 취우산翠雨山에서 10년, 그 후 89
노승욱 손글씨 유산, 손글씨 사랑 92
노영래 해로偕老 97
노운하 인사치레 말 한마디 101
노인숙 네 개의 현, 첼로와 함께 106
노태호 중국 상해와 러시아공장 초대 주재원 110
목남희 신의 선물 116
문성미 밍글라바, 희망의 빛 120
문영일 선생님의 그 선물 125
박미경 엄마의 손맛 129
Phyu Sin Moe Htet 퓨신 모텟**(아영)** 지금의 나를 있게 한 부모님들 134

3부

박영애 생일 카드에 적힌 숫자 141
박용호 아버지의 말씀 145
박종문 생명의 근원, 소금 150
박종희 산 사랑 154
박현식 수안綏安 159
방현철 나는 누구인가? 163
백남흥 말씀의 선물 167
보 경 작가의 영혼을 담아내는 한 권의 책 172
안만호 낚시터의 인연 176
오순령 덕업일치德業一致 180
오순옥 하늘에서 내려온 선물 185
오정애 세 번의 선물 188
오태동 천상의 선물天上의 膳物 192
Tin Zar Myo 띤자묘**(가운)** 나에게 듬직한 인연의 나무들 197

4부

우종희 점의 미학美學 203
원동업 생이 생에 생을 207
유숙영 아버지의 우산 211
유영석 추억의 찐빵 216
유용린 내 인생 최고의 선물 10가지 220
윤재철 일상의 선물, 선물의 일상 226
윤정걸 지나간 일들을 잊으라니요 230
이상우 추 경감의 지포 라이터 233
이성숙 엄마, 내 아기 나처럼 키워줘 237
이옥희 오래도록 기억되는 선물 240
이일장 세상이 나에게 준 선물 244
이정원 아련한 그리움 속 아버지의 잔상 249
이정화 꿈 같은 라디오 선물 253
Khattar khin 캇따킨 너 변했어, 아주 많이 257

5부

이형하 최고의 선물, 사수 263
임명자 고통도 익으면 꽃이 된다 268
장동익 손녀의 웃음, 피어나는 행복의 정원 271
전윤채 꽃세상 274
정선모 세 마디 말씀 278
조정숙 봄에 부르는 희망가 282
차경아 비 오는 날의 데이트 286
최덕기 손이 시린 날에 288
최원현 선물 291
한상림 미얀마 대모代母 295
한 헌 함께여서 더욱 특별했던 3,422m 등정 300
홍경석 내 삶은 누가 뭐래도 당신 하나요 305
황의윤 '추억'이라 쓰고 '선물'이라 읽는다 310
Kay Thwe Aung 께이 뜨웨 아웅(지혜) '나'라는 꽃을 피우게 한 아빠의 응원 315

1부

가금현 아버지의 편지
가재산 어느 멋진 인생의 후반전
강세창 막내의 선물
고동록 삶의 북극성을 만들어준 성당
고문수 대를 이어 찾아온 선물
김건이 깜짝 여행
김두진 어린 손, 고마운 손
김상성 짝 잃은 생고무신
김연균 내 인생 최고의 선물, 어머니와의 만남
김연빈 10월의 선물, 필경筆耕
김영희 터닝포인트가 되어준 멋진 반란
김영희(창원) 큰딸이 준 선물
김용태 선물
Tan Sin 탄신(윤지은) 엄마의 엄마가 되고 싶어

아버지의 편지

가금현

나의 어릴 때 기억은 할머니 할아버지로부터 엄청 귀염을 받고 있다는 것을 깨닫기 시작할 때부터이며, 너무 어려 기억이 없는 부분은 부모님이나 이웃한 친척들로부터 전해 들은 것으로 조부모의 극진한 사랑을 받고 자란 건 사실일 것이다.

작은 바닷가 마을. 더구나 마당 앞까지 바닷물이 들어오던 마을에서 나는 할아버지와 할머니 그리고 부모님과 함께 어린 시절을 보내며 소황제로 군림했던 것 같다. 그러다 보니 어린 나이에 '내가 최고'라는 인식이 머릿속에 박혔고, 늘 윗사람들과 어울렸다.

당시 친구만 보더라도 모두 나보다 한두 살 위인 선배들이다. 이후 초등학교 다닐 무렵 부모님은 분가해 우리 가족만의 생활이 이어진 가운데 나는 외톨이가 되었다. 함께했던 친구들은 모두 학교 선배가 되었으니 말이다. 그리고 당시 이웃하는 집마다 남자 형제들이 보통 2~3명 되는데 우리 집은 아들 나 하나에 여동생 둘뿐이었으니 더욱 그랬다.

다행인 것은 내 성격이 활발한 편으로 누구와도 잘 어울려 초·중학교는 고향 집에서 부모님의 보살핌 속에 순조롭게 다녔으나 고등학교를 서산에 자리한 서령고에 입학하면서 부모님과 떨어져 생활하는 과정에 공부와는 거리가 멀어지게 되었고, 투기 종목인 권투에 빠져들었다.

나는 권투를 하면서 학생들이 지켜야 할 규범에서 조금씩 벗어났으나 당시 엄하게만 생각되었던 아버지는 이상할 정도로 말씀이 없었다. 주말에 집에 왔다 갈 때 엄마한테 "금현이 용돈 좀 더 줘"라고만 했다. 그 말씀은 내가 담배 피우고 있다는 것을 알고 하신 것임을 나중에야 알게 됐다.

고등학교 3학년이 시작된 지 얼마 후 국어 선생은 내가 쓰고 있는 소주가씨 성의 유래에 대한 숙제를 내줘, 주말에 고향 집에 갔을 때 아버지께 지나가는 말로 말씀드리고 잊고 있었는데 어느 날 수업받던 중 무심코 창문 밖 운동장을 바라보다 깜짝 놀랐다.

아버지가 하얀 고무신을 신고 뚜벅뚜벅 교실로 걸어오시는 것이 아닌가. 이때 다른 친구도 그 모습을 보았는지 "금현이 아버지다"라고 말해 나의 아버지가 운동장을 가로질러 오시는 모습을 선생을 비롯해 반 친구들이 다 볼 수 있었다. 방학 때 또는 주말이면 가끔 친구들과 고향 집에 내려갔기 때문에 나의 아버지를 아는 친구들이 몇몇 있었기 때문이었다. 이 광경을 지켜본 선생은 공교롭게도 숙제를 내준 국어 선생이었고, 그는 친구들 앞에서 "금현이는 훌륭한 아버님을 두셨구나. 아버님께 효도를 다해야 한다"라고 했다.

그날 저녁 나는 술을 병나발 분다는 것을 직접 경험한 날이었다. 학생으로 하지 말아야 할 나의 행동에 대해 단 한마디도 하지 않으면서 묵묵히 뒷바라지해 주고 있다는 것을 이때 깨달은 것이다. 당시 고향에서 함께 온 친구들은 모두 자취하는데 나만 하숙당시 쌀 7말하며, 하라는 공부는 뒷전인 채 친구들과 어울려 다니며 규범에 어긋난 행동을 했던 것이 아버지한테 미안했던 것 같다.

아버지는 그날 학교 방문 후 숙제만 건네주며 "에미, 애비 걱정 말고 밥 잘 챙겨 먹고 건강하게 학교 잘 다녀라" 하면서 농사일이 바빠 빨리 가야 한다며 떠나셨다.

그날 저녁 술병을 비우면서 하나의 목표를 세웠다. 아버지가 말씀은 하지 않았지만, 아들이 대학에 다니는 걸 보고 싶어 하신다는 것을 알고 있었기에 방황을 접고 공부에 전념해야겠다고 마음먹었다. 2년이 넘는 세월 동안 덮어두었던 책을 꺼내 펼쳐놓고 공부하기란 쉽지 않았지만, 내 나름대로 열심히 노력한 결과 비록 지방의 국립대지만 등록금 면제라는 장학 혜택을 받게 됐다.

이때 아버지는 그 대학교수였던 후배로부터 이 소식을 미리 듣고 동네잔치라도 할 분위기였다. 대학에 다니면서 잠자고 있던 나의 욕망이 분출되면서 아버지의 말 없는 행동은 다시 이어졌다. 책가방 대신 권투 글러브가 든 가방을 메고 체육관으로 갔다가 어둠이 내려앉으면 술타령에 반항심만 키워가고 있는 아들을 바라본다는 것. 나는 나중에 나 같았던 아들을 키우며 아버지의 마음을 알게 됐다.

그래도 나는 아버지가 생각하는 울타리, 그 안에서 벗어나지 않기 위해 모든 행동에 조심했다고 하지만, 어른으로서 지켜볼 땐 금방이라도 울타리를 벗어날 것만 같이 위태롭게 보였을 것이다. 특히 반항심 가득한 아들이 그렇게도 가기 싫어하는 군대를 더구나 우리나라 최전방 중 한 곳인 백두산부대로 입대한다니 아버지의 마음은 더욱 위태롭게 느껴졌으리라.

나는 군 생활 중 부모님께 몇 통의 편지를 보냈던 것으로 기억된다.

세월이 흘러 나도 어엿한 한 가정의 가장이 되었고, 나 같은 아들 하나를 두게 되면서 아버지의 마음을 하나둘씩 알아갈 수 있었다. 그동안 내게 말은 하지 않더라도 믿음으로 지켜준 것에 대한 감사와 고마운 마음이 들면서 아버지에게 한층 가깝게 다가갈 수 있었다.

 그러던 어느 날 고향 집 사랑방 시렁 위에 쥐가 갉아먹은 흔적이 있는 국방색 가방을 내려 그 안의 내용물을 확인하니 내가 군대 생활 중 받은 편지와 내가 부모님께 보낸 편지가 가득 담겨 있었다. 제대하면서 그동안 받은 편지를 챙겨 온 것 같다. 빛바랜 그리고 쥐가 갉아먹은 편지도 있었지만, 하나하나 펼쳐 읽다가 나는 그만 울음을 터트리고 말았다. 당시의 편지를 옮겨 본다.

 사랑하는 금현 보아라.
 눈이 오려나 비가 오려나 컴컴한 먹구름이 하늘을 덮었구나. 오늘은 내 생일이라고 동네 사람들이 다들 오셨는데 꼭 있어야 할 네가 없어 허전한 마음 금할 길 없구나. 금현아, 너도 아마 군무에 열중하느라 집에 오지 못했어도 마음은 집 생각에 잠겨 쓸쓸히 지낼 것을 다 알고 있다. 그러나 이것이 다 시대의 탓이요… (중략) 아무쪼록 건강한 몸으로 군무에 충실하여 영광된 통일 조국의 앞날에 길이 빛날 훌륭한 인물이 되려면… (중략) 겨울날답지 않게 포근한 날씨가 계속 된다. 이럴 때일수록 몸조심하고 감기몸살에 주의하여 다시 만날 때 웃는 얼굴 건강한 모습 보고 싶구나. 부디 온 부대의 행운과 사랑하는 아들의 건강을 빌며….
 일천구백팔십팔년 일월 십오일 너를 사랑하는 아버지

 '사랑하는 아들에게'로 시작되는 편지 속에는 본인들 걱정은 하지 말고 오직 나의 건강과 안전을 당부하는 마음을 담은 글이었다.

나는 왜 그 당시 아버지의 이 큰 사랑을 이해하지 못했을까. 아니 생각조차도 못한 것이다. 지금 생각하면 사랑이 가득한 아버지의 편지를 읽으면서 다른 생각 없이 오로지 건강하게 제대해 부모님 품으로 돌아가야겠다고 마음먹었을 것 같다. 그것이 아버지가 바라는 것이었고, 나는 무의식 속에 아버지의 사랑을 받아 일탈 없이 무사히 군 복무를 마칠 수 있었던 것이 아닐까.

아버지로부터 받은 사랑의 편지는 곧 내게 최고의 선물이 아닐까 싶다. 아버지의 큰 선물을 마음에 담고 이제 보답해야겠다는 마음을 가졌을 때 아버지는 갑자기 내 곁을 떠나셨다.

아버지가 가족들과 함께 가고 싶다던 베트남 하롱베이. 나는 아들과 함께 아버지를 모시고 3대가 술 한잔 나누면서 아버지의 큰마음을 아들에게 전해 주고 싶었지만, 아버지는 그조차 허락하지 않고 떠나셨다.

이젠 내가 아버지로부터 받은 선물을 나 같았던 아들에게 전해 주려고 한다. 그것만이 아버지에 대한 고마움을 조금이나마 갚는 일이 아니겠는가. 아버지, 오직 사랑으로 키워 주심에 감사드립니다. 편안한 곳에 영면하소서.

시인, CTN/교육타임즈 발행인, 시집: 《당신을 만나기까지》, 《저 멀리 보이는 너》 외

어느 멋진 인생의 후반전

가재산

약속 시각보다 30분 늦게 도착한 이와다岩田 선생님이 내가 기다리던 동경 시내 호텔 로비로 급히 들어섰다. 미안한 표정을 지으며 한 달 전에 대장암 수술을 받은 이야기를 했다. 수술 후 한 달간 외출 금지령이 떨어졌다. 오랜만에 동경에 왔다는 내 전화를 받고 몰래 나오다가 딱 걸려 아내를 설득하는 데 시간이 걸리는 바람에 늦어 미안하다고 늦은 이유를 설명했다. 선생님을 마지막으로 뵌 것은 5년 전이었다. 그동안 한일 외교 갈등에다 코로나까지 겹쳐 일본 방문을 못 했기 때문이었다.

삶에서 누구를 만나느냐에 따라 인생이 달라진다. 내 후반전 인생을 송두리째 바꾸게 한 이와다 선생님은 이렇게 나에 대한 관심과 애정이 남달랐다. 인생의 멘토라고나 할까? 회사 퇴직 후 후반전 삶에 꼭 닮고 싶은 사람이 있다면 이와다 선생님이었다.

나는 삼성자동차 재직 시 인사, 교육을 총괄하는 중역이었지만 자동차 경험은 전무한 상태였다. 자동차 판매에서부터 수리 절차까지 모든 교육을 새로 해야 하기 때문에 일본에서 경험 많은 사람 중 외부 고문으로 몇 분 영입했다. 이와다 선생님은 그 가운데 우리 교육팀 전담 고문으로 직접 모셨던 분이었다.

그분은 일본의 혼다 자동차 창업자이자 마쓰시다 고노스케松下幸之助 회장과 함께 '경영의 신'이라 불리던 혼다 소이치로本田宗一郎 회장의 몇 안 되는 문하생이었다. 영업 지점장, 판매회사의 사장, 그리고 연수원에도 15년 근무했다. 예순 정년이 얼마 남지 않았을 때 일본의 이토에 있는 혼다자동차 종합연수원 원장이었다. 그 당시 일본 회사에 지인으로부터 이분이 곧 정년퇴직하실 거라는 소식을 듣고 곧바로 일본으로 달려가 만났다. 선생님은 나의 완곡한 부탁에 그 자리에서 삼성자동차 고문으로 쾌히 승낙해 주셨다.

첫인상부터 소탈한 성품에 인자한 분이었다. 사무실에는 별도의 연수원장실조차 없었고 직원들과 똑같은 책상에서 나를 맞이해 준 것부터 인상적이었다. 회사 업무를 떠나 개인적으로도 그분한테 무척 많은 것을 배웠다. 퇴직 후 내가 제2의 인생을 사는데 그분의 삶과 인생 철학이 내게 나침반이 되었다. 한마디로 나의 벤치마킹 대상이자 훌륭한 멘토Mentor였다. 지금까지도 그분을 조금이라도 닮고자 나름 노력하고 있다.

가장 감명 깊었던 것은 철저한 시간 활용법이었다. 그분은 조그마한 수첩에 연간 스케줄을 깨알같이 기록하고 관리했다. 정년 은퇴 이후에도 생각보다 남은 긴 시간을 자신을 위한 일, 계속 돈 버는 일, 그리고 타인을 위한 봉사로 3등분 해 적용했다. 이른바 황금 비율인 3:3:3 원칙을 실천하고 계셨다.

첫 번째 3은 자신의 건강과 취미생활, 즉 자신만을 위한 시간이었다. 새벽 다섯 시에 일어나 비가 오나 눈이 오나 한 시간 넘게 빠른 걸음으로 공원을 산책하며 체력을 단련했다. 산책하러 나갈 때도 변화를 주기 위해 모자, 스카프, 위아래 운동복을 매일 바꾸어 입었다. 서른한 벌을 따로 준비하여 벽에 걸어놓고 매일 다른 옷으로 바꾸어 입고 운동했다는 사실에 놀라지 않을 수 없었다. 그래서인지 그 당시 일흔을 넘긴 나이인데도 오십 대처럼 건강해 보이고, 골프 실력도 좋아 싱글을 유지하고 있었다. 좋아하는 취미는 도자기 만드는 일이었고, 도자기 굽는 자그마한 요窯까지 준비하셨다.

두 번째 3은 나이가 들어도 어떤 일이든 계속하고, 돈 버는 일도 지속하자는 모토였다. 그분은 삼성자동차 고문을 그만둔 이후 90세가 다 된 현재까지도 '선샤인Sun shine'이라는 작은 컨설팅 회사를 설립하여 대표 컨설턴트로 일하고 있다. 전국을 돌며 강의와 기업체 자문 활동도 활발하게 진행 중이다. 사무직원도 따로 없이 사모님이 모든 사무 업무를 대신한다.

마지막 3은 남을 돕는 봉사활동에 투자하는 시간이다. 주로 고향에 내려가 직접 몸으로, 때로는 금전적 지원으로 봉사를 실천하면서 멋지고도 풍요로운 인생을 즐기신다. 참으로 후반전의 인생살이가 멋진 분이다. 일본에 들를 때마다 선생님을 만나 뵙고 소주 한잔 기울이면서 그분의 인생 경험을 듣곤 했다. 그것에 자극받아 나도 '333의 원칙'을 후반전 삶에 그대로 적용하기로 마음먹었다.

40대 후반에 퇴직한 이후 나는 자신을 위한 투자를 대폭 늘렸다. 몇 군데 대학원도 다녔고, 체력 보강을 위해 트레킹 클럽도 만들어 500여 명이 모일 정도로 걷기에 흠뻑 빠지기도 했다. 더욱 의미 있는 일은 원래 10권만 쓰기로 마음먹었던 책 쓰기도 어느새 40여 권에 이른다.

두 번째로 돈 버는 일에도 게을리하지 않았다. 삼성에서 배운 인사 교육 관련 실무를 중소기업에 전파하려고 나이 오십에 중앙일보와

'Joins HR'을 창업했다. 그리고 10년 전 환갑이 된 나이에 '피플스그룹'을 만들어 10년 넘게 컨설팅과 교육 사업을 계속했다.

세 번째 타인을 위한 일을 하는 데는 바쁘고 마음에 여유가 없다는 핑계가 늘 장애물이었다. 드디어 5년 전에 미얀마 학생 100명에게 장학금 주는 일을 시작했다. '세상은 인간이 바꾸지만, 인간은 교육을 통해 바뀐다'라는 생각으로 학생들에게 장학금 주는 것뿐만 아니라 청소년들에게 꿈과 도전을 심어 주는 정신 교육을 목적으로 진행하고 있다.

또 한 가지는 '디지털책쓰기코칭협회'를 만들어 시니어들의 책쓰기를 도와주면서 '디지털책쓰기대학'을 10개 대학으로 늘려 운영하고 있다. 책 쓰고 싶은 시니어들을 위해 출간될 때까지 작가와 출판사들이 도와주는 일이다. 시니어들의 책이 출간되면 비록 내게 수입이 없어도 내 책이 출간된 것만큼이나 기쁘고 신바람이 난다.

70이 넘어서부터는 삼미三味 인생을 찾아 나서기로 했다. 삼미는 흥미 있는 일을 골라서 하되 기왕이면 재미있게 하고, 가능한 의미意味 있는 일을 하자는 뜻이다. 의미 있는 일은 오히려 돈을 써야 하고 때로는 무척 힘이 들 때도 많다. 그러나 가치가 있다고 생각하면 열정이 생기며, 하고 나면 자기가 행복해진다. 타인을 위한 봉사나 기부하는 일은 묘하게도 자기 자신이 더 행복감을 느낀다. 이제 세 번째 과제에 집중하며 삶의 무게 추를 옮기는 데 주력하고자 한다. 내 후반전 삶의 길을 안내해 주신 이와다 선생님의 가르침은 내 인생 최고의 선물이다.

디지털책쓰기코칭협회 회장, 한국디지털문인협회 부회장, 한류경영연구원장

막내의 선물

강세창

"내일 울산 내려가 사나흘 머물고 싶어요."
대학 졸업하던 해 첫 번째 전화였다.
"그래, 너 좋아하는 초밥집 들른 후 바닷가 드라이브나 하자. 그동안 수고 많았지!"
막내가 내려와 작은 고모 댁에서 함께 지낸 다음 날 동해안으로 드라이브에 나섰다.
"역시 바다가 좋긴 좋다."
수평선 너머로 여러 척의 대형선박이 두둥실 떠 있다. 현대중공업 조선소에서 출고 대기 중인 선박들이다. 산업수도라 일컫는 울산은 인구 100만이 넘는 광역도시임에도 울창한 영남알프스 1,000m 이상 6고지를 품고, 유유히 흐르는 태화강 뜰에는 십 리 대밭 사이로 연어. 황어들이 동해로부터 거슬러 올라오는 모습이 장관壯觀이다. 그에 더하여 세계 유수의 자동차. 조선. 석유화학 산업단지까지 울산의 자랑이다.
이러한 도시 풍경에 취하고 일자리에 젖어 세월 가는 것도 잊은 채 지내는 나 같은 기러기 아빠들이 울산에는 상당수에 이른다. 서울에서 명퇴 후 울산에 내려온 지도 어언 15여 년이 후딱 지나갔다.

계절은 초여름으로 가는 6월 중순, 운전에 집중하면서 상념에 젖어 있는데 녀석은 앞자리에서 꾸벅꾸벅 졸고 있다. 차는 주전울산 포구 이름을 거쳐 정자해변을 지나고 있다. 감포를 거쳐 포항, 구룡포를 지나 호미곶까지는 아직도 1시간 반 정도가 남았다. 모처럼 부자간의 애틋한 시간인가 했는데 긴장이 풀리고 날씨 탓인지 아예 곤히 휴식 상태다.

막내는 내 나이 40을 바라보던 해에 늦둥이로 태어났다. 이듬해 우여곡절 끝에 창원에서의 첫 직장을 정리하고 상경, 강남 은마아파트로 이주한 데는 아내의 교육열이 더해진 탓도 있다. 그렇게, 저렇게 열심히 지내던 와중에 IMF 외환위기가 닥쳐왔다. 직전에 장만한 대치동 빌라도 금융 비용융자으로 부담이 커진 데다 엎친 데 덮친 격으로 직장에서의 명퇴로 인해 일자리를 찾아 울산으로 내려가게 되었다. 막내가 막 초등학교를 졸업할 즈음이었다.

한 달에 두세 번 주말에 상경하여 가족과 지내다 보니 위로 두 누나도, 막내도 이따금 함께 책상 옆에 앉아 보지만 대화가 겉도는 수가 대부분이었다.

"막내, 넌 요즘 무슨 책 읽고 있니?"

"예, 감명 깊게 읽은 책이 있어요. 미국에서 어느 문제 학생들만 교육하는 고등학교에서 담임선생님이 숙제로 '사랑합니다'라고 누구에게든 말하고 서명받아 오라고 했는데, 그 가운데 A 학생은 워낙 망나니짓을 많이 해서 누구에게도 사랑한다는 말조차 꺼낼 수 없었답니다. 할 수 없이 가장 만만한 아버지에게 '사랑합니다'라고 쓴 글에 서명을 받아 숙제를 제출하면서 평소 엄하시던 아버지 눈에 맺힌 눈물의 의미조차 깨닫지 못했다네요. 그 뒤 얼마 후 아버지가 폐암으로 돌아가시자 장례식에서 통한의 눈물을 흘리면서 그나마 생전에 '사랑합니다'로

서명받은 일이 큰 위안이 되었다네요."

듣고 있던 나는 속으로 '이 녀석이 부모에 대한 애틋한 정을 에둘러 표현하나 보다'라고 생각했다.

그렇게 몇 년이 흘러 K고등학교 다니던 막내가 2학년 겨울방학 때 "저, 이번 학기를 끝으로 자퇴해야겠어요, 내신 성적이…" 하며 말끝을 흐린다. "검정고시를 통해 대학에 진학할까 봐요"라고 하는 게 아닌가. 눈앞이 캄캄했다. 어린 사슴이 길을 묻는데 아비 사슴이 취할 행동이란 것이 서성거리는 일뿐일 줄이야.

울산행 기차를 타러 나오는 길에 막내도 따라 나와 독서실 간다고 어깨를 들썩이며 저만치 걸어가는 뒷모습을 보며, 본인의 불안한 마음이야 그렇다 치더라도 제발 좌절하지 않고 용기를 갖게 되기를 빌고 또 빌었다. 1년 후 재수再修 없이 수원 A 대학 경제과에 입학했는데도 막내의 방황은 계속되었다. 소위 서울 사대문 안의 대학 진학을 위해 재수한답시고 대학 2년을 허송세월했다. 입대하던 전날 밤, 부자간의 대화도 여전히 멋쩍었다.

"그래, 병역의무 잘 수행하고 건강하게 지내다 오렴."

다음 날 아내는 훈련소에 동행하고, 나 홀로 울산으로 내려가는 내내 울적한 마음을 달랠 길 없어 막막했었다. 할 수 있는 일이 겨우 주말마다 편지를 써서 월요일에 우체국 가서 부치는 일상이 계속되었다. 한번 쓴 얘기는 또다시 쓸 수 없는 일, 예를 들면 자신감, 목표 설정, 도전정신, 역경을 이겨내는 힘, 경쟁에서의 인내, 신뢰와 우정, 존경과 감사, 개척해 가는 미래, 승부의 기질, 출제자 입장에서, 1만 시간 버티기, 진정한 승자는 자신과의 싸움에서, 목표/세부계획/일정 등등의 주제로 편지를 써 보냈다.

첫 휴가를 나왔을 때 숙제를 냈다. 제대하기 전에 경제학 전공에 어울리는 자신의 미래 목표를 확정하는 일이었다. 부자간에 생각이 일치했다. 공인회계사 고시를 준비하기로 했다. 중급 회계 원리 책을 지참하고 귀대하는 막내의 눈길이 반짝반짝 빛나 보였다.

제대 직전에 첫 번째 부친 편지의 답신이 왔다.

"소년이로학난성少年易老學難成하니, 일촌광음불가경一寸光陰不可輕이라, 미각지당춘초몽未覺池塘春草夢인데 계전오엽기추성階前梧葉已秋聲이라."

이는 필자가 야학夜學 시절 국군에게 보낸 위문편지에 어느 장교의 회신 내용이었다. 한문 세대가 아닌 막내가 가슴에 새긴 손 글씨로 그 뜻을 되짚는 편지 내용이었다. 위 한시漢詩의 요지는 '소년은 늙기 쉽고 학문 성취는 어려우니 아주 짧은 시간이라도 가볍게 여기지 말 것이며, 뜰앞 연못가 봄풀은 꿈에서 깨어나지 못하는데 계단 앞 오동나무 잎은 이미 가을 소리를 낸다'는 뜻으로 중국 송나라 주자朱子의 글이다. 청소년 시기에 시간을 아껴 학업에 정진하라는 취지로 자주 인용되는 명 시구詩句이기도 하다.

겨우 100여 통의 편지로 입대한 자식의 미래 이정표가 되어줄 수 있을 것인가! 포항을 거쳐 구룡포를 지날 즈음 막내는 늘어지게 기지개를 켜고 자세를 바로잡는다. 아직도 호미곶까지는 30여 분 남았다. 이 참에 나의 속내를 보여주고 싶었다.

"남자에게 칠전팔기七顚八起는 일생에 한두 번 겪는 일이니 용기 잃지 않도록 하렴."

"괜히 사서 걱정하지 마세요. 제 일은 제가 알아서 합니다."

호미곶에 이르니 포구 쪽 상생의 두 손상手像이 마주 보고 우리를 반긴다. 동해의 서쪽 노을이 파도에 부서지며 반짝거린다.

그해 여름 무더위가 누그러질 때 즈음, 막내로부터 전화가 왔다.

"아버지, 저 공인회계사 고시 합격했어요."

나는 잠시 할 말을 잊고 감정이 북받쳤다. 겨우 한마디 했다.

"너, 평생 할 효도 다했다."

그때 귓가에 들리는 소리,

"당신은 일생 최고의 선물을 두 번이나 받았네요, 막내 태어날 때부터….".

NCN 전문위원(울산재능기부NGO), 칼럼니스트, 경영지도사

삶의 북극성을 만들어준 성당

고동록

내 인생에서 가장 소중한 최고의 선물을 꼽으라면 1979년 고등학교 2학년 3월에 담임선생님을 통해서 만나게 된 성당을 들고 싶다. 당시 담임선생님은 광주 살레시오고등학교에서 지리 과목을 가르치며 성당에서 사목위원회 회장직을 맡고 계신 독실한 신자이셨다. 항상 학생들의 입장에서 생각하고, 학생들을 올바른 길로 나아갈 수 있도록 이끌어 주신 매우 인자하면서도 원칙주의자이셨다.

당시에 담임선생님으로 새로운 학년을 맡게 되면 학생들의 가정을 방문하는 관행이 있었다. 고등학교 2학년 담임선생님이 나의 자취방을 방문했다. 고2 학생의 조그마한 자취방은 담임선생님이 다니던 성당에서 불과 300여 미터 떨어진 철길 옆을 지나는 언덕 위에 있었.

집에 들어오자마자 선생님이 빙그레 웃으며 "동록아, 저기 성당 십자가 보이지?" 하고 물으셨다. 그곳이 당신이 다니는 성당이라고 하면서 이번 주 일요일에 성당에 꼭 나오라고 하셨다. 나는 한 치의 주저함도 없이 "네, 선생님, 그렇게 하겠습니다" 하고 대답했다.

이리하여 45년 동안 지금까지 이어지는 성당과 만남이 시작되었다. 매주 일요일 아침 학생 미사에서 부르던 성가, 신부님 강론, 신록이 더해지는 5월의 성모 성월 행사 등 다양한 신앙 활동은 대학 입시 공부에 찌든 쳇바퀴 도는 생활을 샘물이 풍요롭고 비옥한 오아시스 같은 삶으로 만들어 주었다. 많은 성경 구절에서도 "즐거움 속에서 주를 섬기라"와 "벗을 위하여 제 목숨을 바치는 것보다 더 큰 사랑은 없다"라는 성경 말씀은 당시 신앙생활의 지주가 되었고, 아직도 내 마음속 깊이 새겨져 있다.

가끔 선생님은 무등산 수박을 재배하는 나병 환자촌이나 정신질환으로 격리되어 집단생활을 하는 보호 시설 방문 등 봉사활동을 하는 곳에 데려가기도 했다. 이러한 시설들의 방문은 내게 엄청난 충격을 주었다. 주변에 정상인들의 세상이 아닌 또 다른 세계가 존재한다는 것을 알게 되었다.

성당을 다니게 되면서 더욱 즐겁고 활기찬 고등학교 생활로 성적도 매우 향상되고, 살레시오 교육에 대한 깊은 관심을 가지게 되었다. 살레시오 수도회는 1854년 이탈리아 토리노에서 요한 돈 보스코Don Bosco, 1815~1888 성인이 청소년 교육과 빈민 구제를 목적으로 창설했다. 돈 보스코 교육은 청소년을 사랑하고 그들의 교육에 큰 관심을 가진 예방 교육, 전인 교육, 진보적 교육 사상을 중심으로 한다. 예방 교육은 청소년들이 문제를 일으키기 전에 미리 예방하는 것을 강조하며, 청소년들이 자신의 잠재력을 발휘하고 건강한 사회 구성원으로 성장할 수 있도록 한다. 전인 교육은 청소년의 지성, 인성, 감성 등 모든 측면을 균형 있게 발달시키는 것을 목표로 하며, 청소년들이 자신의 삶을 주체적으로 살아갈 수 있도록 한다. 진보적 교육은 청소년의 개인적인 특성과 요구에 따라 맞춤형 교육을 제공하는 것을 강조하며, 청소년들이 자신의 꿈과 목표를 이룰 수 있도록 한다.

돈 보스코 교육의 영향을 받아서 교리 공부를 하고 79년 12월 성탄절에 도미니코 사비오라는 세례명으로 영세를 받았다. 도미니코 사비오Dominico Savio, 1842~1857는 이탈리아의 성인으로, 살레시오 수도회 소속의 수도자이자 청소년 교육자이다. 돈 보스코의 교육 사상을 가장 잘 이해하고 실천한 제자라고 해서 나의 세례명으로 정했다. 15세의 나이로 선종한 도미니코 사비오는 짧은 생애 동안 청소년 교육과 빈민 구제에 헌신한 청소년 교육의 상징으로 여겨지고 있다. 청소년들이 자신의 잠재력을 발휘하고 건강한 사회 구성원으로 성장할 수 있도록 사랑과 관심을 가지고 그들의 고민과 어려움을 들어 주며, 청소년들에게 노동의 가치와 중요성을 강조했으며, 그들이 스스로 일을 해서 돈을 벌고 자립할 수 있도록 도와주었다. 현재 서울 동작구 신대방동 보라매공원 근처에 도미니꼬 사비오의 청소년 교육사상을 공부시키는 돈 보스코 청소년 교육센터가 있다.

천주교 울타리에서 살레시오고등학교 신앙은 자유롭게 공부하고, 성경 읽기, 동아리, 대학 선배와의 캠핑 등 다양한 활동을 통해 꿈과 비전을 달성할 수 있는 토대와 삶의 의미를 다시 한번 생각하게 해 주었다. 삶의 목표가 불분명하고 방황하는 때에 삶의 목표가 생기게 하여 큰 힘이 되어 주었고, 어려운 일이 있을 때마다 나를 위로하고 격려해 주었다.

담임선생님의 성당 전도는 젊은 학생 시절의 불안과 두려움으로 쳇바퀴 생활을 하던 자취생을 하느님의 사랑과 성모님의 온아하고 따스함으로 육십에 이르기까지 열정과 자신감으로 살아가게 하는 현재이자 삶의 북극성인 최고의 선물이다.

앞으로 살아가야 할 삶의 목표를 이루기 위해 노력하고, 신앙심을 가지고 다른 사람들을 돕고, 봉사활동을 하면서 행복한 삶을 살게 하는 활력소가 되고 있다.

퀀텀브레인네트워크 대표. 한국HR포럼 고문. 한국혁신경영협회 이사장

대를 이어 찾아온 선물

고문수

결혼하고 2년 정도 지나도록 아내에게 태기가 없어 걱정했다. 바로 그즈음 아내의 임신 소식은 더없이 기뻤다. 연말을 며칠 남겨놓은 어느 날 집에서 멀리 떨어진 홍제동에서 송년 모임을 하던 중, 장모님으로부터 아내가 출산 기미가 있으니 급히 오라는 연락을 받았다. 나는 영등포 근처 산부인과로 서둘러 갔다.

아내는 진통이 너무 심해 제왕절개 수술을 받길 원했다. 장모님은 자연분만을 권했다. 아기가 거꾸로 들어서 있는 것도 아닌데 무슨 잠꼬대 같은 소리냐고 야단을 쳤다. 심지어 아내는 앞으로 무슨 소원이든지 다 들어줄 테니 고통을 면하게 해달라고 나의 손을 꼭 잡으면서 간절히 졸랐다. 내가 바람을 피운다고 해도 들어줄 기세였다.

아내가 분만실로 들어가고 시간이 꽤 지난 뒤에 아이를 출산했다. 장모님이 분만실 문을 열고 걱정스러운 표정으로 아기가 울지 않는다고 했다. 급히 분만실로 들어갔다. 담당 의사가 땀을 뻘뻘 흘리며 긴장된 모습으로 왼손으로는 갓난아기의 발목을 잡고, 오른손으로는 등을 두들기고 있었다. 눈앞이 캄캄했다. 혹시나 아기에게 신체장애가 있는 것은 아닌가 하는 생각이 빠르게 뇌리를 스쳤다. 식은땀이 주르륵 흘렀다. 짧은 시간이 무척 길게 느껴졌다. 그때였다. 아기가 "앵~" 하고 울음을 터트렸다.

임신한 지 얼마 되지 않은 1975년 초에 그동안 저축한 돈과 은행 융자를 받아 개봉동에 대지를 구입해 단독주택을 짓기 시작했다. 아기가 문패 있는 집에서 태어났다는 기쁨도 컸다.

아내가 아들 이름을 꿈에서 점지받았다며 '상윤'이라고 지었다. 내가 근무하는 회사는 청계천2가에 있어 집이 있는 개봉동과는 꽤 먼 거리였다. 회사에 다닌다는 핑계로 그야말로 바쁘게 뛰어다녔다. 부부가 함께 아기를 키운다는 공동육아라는 개념도 없던 때라 남편인 내가 육아나 가사 일을 돕지도 못했다. 아내 홀로 아들 뒷바라지며 집안의 모든 일을 척척 해냈다.

개봉동에서 그럭저럭 3년을 지내다 강남의 아파트로 이사했다. 상윤이가 유치원에 다닐 무렵이었다. 아파트 현관문이 '탕' 하고 닫히면서 상윤이의 손가락이 그만 문틈에 끼고 말았다. 아내가 급히 동네 병원으로 달려가 지혈하고 꿰맸지만, 손톱의 반쪽은 떨어져 나가버렸다. 안전사고였다.

상윤이는 울지도 않고 담담하게 치료받았다. 상윤이에게 "괜찮아? 많이 아프지?"라고 했더니 "아니야, 괜찮아"라고 대답했다. 조그만 녀석이 참을성이 대단했다. 상윤이는 자기를 잘 드러내려 하지 않고, 아버지가 월급쟁이라는 것을 아는지 자립심과 독립심도 강하다. 하늘이 주신 우리 가정의 최고의 선물은 아들인가 싶다.

아들 상윤이가 어느덧 자라서 결혼하고 자식까지 두었다. 상윤이가 쓴 자기 아들 출산기를 우연히 본 적이 있다. 내가 겪은 것처럼 상윤이도 아들이 태어나는 순간의 느낌을 간절한 마음으로 기록해 놓은 것이다. 그 글을 보니 부모의 마음은 누구나 같다는 것을 새삼 느낀다. 지금부터는 아들이 쓴 '분만기'이다.

어느새 병원에 온 지도 2시간이 넘어가고 새벽 6시다. 창밖에는 사람들이 한두 명씩 보이기 시작하고 조금씩 밝아지는 것이 아침이 온 듯했다. 납품 때문에 계속 야근하느라 잠이 부족했고, 밤새 진통하느라 기진맥진한 아내도 힘들어했다. 아내는 진통을 호소했다. 배는 못으로 찌르는 듯하고 허리는 톱으로 잘라내는 것처럼 아프다고 했다. 둘 다 밤을 꼬박 새우고 피곤함에 지쳐 고통은 더욱 컸던 듯하다.

아내는 1분 정도 진통하고 잠이 든다. 2분 후 다시 진통이 시작되면 그 아픔을 참아내다 1분 후 진통이 가라앉으면 잠깐 눈을 붙이는 일이 계속 반복되었다. 간호사는 진통 시 주의해야 할 점 두 가지를 말해 주었다. 하나는 호흡을 계속해서 아닮이아기의 태명에게 산소를 공급해 줘야 하며, 또 하나는 몸을 비틀거나 움직이지 말고 가만히 누워 있어야 한다고 했다. 진통하는 아내에게 이게 어찌 쉽겠는가. 허리를 톱으로 잘라내는 것처럼 아픈 순간에 움직이지 말아야 하며, 아픔을 표현하는 순간에 호흡을 일정하게 유지해야만 한다니…. 하지만 워낙 많이 아픈 아내에겐 별로 소용없었다. 아닮이의 심장 박동도 진통의 순간에는 50~60대로 떨어졌다. 정상의 경우 140 정도 나와야 한다.

아내가 수술을 요청했다. 산부인과에 오기 전까지만 해도 혹시라도 의사들이 수술하자고 해도 자연분만할 거라고 말해달라고 하던 아내였다. 이젠 수술해달라고 한다. 아내는 많이 힘들어했고, 이젠 말할 힘도 없어 보였다. 얼마나 힘들면 제왕절개를 한다고 할까. 그냥 수술하겠다가 아니었다. 제발 수술이라도 해달라고 통사정을 했다. 세상에서 내가 제일 사랑하는 아내가 수술을 간절히 원했다.

남자는 태어날 때 운다고 했다. 내가 태어날 때 우는 게 아니고 내 아들이 태어날 때 우는 건가 보다. 힘들어하는 아내를 옆에서 그냥 보고 있기도 이젠 너무 힘들어 울려고 병실을 나왔다.

12시쯤이었나. 담당 의사가 회진하러 들어왔고 이제 출산 준비가 되었다고 했다. 아내는 겁을 내기 시작했다. 간호사들이 하나둘씩 들어오기 시작했고, 아내의 진통도 점점 심해졌다. 아내는 힘을 주기 시작했다. 힘을 줄 때마다 얼굴은 붉게 변했다. 고통으로 일그러진 얼굴을 보기가 정말 힘들었다. 아내는 장하게도 자연분만을 선택했다.

나는 아내 옆에서 손을 꼭 잡고 있었다. 가끔 아내의 얼굴을 만지면서…. 의사들이 뭐라 하든, 간호사들이 뭐라 하든 아내의 얼굴만 보고 있었다. 30분 정도 지났나 보다. "아빠, 아기 확인하세요" 한다. 정말이다. 아닮이가 탄생했다. 운다. 팔이 움직인다. 다리도 움직인다. 아내는 아닮이를 보고 운다. 나도 눈물이 다시금 흘렀다.

'해산의 고통은 하나님 심판의 고통'이라고 했다. 나와 아들은 출산 시 한결같이 산모의 고통을 곁에서 지켜보면서 인생 최고의 선물은 결코 쉽게 얻을 수 없다는 것을 느꼈던 순간이었다.

한국자동차산업협동조합 전무이사. 저서:《3대가 함께 쓴 우리》

깜짝 여행

김건이

　무더운 어느 여름날, 60번째 생일을 맞이하던 중 뜻밖의 선물을 받았다. 남동생들이 가족들과 함께하는 제주도 여행을 마련해 준 것이다. 생각지도 못한 감동적인 선물이었다.
　60년 전 내가 태어날 그 당시엔 산모를 보살펴줄 편의 시설 하나 없이 어머니는 무더위를 묵묵히 견디셨을 것이다. 어머니의 무조건적인 사랑과 희생을 바탕으로 지금의 내가 될 수 있었다. 깊은 감사의 마음이 밀려와 오늘따라 어머니가 더욱 보고 싶다.
　제주에 도착하니 인기 관광지답게 분주한 공항의 모습이 눈에 들어왔다. 공항을 나오자마자 이국적인 제주의 풍경이 펼쳐졌다. 나를 맞이한 무더운 바람, 뜨거운 태양마저도 반가웠다. 아들과 조카, 손주들이 기쁨과 기대에 찬 얼굴로 나를 맞아 주었다. 이곳에서 만나니 더욱 반갑고 행복했다.
　그해 여름은 혹독한 폭염으로 기록될 정도로 더웠지만, 가족들과 함께 보낸 나날들은 숨막힐 듯한 더위조차 막을 수 없을 정도로 즐거운 시간이었다. 가족 간의 끈끈한 유대감을 확인할 수 있었고, 많은 곳을 함께 돌아다니며 즐거운 추억도 많이 쌓았다. 즐거운 마음으로 여행하며 그동안 살아온 이야기를 나누다 보니 가족이 얼마나 소중한 울타리인지 새삼 깨달았다. 같이 있어 주는 것만으로도 든든한 존재가 바로 가족 아니던가.

화산 분화구로 유명한 성산 일출봉을 오르기로 했다. 다소 힘들다는 말에 '가지 말까?' 하는 생각도 들었지만, 그래도 가보기로 했다. 가족들 사이에서도 가자는 의견과 가지 말자는 의견으로 나뉘었다. 그래도 여기까지 왔으니 가보자는 사람들이 좀 더 많아서 오르기 시작한 것이다. 무더위와 함께 가파른 오르막길을 오르려니 얼마나 힘들던지 '괜히 가겠다고 했나?' 하는 후회가 들기도 했다.

그래도 참고 서로 밀어주고 끌어 주며 오른 성산 일출봉! 눈앞에 시원스레 펼쳐진, 숨막히게 아름다운 풍경을 마주하니 그동안의 힘든 것이 모두 사라지는 느낌을 받았다. 아무 거칠 것 없는 망망한 태평양을 바라보며 이곳에 오르기를 정말 잘했다는 생각이 들었다. 그동안 마음속에 쌓여 있던 모든 스트레스가 한 방에 날아간 느낌이 들었다.

우리네 삶도 그럴 것이다. 살다 보면 곳곳에 뜻하지 않은 장애물이 수없이 나타날 것이다. 힘들다며 포기하고 돌아선다면 성산 일출봉 정상의 이 멋진 풍광을 대하는 것과 같은 황홀한 순간을 영영 만나지 못할 것이 아닌가.

저녁 식사를 위해 식당을 선택하는 데도 가족 간의 의견이 서로 달랐다. 젊은 층은 현대적인 퓨전 요리를 원하고, 장년층은 전통 제주 요리를 먹고 싶어 했다. 그러나 이 또한 두 가지 요리가 혼합된 곳을 선택하면서 문제가 해결되었다.

새로운 요리를 맛보며 이곳을 오기를 잘했다고 매우 흡족해하는 가족들을 보며, 작은 문제가 생길 때마다 이렇게 서로 의견을 나누고, 좋은 방향으로 타협해 나가는 모습은 여행보다 더 많은 것을 내게 일깨워 주었다. 이러한 모습은 비록 사소하기는 하지만 우리에게 가족의 본질을 알려 주는 중요한 역할을 했다. 가족은 모든 시련과 환난을 통해 함께 성장하는 것이다. 제주도 여행은 단순한 휴가를 넘어 깊은 가족애를 새삼 느끼게 했다. 함께한 모든 순간이 반짝였고, 함께한 모든 가족이 나의 보물이자 내 삶의 별이라는 것을 깨달았다.

돌이켜보면 이번 여행은 나의 60번째 생일을 축하하는 것 이상의 의미를 주었다. 여행이라는 렌즈를 통해 우리는 제주의 아름다운 풍경을 만끽했을 뿐만 아니라 가족 간에도 다양한 의견이 존재한다는 걸 알게 되었다.

세대 간의 갈등이 사회적 큰 이슈인 이 시대에 우리 가족 역시 예외는 아니라는 생각이 든다. 그러나 이번 여행을 통해 서로 자기 의견을 내고, 각기 다른 의견을 모아 타협과 이해의 과정을 공유하며 만족할 만한 결과를 내는 것을 보며 가족에 대한 더 큰 믿음이 생겼다.

가족은 표현할 수 없을 정도로 내겐 가장 큰 선물이다. 기쁜 일이 있을 때 제 일인 양 함께 기뻐하고, 힘든 일이 있을 때마다 서로 버팀목이 되어 주는 우리 가족을 생각하면 어떤 장애물도 너끈히 넘을 수 있을 것만 같다.

형제자매들이 정성껏 준비해 내게 선물한 이번 제주 여행은 평생 잊지 못할 추억을 남겨 주었다.

사주 명리 타로 강사, 한국디지털문인협회 책글쓰기 1대학 회원

어린 손, 고마운 손

김두진

"아줌마, 무지 덥지요?"

"괜찮아. 키친타올로 닦으면 돼, 나현아!"

찜통 가게 안에서 음식을 준비하느라 땀범벅인 나를 바라보던 나현이가 걱정스레 말을 건넸다. 나현이 역시 땀을 많이 흘리고 있었다. 찜통더위에 하필 에어컨이 고장 나는 바람에 선풍기 3대를 돌리며 음식을 만들어야 했다. 주방에서 쏟아지는 열기로 좁은 가게는 마치 한여름 낮 비닐하우스 안처럼 한증막이었다. 서비스센터에다 여러 번 독촉했지만, 예약이 많이 밀렸다니 나로선 기다릴 수밖에 없는 상황이었다.

처음 온 어떤 손님은 너무 덥다고 투정을 부리면서 해도 너무하다고 푸념했다. 나는 노점 시절을 견뎌왔기에 선풍기 날개가 돌고 있다는 것만으로도 감사하다고 천연덕스럽게 웃으면서 달랬다. 어떤 단골 손님은 그러다 쓰러지면 어쩌려고 그러냐면서 걱정스럽게 위로해 주었다. 그날도 참새처럼 우리 가게를 수시로 드나들던 나현이가 두 번째로 줄을 서 있었다.

나현이는 5살 때부터 우리 가게 찐 단골손님이다. 심지어 어린이날 어린이대공원 앞 즐비한 먹거리 음식점을 놔두고도 강동구 명일동 우리 가게로 와서 떡볶이를 사 먹었다. 지금도 대학교에 다니는 나현이가 여전히 나에겐 VIP 손님이다. 그 당시 고2였던 나현이는 한참 배고픈 저녁 시간인데, 땀을 흘리며 참고 기다려 준 것이다. 짜증을 부릴 만한 청소년기 아이가 오히려 나를 염려해 주는 것이 기특했다.

나는 분식점 가게 문을 열기 전에는 항상 커튼을 치고 문을 닫아건 후 기본 음식 준비가 끝나야 매장문을 연다. 간혹 손님이 잠긴 문을 두드려도 준비가 완료되기 전에는 절대로 문을 열지 않는 고집스러운 나만의 철칙이 있다.

그날따라 여기저기서 전화가 빗발치다 보니 여느 때보다 40분이나 늦어진 것이다. 준비를 마치고 커튼을 걷은 후 매장문을 열자, 이틀 전에 다녀간 나현이가 다시 찾아온 것이다. 손에는 검정 봉지가 들려 있었고, 봉지에서는 물이 뚝뚝 떨어졌다. 오픈이 늦어져 많이 기다리게 해서 미안하다고 했다.

문을 열어놓고 주방 쪽으로 가면서 나현이에게 봉지 안에 무언가 터진 것 아니냐며 새 비닐봉지를 꺼내 주었다. 나현이는 들고 있던 봉지를 나에게 건네며 "아줌마 드리려고 살짝 얼려 왔는데 40분이나 기다렸더니 다 녹아서 별로 시원하지 않을 것 같아요"라고 말했다. 봉지 안에는 이온 음료인 포카리스웨트가 녹고 있었다. 몇몇 손님은 기다리다 그냥 갔다는 데도 문이 열릴 때까지 기다려 준 나현이가 얼마나 힘들었을까 생각하니 미안해졌다. 30도가 넘는 더위에 바깥에 서서 문이 열리기를 기다렸을 나현이를 생각하니 울컥해서 말을 잇지 못했다.

심한 갈증을 느끼던 차라 받자마자 컵에 따라 단숨에 마셨다. 그날 마신 이온 음료를 아직도 잊을 수가 없다. 여태껏 마신 음료 중 최고였다. 지금도 그날의 나현이 모습을 떠올리면 가슴이 울컥하여 눈물이 핑그르르 돈다. 누군가에게 이 이야기를 전해 줄 때면 나도 모르게 울먹인다. 어쩌면 그때가 가장 힘들고 외롭고 허전한 시기였기 때문인지도 모른다. 남편이 갑자기 세상을 떠나고 의지할 곳 없던 나에게 따스한 손을 내밀어 준 나현이의 어린 손은 천사의 날개를 달고 온 귀한 손님이다.

그동안 소소한 선물을 많이 받아보았지만, 대부분은 선물 받는 순간엔 기쁘다가도 시간이 지나면서 쉽게 잊는다. 하지만 나현이가 준 음료수 한 병은 평생 잊지 못할 최고의 선물이다. 학교 다니랴, 입시 준비로 학원에 다니랴, 남을 생각할 겨를이 없던 시기인데도 어쩌면 그렇게 나까지 생각하고 챙겨준 건지 생각할수록 기특하다. 그 마음이 너무 예뻐서 몇 년이 지난 지금까지도 '선물'을 생각하면 나현이의 그 모습이 가장 먼저 떠오른다.

나현이는 지금도 우리 가게에 자주 온다. 아주 어렸을 때부터 성장 과정을 지켜보면서 참 예사롭지 않은 아이라고 생각했었다. 가끔 부모님과 같이 주문하면서 의견을 주고받을 때도 공손하고, 남을 배려하는 말 한마디 한마디가 어른 못지않다. 요즘 아이들은 참을성이 부족하다는 선입견이 있었는데 나현이를 보면서 내 생각도 바뀌게 되었다.

나만의 생각일까? 예쁘게 성장한 나현이를 보면서 나도 저런 딸 하나 있었으면 하는 생각을 한다. 그렇다고 나현이와 내가 그동안 별다른 대화의 시간을 가진 적이 있었던 것도 아니다. 그냥 15년 이상 우리 가게를 드나들 때마다 반갑게 인사를 나누는 사이다. 어쩌면 내가 나현이에 대하여 잘 모르듯이, 나현이 역시 나를 잘 모른다. 단지 부모님을 통해서 조금은 전해 들었을 거라는 생각이 든다. 왜냐하면, 7

년 전에 남편이 세상을 떠나기 전까지도 남편과 함께 나현이네 가족을 맞이했기 때문이다.

청소년들은 우리의 미래며 희망이다. 나현이 같이 남을 배려할 줄 아는 사람들이 많아져야 그늘지고 소외된 곳에 있는 이들에게도 희망의 빛이 되어줄 것이다. 그날 검정 비닐 안에 담긴 음료수 한 병이 녹으면서 흘리던 차가운 물방울은 여전히 나의 가슴에 아주 뜨거운 사랑의 선물로 남아 있다.

국제사이버대학학술제 시 부문 장려상, 노원구청장 표창, 강동구청장 표창, 강동구의회 표창, '진이네 떡볶이' 대표.

짝 잃은 생고무신

김상성

초등학교 2학년 칠월 칠석날, 그날도 찜통더위였다. 식구들은 어김없이 일을 나갔다 해가 질 때쯤 집에 돌아왔다. 마당에 멍석을 깔고 저녁을 먹었다. 누나가 설거지를 하고 있을 때 어머님이 신문지에 돌돌 만 뭉치를 내주며 말씀하셨다.

"칠성아, 네 생일 선물이다."

태어나 생전 처음 받아보는 생일 선물이었다. 가슴이 콩닥콩닥 뛰면서 흥분되기 시작했다. 그 자리에서 곧바로 신문지 뭉치를 풀었다.

'아, 이게 무언가. 그렇게도 신고 싶었던 생고무신이 아닌가.'

그날 이후 평생토록 생고무 신발 꿈을 열 번 이상이나 꿨다. 연애 시절 연인한테 '사랑한다'라는 말을 듣고도, 결혼식에서 다이아몬드 반지를 받고도, 귀여운 딸과 아들이 태어났을 때도 열 번 이상 꿈을 꿔본 적이 없었다. 이상하리만큼 한 가지 선물로 꿈을 그렇게나 많이 꾸다니…. 내 생애 최초, 최고의 선물이었음이 분명하다.

생고무 신발은 특별함이었다. 순간 나는 '엄마, 엄마'를 되뇌며 어머니 가슴에 팍 안겼다. 내 발의 신발 문수는 7문이었다. 어머니는 7문 반을 사 오셨다. 조금 큰 신발이었다. 오래오래 신으라는 의미였다. 그날 밤은 흥분으로 한숨도 못 잤다. 다음 날부터 폼 잡으며 학교에 갔고 반 친구들이 몰려와 내게 물었다.

"야, 얼마짜리냐, 발이 편하냐, 좋겠다."

하며 부러워들 했다. 여름에 양말 없이 신으면 땀이 차서 미끌미끌했다. 학교에 가면 신발장이 없던 시절이라 어머니가 만들어 주신 천으로 된 신발주머니에 넣어 가지고 다녔다. 생고무신은 한동안 내게 즐거움과 행복감을 안겨 주었다. 학교에서 돌아오면 생고무신을 깨끗이 닦아 마루 밑에 잘 보관했다. 집에서는 꺼먹고무신으로 갈아 신고 생고무신을 아꼈다.

귀한 생고무신과의 인연은 그리 오래 가지 못했다. 뒤꿈치가 닳기도 전 어느 날 아침에 학교에 가려고 신발을 찾으니 생고무신 한 짝이 없어졌다. 놀라서 식구들에게 말했다. 식구들이 모두 나와서 생고무신 한 짝을 찾았으나 없었다. 할 수 없이 오른발은 꺼먹고무신, 왼발엔 생고무신을 신고 학교에 갈 수밖에 없었다.

며칠을 쥐잡듯이 구석구석 찾았으나 헛수고였다. 범인을 잡지 못했다. 내 마음속에 범인으로 짚이는 게 있었다. 우리 집에서 나를 그토록 좋아하던 백구 녀석이 떠올랐다. 생고무신에 사랑을 빼앗긴 백구가 시기와 질투에 못 이겨 생고무신을 물어다 버렸을 것으로 추정했다. 하지만 그 녀석을 범인으로 낙인찍으면 식구들에게 학대받을 게 뻔했다. 나는 내 마음을 말할 수가 없었다.

65년 전 음력으로 칠월 칠석날을 지금도 생생하게 기억하고 있다. 그날이 내 생일이기에 동네 사람들은 나를 '칠성'이라고 불렀다. 첩첩산골의 전기도 들어오지 않던 시골이고, 집에서 초등학교까지 거리는 약 4km나 되었다. 논길, 밭길, 산길을 지나야 학교에 갈 수 있었다.

꺼먹고무신에 양말도 못 신고 책가방도 없어 보자기에 책과 노트를 싸서 다녔다. 책보자기를 등에 가로질러 질끈 묶고 다녔다. 운동화가 있었으나 언감생심이었다. 사서 신을 만한 경제력이 되질 못했다. 꺼먹고무신도 황톳길에서는 닳는 것이 아까워 벗어서 들고 다닐 때도 있었다.

당시 여자들은 흰 고무신을 신었고, 남자들은 거의 꺼먹고무신을 신었다. 지금처럼 신발의 종류도 많지 않았다. 아이들 신발 종류로는 꺼먹고무신보다 한 단계 높은 게 생고무신이었다. 생고무 신발은 운동화 모양이었고 색깔이 황톳빛이 났다. 생고무신만 신어도 한 폼 잡고 다녔다. 꺼먹고무신을 신은 아이들은 부러워서 물어보고 만져보고 집에 가서 부모님께 사달라고 조르곤 했다.

지금은 고무 신발을 신고 다니는 사람을 찾아볼 수 없다. 사찰에나 가야 스님들이 신는 흰색, 검은색 고무신을 볼 수 있다. 이제 장식용으로 진열장에서 볼 수 있는 게 고무신 아니던가. 물질이 풍성한 지금, 그때 그 시절의 생고무신만큼 나를 설레고 기쁘게 했던 적이 있던가.

칠월 칠석 찜통더위에 어머니가 나를 낳으시느라 얼마나 고생하셨을까. 먹을 것도 신통치 않은 때였다. 어머니가 돌아가신 지 40년이 지났지만 지금도 어머니를 생각하면 가슴이 아려온다. 여느 때처럼 내 생일이라고 미역국 한 그릇도 없고 축하 말 한마디도 없었는데 그때 생일만은 내게 정말 특별한 날이었다.

해마다 칠월 칠석에는 비 내리는 날이 많았고, 먹구름이 하늘을 가려서 밤하늘을 볼 수 없을 때도 많았다. 물론 한여름이니 비가 오는 날이 많았겠지만 이런 날씨를 두고 어머님이 하시던 말씀이 기억난다.

"오늘 비가 오는 건 견우와 직녀가 일 년에 한 번 만나는 날이라서 흘리는 눈물이란다."

그때 어머니의 말씀처럼 지금도 내 생일이면 견우와 직녀의 애틋한 사랑처럼 하늘의 어머니와 만난다. 그 기쁨과 감격에 나도 눈물이 흐른다.

사회복지학 석사, 노인심리상담사, 전) 삼성화재 상무, 전) MG손보 대표

내 인생 최고의 선물, 어머니와의 만남

김연균

　지구상의 모든 생명체는 환경의 영향을 받는다. 아니 생명체뿐만 아니라 모든 물체가 환경의 영향을 받고 있다. 무생물인 건조한 사막도 낮과 밤의 온도 차로 바위가 갈라져 돌멩이로, 돌멩이가 부서져 모래로 바뀌었다. 생명체인 동식물도 처한 상황에 따라 동물과 식물로 분화되었고, 동물은 필요에 따라 육상에서 살면 발과 다리가, 바다에서 살면 지느러미가. 생겨났다. 식물도 고온다습한 열대에서는 열기를 외부로 방출하기 쉬운 활엽수가, 한랭한 동토 지대에서는 온기와 수분의 증발을 억제하는 침엽수가 되었다. 물이 부족한 사막에 사는 식물은 수분 배출을 막기 위해 잎이 가시로 바뀌어 선인장이 되었다. 계절에 따라 기후가 변하는 온대지역 식물은 계절의 변화에 따라 잎을 피우기도 하고 떨구기도 하며 생존한다. 세상의 모든 물체가 환경의 영향을 크게 받고 있다.

　사람도 마찬가지다. 인류학자들은 햇빛을 얼마나 받느냐에 따라 피부의 색깔이 달라졌고, 주로 무얼 먹느냐에 따라 신체의 형상이 달라졌다고 한다.

　사회학자들은 집단의 문화가 소속원의 성격 형성에 영향을 준다고 말한다. 생물이건 무생물이건, 동물이든 식물이든 인간까지도, 속하고 있는 환경에 영향받고 있음이 확실하다. 자라나는 아이들 또한 그가 속한 가정환경, 그중에서도 가장 밀접한 환경인 어머니에게서 가장 큰 영향을 받는 것이 분명하다. 따라서 자의自意로 상황을 선택할 수 없는 아기의 입장에선 '어떤 어머니를 만나느냐'가 일생일대의 행운이 될 수도 있고 아닐 수도 있을 것이다.

그런 의미에서, 한 번밖에 살 수 없는 삶에서 인생 최대의 축복 있는 선물을 받았다고 생각한다. 물론 다른 이들도 그리 생각하겠지만 어머니와 함께했던 그 많은 시간 그리고 함께 나눴던 수많은 교감이 삶의 항해를 안내하는 등대가 되어 내 인생을 이끌었다고 생각한다. 어머니에게서 어린 시절부터 어른이 되기까지 셀 수 없이 많은 영향을 받았다. 의식하고 행한 건 아니겠지만 생활 속에서 가르침을 보여주셨다. 어머님의 교훈을 논어 학이편學而篇에 있는 '사람이 마땅히 지켜야 할 도리道理'라는 오상五常과 비교해 보아도 상통하고 있음을 알 수 있다.

• 인仁: 어짊이다. 곧 사랑이다. 공자께선 인仁이란 다른 이에 대한 사랑이라고 했다. 어머니는 사람은 물론 짐승 같은 동물이나 꽃과 나무 같은 식물도 상처가 나면 안쓰러워하며 싸매 주셨다. 그런 모습을 보면서 자라선지, 잘못된 일이 있으면 남을 탓하기보다는 자신을 먼저 되돌아보게 되었다.

• 의義: 바름이다. 곧 양심이다. 공자께선 의義란 옳음이라 하여 군자는 이해타산보다는 옳고 그름에 따라 행동해야 한다고 했다. 어머니는 흉년에 굶주림으로 힘들어할 때 자신은 배고파도 참고, 드셔야 할 밥을 이웃에게 양보하셨다. 자신보다는 남을 우선하는 것이 진정한 올바름이고 인간다움이란 걸 깨우칠 수 있었다.

- 예禮: 진실한 마음이다. 곧 절제다. 공자께선 형식보다는 실질을 중시하며 생각과 행동을 절제해야 한다고 했다. 어머니는 평소 비싼 것을 택하기보다는 이웃들과 실속 있는 것을 선택하여 나누는 걸 즐기셨다. 내 것을 줄여 어려운 이웃과 함께하는 모습을 보이셨다.
- 지智: 지혜로움이다. 곧 배움이다. 공자께선 군자란 지혜로워야 하므로 배워야 한다고 했다. 어머니는 헐벗고 못 먹어도 자식들이 배움만은 놓지 않도록 애쓰셨다. 끼니를 때울 양식이 없어서 굶을망정 자식들의 책값과 수업료는 마련해 주셨다. 어떤 어려움이 있어도 포기하지 않고 공부를 계속하게 이끌었다.
- 신信: 믿음이다. 곧 책임이다. 공자께선 군자란 말이나 행동에 책임질 줄 아는 사람이라고 했다. 어머니는 가난한 삶 속에서도 이웃과의 약속은 무슨 일이 있어도 지키셨고 자식들에게도 그리하도록 가르치셨다. 당시 춘궁기에 부잣집에 곡식을 빌리러 가면, 다른 이들은 곡식 한 톨 못 빌려도 어머니는 항상 원하시는 만큼 빌릴 수 있었다. 어머니의 보증만 있으면 부잣집에서 이웃들에게 곡식을 빌려 주어 다른 이들이 어머니의 보증을 받기 원해서 난처해하실 때도 있었다. 인간관계에서 지켜야 하는 최소공배수가 믿음이라는 걸 보여주셨다.

이런 오상五常 외에도 사람의 도리를 실천하기 위한 기초인 신체身體의 건강과 도리道理를 위한 필수요소인 용勇에 대한 가르침을 일상日常에서 보여주셨다.

- 신체身體: 공자께선 수신修身 곧 신체 단련을 우선했다. 어머니도 건강을 최우선시했다. 하루도 빠짐없이 새벽마다 우물물로 머리를 감은 후 정화수를 떠놓고 치성을 드리셨다. 내게도 매일 아침 냉수마찰을 하도록 했다. 지금까지 감기도 잘 걸리지 않게 된 건강 비결일 것이다.

- 용勇: 굴屈하지 않고 실천하는 힘이다. 공자는 말만 하고 실천하지 않는 것은 대언불참大言不慙, 큰소리만 치고 부끄러워하지 않는다이라고 했다. 어머니는 힘들어 포기하려 할 때 "너니까 할 수 있어!"라며 용기를 북돋아 주시곤 했다. 이런 경험들이 쌓이다 보니 아무리 고되고 지난至難한 일이라도 포기하지 않는 습관이 생겼다.

물론 어머니의 영향으로 깨우친 이런 삶의 지표가 보고 듣는 것만으로 이루어지진 않았다. 솔선과 지도가 있었지만, 보고 들은 내용이 무엇인지 잘 모르기도 했다. 실천하는 것이 귀찮기도 했으며 어렵기도 했다. 심지어 불공평하게 느껴지는 것도 있었다. 어머니의 뜻과는 달리 실천을 거부하거나 가르침과는 반대로 행동하는 경우도 있었다. 어머니는 설득도 하고, 꾸지람을 하거나 회초리를 들기도 하셨다. 거듭된 훈육에도 막무가내로 엇나갈 땐, 이리 말을 듣지 않는 것은 자식을 잘못 가르친 어미의 잘못이라며 자신을 책責하시고 자신에게 벌을 내리기도 하셨다. 자신의 가슴을 두드려 자신을 체벌하기도 하셨고, 목숨 걸고 식음을 전폐하기도 하셨다. 지금까지 회한悔恨으로 남아 마음을 아프게 하는 기억들이다.

세상에 어느 모자가 서로 아끼지 않는 관계가 있으랴마는, 이처럼 유달리 어머니와의 추억이 그립고 지금도 생생하게 기억되는 건, 아마도 아버지를 일찍 여의고 홀어머니 슬하에서 나이 어린 장남으로 살아왔기 때문일 것이다. 정신적으로나 물질적으로 의지할 수밖에 없는 상황에서 어머니는 기댈 수 있는 유일한 존재였고, 보호해야 하는 절대적인 대상이었다. 어머니는 자신보다도 그리고 나보다도 더 나를 아끼셨고, 나도 나보다 더 어머니를 아꼈다. 이런 어머니를 만나고 이런 어머니의 자식이 된 것이 하느님이 내게 베푼 최고의 축복이고, 내 인생 최대의 선물이라 여긴다. 한 번밖에 살지 못하는 그래서 더 소중한 내 삶에 어머니와의 추억이 많이 남아 있기에 그나마 다행이라고 생각한다.

어머니! 이 세상에 와서 어머니의 자식이 되어서 정말 행복했습니다. 어머니와 함께한 추억이 영원히 기억되기를 기도드립니다.

사랑하는 어머니! 사랑합니다. 사랑합니다. 영~원~히!

삼성그룹 교육담당 임원, 삼성CS아카데미 원장, 한국산업단지공단 경영자협의회고문, ㈜제로드 대표이사

10월의 선물, 필경筆耕

김연빈

지난해 10월 당진에 두 번 다녀왔다. 한 달에 두 번이나 당진을 찾은 것은 손기정과 남승룡을 기리는 '오오. 조선의 남아여!'란 시를 남기고 떠난 심훈1901~1936 선생의 기념관이 당진에 있다는 것을 알았기 때문이기도 했지만, 다른 사연이 있었다. 그것은 바로 〈필경〉이란 매혹적인 시가 담고 있는 심오한 의미를 더듬어보기 위해서였다.

2007년 여름 처음으로 번역서를 출간하며 조심스럽게 언론의 사명에 대해 언급한 일이 있다. 한국해양전략연구소가 발행한 《검증 국가전략 없는 일본》에서다. 이 책의 원전은 요미우리신문 정치부가 2006년 12월 발간한 같은 이름의 《検証国家戦略なき日本》이다. 국가전략 부재, 특히 국가의 성쇠를 좌우할 만큼 중요하면서도 정치권으로부터 외면받고 있는 과학기술, 해양정책, 자원·에너지, 지적 기반, 안전 분야에서 '일본이 얼마나 뒤처져 있는지'를 극명하게 추적·검증하여 통렬히 비판하고 정치권의 대응을 추궁했다.

연재 제5부는 〈표류하는 해양국가〉로 제목만으로도 호기심을 갖기에 충분하고 가슴을 뛰게 하는 기사가 20회 정도 이어졌다. 마침 일본문화원이 해양수산부가 있는 현대 계동사옥 맞은편에 있어서 기사가 연재될 때마다 신문을 찾아 연재물을 복사하고 번역해서 부내에 공유했다.

그러면서 요미우리라는 일본의 대표적 신문이 정부 정책을 정면으로 비판하는 것에 신선한 충격을 받았다. 그런 감동으로 역자 후기에서 초등학교 국어 시간에 배운 "매국 신문을 불사르자!"로 시작되는 〈펜의 힘〉이란 글을 빌려 언론이 미치는 영향을 생각하면서 두근거리는 가슴을 가라앉혔다.

두 번째로 언론의 사명에 대해 주장한 것도 요미우리신문 원전의 《바다로 열린 나라 국토상생론》2022에서다. 이 책의 원전은 《日本列島再生論》2013이다. 《일본열도재생론》은 2011년 3월 11일 발생한 동일본 대지진에서 노출된 일본 국토의 불균형을 바로잡고 저출산 고령화 사회를 맞아 소멸 위기에 처한 지방의 생존에 영감을 제공하고자 요미우리신문이 기획·취재한 내용을 모은 책이다. 국내외 네트워크를 총동원하여 우리나라를 비롯한 중국, 미국, 오스트리아 등 10여 개 국가의 관련 사례를 소개하고 있고 취재 기자는 100여 명에 이른다. 요미우리신문의 기획력과 취재력에 다시 한 번 탄복했다. 발간 후 거의 10년이 지나 번역본을 발간하면서 역시 언론의 기능에 대해 생각하지 않을 수 없었다. 제4의 권부라는 언론의 진정한 책임, 근본적 역할이 무엇인지를 떠올리게 되었다. 그래서 "언론은 말해야 한다. 옳은 것을./ 언론은 전해야 한다. 바른 것을./ 언론은 가야 한다. 국민과 함께"라고 짧지만 나름 혼을 담아 서술했다.

그 후 또 2년이 지나 다시 언론의 사명에 대해 고민하게 되었다. 《검증 국가전략 없는 일본》을 《국가전략이 없다》로 이름을 바꾸어 복간하면서다. 《국가전략이 없다》는 공무원이나 국회의원 등 국가정책을 결정하는 지위에 있는 이들에게 전략 수립의 중요성과 정책 결정의 무거운 책임을 암시한다. 여기에 덧붙여 권력을 감시하고 비판하는 언론의 기능과 책무에 불을 지피고 싶었다.

좋은 비유가 없을까 밤낮으로 생각에 몰두하던 중 초등학교 친구가 심훈기념관에서 건네준 《심훈 그날이 오면》이란 작은 책자에서 뜻밖에도 〈필경筆耕〉이란 시를 발견했다. 심훈은 1932년 당진으로 낙향하여 1934년에 필경사筆耕舍란 집을 손수 설계해 짓고 여기에서 1935년에 농촌소설 《상록수》를 집필했다. 필경사의 이름은 그가 1930년 7월에 지은 시 〈필경〉에서 따온 것이다. 이 시에 대한 애정과 집착이 얼마나 강했는지를 미루어 짐작할 수 있다.

심훈은 〈필경〉에서 "한 자루의 붓, 그것은 우리의 쟁기요, 유일한 연장이다/ 비바람이 험궂다고 역사의 바퀴가 역전할 것인가/ 마지막 심판 날을 기약하는 우리의 정성이 굽힐 것인가/ 창끝같이 철필 촉을 베려 모든 암흑면을 파헤치자/ 샅샅이 파헤쳐 온갖 죄악을 백주에 폭로하자!"라고 외쳤다.

'필경'은 '직업으로 글이나 글씨를 쓰는 일'을 뜻한다. 반고의 《후한서後漢書》398~445에 '필경'이 보이고, 당나라 때에는 '심직필경心織筆耕'이란 고사성어도 등장했다. 우리 문헌에는 최치원의 시문집 《계원필경桂苑筆耕》881에 처음 보인다. 이런 고전의 기록을 바탕으로 기념관 곳곳에서 '필경'을 '붓으로 밭을 일군다'라는 뜻이라고 설명하고 있으나 너무 단순하고 박절한 평가가 아닌가. 시인의 피를 토하는 외침을 공허하게 하는 것이 아닌가.

'필경'은 시에서 음미할 수 있는 것처럼 쟁기로 밭을 갈듯이 붓으로 마음을 갈아 잠자는 국민 의식을 깨우치자는 처절한 통곡이 아닐까. 10월 말 책쓰기대학 회원들과 다시 심훈기념관을 방문한 자리에서 그렇게 생각했다. 〈필경〉에서 신문기자 심훈의 자경自警의 다짐, 나아가서는 지식인에게 던지는 심훈의 소리 없는 절규를 들었다. '필경'은 바로 조국을 잃은 언론인의 고뇌, 식민지 지식인의 울분을 빙산처럼 감추고 있었던 것이다.

붓을 들어도 굽히기도 하고, 붓을 들어야 하는데 그냥 두기도 한다. 〈필경〉은 말한다. "오오. 붓을 잡은 자여 위대한 심장의 파수병이여!"

필경! 지식인이여, 붓을 들어라! 그대의 붓끝이 국가의 명운을 결정한다. 사슴을 사슴이라 하지 못하고 권력에 기대어 과잉충성하는 '손타쿠忖度'가 횡행하는 세태, 지난해 10월 당진에서 발견한 〈필경〉은 혼탁한 세상을 밝혀주는 등댓불과 같은 소중한 선물이었다.

도서출판 귀거래사 대표, 전) 주일한국대사관 해양수산관. 역서: 《국가전략이 없다》, 《바다로 열린 나라 국토상생론》, 《손기정 평전》, 《해양문제입문》 외

터닝포인트가 되어준 멋진 반란

김영희

　내 부엌 식탁의 경계에서 반란이 일어났다. 시끄러운 항의나 공개 시위가 아니다. 내가 가족의 기대와 교육 규범의 본질에 도전하는 이야기를 썼을 때 조용히 열쇠를 찰각거리는 소리로 반란이 일어났다. 나는 평범한 옆집 엄마였다. 책을 쓰고 세상이 달라졌다. 10여 년 전, 쓴 첫 책이 《끝내는 엄마 vs 끝내주는 엄마》였다. 큰아이를 키운 생생 리얼 스토리. '가르치지 않을 용기를 가진다면 더 많은 가르침을 얻을 수 있다'라는 소 타이틀이 독자에게 어필되었던 모양이다.

　책 출간 후 예기치 못한 일이 벌어졌다. 강의력도 없고 강의 교재도 만들어 본 적이 없던 문외한이었다. 강의 요청을 거부할 수 없었다. 초보자에게 연간 170여 회 정도 강의는 버거웠다. 소통과 공감을 통한 진정성으로 맥을 이었다고나 할까. 코로나 팬데믹으로 오프라인 강의는 점점 축소되었다.

　지금은 수필가, 객원기자, 칼럼니스트, 스마트폰 활용 책쓰기 코치로 활동하고 있다. 코칭을 하며 느끼는 점은 과거 직장이나 사회에서 높은 지위에 있던 사람일수록 아랫사람에게 지시하는 경우가 많았음을 알았다. 퇴직 후 그들을 도울 사람이 없어 디지털 활용 능력이 제로에 가깝다. 주로 시간, 돈, 노하우 등을 가진 분들이 교육 대상자. 그 분들의 바람은 책쓰기다.

아날로그 세대인 중장년층들의 답답함을 줄이고 희망의 기회가 되도록 돕고자 한다. 자칭 디지털 AI 전도사로 1인 1책 갖기 새마음 운동을 전개하고 있다. 비록 AI 기술 전공자는 아니지만, 교육 강연을 통해 IT 기술 사용과 활용, 저변 확대 등에 이바지하려 한다.

소위 디지털 노마드Digital Nomad 주부로 살기를 선포한 셈이다. 디지털 노마드란 디지털 유목민으로 '디지털digital'과 '유목민nomad'을 합성한 신조어이다. 인터넷 접속을 전제로 한 디지털 기기노트북, 스마트폰 등를 이용하여 공간에 제약을 받지 않고 재택·원격근무를 하면서 자유롭게 생활하는 사람들을 말한다.

누구나 버킷리스트가 있을 것이다. 여러 제약에도 꿈을 실현코자 노력하는 주부는 멋지다. 실천력은 굳센 의지와 긍정적 사고의 교차점에서 상승한다. 창의적 사고로 실천할 수 있는 곳을 찾는 게 노마드 주부가 아닐는지.

노마드 라이프란 한곳에 정착하지 않는 유목민적 라이프를 지향한다. 꼭 장소뿐만 아니라 정신적 지향점을 모색한다는 뜻으로 그렇게 사는 주부가 노마드 주부다.

이제 만나는 사람과 환경도 달라졌다. 관계 속에서 더 높은 목표를 바라본다. 주어진 일에 최선을 다하길 소망한다. 잘 몰라 더디더라도 남보다 더 오랜 시간 정성과 열정을 들이면 되지 않을까. 그렇게 되기까지 주부에게는 방해 요소도 많다. 장애물을 넘어야 가능하다.

새해가 되면 결심을 많이 한다. 주부는 가족 건강과 의식주 해결, 자녀 교육에 힘을 쏟느라 자신의 꿈조차 잊고 지낸다. 어느덧 세월이 흘러 남편은 사회에서 지위를 얻고 자녀도 자라 엄마의 손길이 뜸해진다. 어느 날 거울을 보면 낯선 중년 여인이 서 있다. 주름진 얼굴에 툭 튀어나온 뱃살이 눈에 거슬린다. 가상 아닌 현실이라 낯설고 우울하다.

갱년기가 되어 여기저기 기웃거려본다. 문화센터, 수영장, 친구 등을 찾아 나서지만 뭔가 채워지지 않는다. 그동안 잘살아 보겠다며 열심히 살았으나 남은 건 무엇인가. '잘 산다'는 의미에 여러 가지가 있다. 흔히 성공과 부의 외관만을 보고 잘 산다고들 말한다. 과연 그럴까? 물질과 정신이 조화로울 때 잘 산다고 할 수 있다. 둘은 그리 친하지 않다는 게 맹점이다.

트레킹하며 느끼는 건데 나지막한 산도 오르막과 내리막이 있다. 인생에도 나름의 굴곡이 있다. 그것을 일찍이 깨우친 유대인들은 고난 대비 교육을 어릴 때부터 시킨다. 회복 탄력성 지수를 높이기 위함이다. 인생이라는 미지수가 성공으로만 가득 채워지지 않음을 알기 때문이다.

시대적으로 배고픔을 겪었던 베이비붐 세대는 농경 시대, 산업 시대, 정보화 시대, AI 시대를 거친 주역들이다. 수많은 과정을 통해 욕구의 차원도 달라졌다. 주부 역할 또한 시대의 흐름을 거스를 수 없다. 단 한 가지 변하지 않는 욕망은 자녀 출세다.

자녀를 낳으면 지상 최대 관문은 좋은 대학 보내기다. 입시 형태도 세월 따라 달라진다. 어느 시대나 학부모인 주부들은 자녀 입시에 혈안이다. 때문에 주부의 꿈은 자라지 못한 채 미완성이다. 오로지 자녀 교육에 앵글을 맞춰 헌신하기에 그럴 짬이 없다고 해야 옳다. 자녀가 학업을 마친 서른 살쯤이면 주부는 예순 살 가까이 된다. 백세 시대라 해도 신체 나이로 따지면 서녘 하늘이다.

게다가 자식이 애물단지라 했던가. 기존에는 자녀가 대학교 졸업과 동시에 취직했다. 이제는 사정이 달라졌다. 대학교 졸업 후 대기업이나 공무원 취업 준비생들로 넘쳐난다. AI 발달로 머지않아 사라질 화이트칼라 직업군에 대한 욕망은 여전하다. 산업 시대에는 대학만 졸업하면 대기업에 들어가 제 밥벌이를 하곤 했다. 생선의 가운데 토막처럼 살던 시대였다. 그땐 인생 전체를 라이프 스케줄 대로 계획할 수 있었다. 보험설계사들은 라이프 스케줄 표를 제시하며 마케팅에 열을 올렸다.

예를 들면 자녀를 대학까지 가르치면 그들이 취업해 돈 벌면서 결혼 자금도 스스로 마련하곤 했다. 주택은 은행에서 대출받아 차츰 늘리고, 수명은 오래 살아야 일흔 살 정도로 단명했다. 때문에 설계사들은 정해진 라이프 스타일대로 별 차질없이 살 수 있음을 설명했다. 지금은 전설이 되었다.

부모의 든든한 뒷받침이 있거나 자식이 똑똑해 경제력을 확보하면 몰라도 예전 방식은 별로 통하지 않는다. 이제 성공 방정식이 달라졌고 대학 졸업장보다 능력을 우선시한다. 빈부 격차도 갈수록 심해지고 있다. 게다가 라이프 스타일도 불분명해져 예측할 수 없는 삶과 맞닥뜨려야 한다.

아이에게 공부만을 강요하기보다 아이가 잘하는 걸 찾아 길러 평생 밥벌이를 할 역량을 키워야 할 의무가 있다. 스스로 서게 만들어야 하기 때문이다. 근시안적 사고와 급변하는 사회와의 부조화로 부모와 자식 간 갈등은 점점 더 고조되고 있다. 젊은 자녀는 놀고 노년의 부모가 취직하는 패턴이 고착화되는 과도기다. 마흔 살 자녀와 일흔 살 부모가 한 집안에서 살며 부대낀다. 가족의 새 모형도다.

주부가 아이를 키우고 좀 허리를 펼만하면 연로하신 부모님이 그 자리를 차지한다. 게다가 갱년기로 여기저기 몸이 아프고 큰 병을 얻어 고생하기도 한다. 퇴직한 남편과의 갈등 또한 만만치 않다. 손주를 돌보는 할마, 할빠들의 고충은 이루 말할 수 없다. 오죽하면 '손주는 오면 반갑고 가면 더 반갑다'는 얘기가 나왔을까. 사실 가족을 꾸려 즐거움과 행복감도 맛보지만, 고통 또한 배제할 수 없다. 희로애락 그게 바로 인생 아니던가.

대안은 없을까. 나는 '333법'을 제안하려 한다. 자녀와 남편에게만 올인하기보다 각각 30%씩 시간, 돈, 노력을 나눠 자녀, 남편, 자신에게 3등분하고 나머지 10%는 남을 돕는 일에 쓰면 어떨까. 자식을 키우며 틈틈이 미래를 생각해 미리미리 준비하면 된다. 작가가 꿈이라면 책을 읽고 글을 쓰며, 화가가 되려면 데생을 멈추지 않아야 할 것이다.

내가 책을 썼기에 지금 여기에 있으며 삶의 터닝 포인트가 되었다. 부작용이 없었던 건 아니다. 남편이 "밥이 나오냐 떡이 나오냐"라며 글쓰기 등에 대해 비아냥거렸다. 자매들도 "언니, 말년에 편히 지내지, 왜 맨날 책상 앞에서 신경 쓰고 그래. 그러다 아프기라도 해봐. 누가 보상해 줘"라며 안타까워하곤 했다.

물론 사랑하는 가족의 마음을 이해하는 한다. 하지만 가슴 뛰는 꿈과 도전의 기회가 있음에 감사하다. 상상도 못 하던 새로운 세상과 만남은 나를 설레게 한다. 저질 체력이었던 내가 믿을 수 없을 정도로 최고의 건강을 구가하고 있다. 이는 하고 싶은 일을 하는 덕분 아닐까. 그런 의미에서 '책쓰기'는 내 일생일대의 과분한 반란이자 삶의 기폭제이며 선물임이 자명하다.

수필가, 칼럼니스트, 끝끝내엄마육아연구소 대표, 디지털책글쓰기대학 사무총장, 한국디지털문인협회 교육분과위원장

큰딸이 준 선물

김영희(창원)

1992년 6월, 처음으로 미국 여행을 떠나는 날이었다. 여행을 위해 며칠 동안 준비하는 과정에서 어릴 때 소풍 가기 전날같이 마음이 설렜다. 남편과 함께 여권을 만들고, 예쁜 운동화와 모자와 잠바도 마련하는 동안 너무도 행복했다.

1991년도에 영국의 킬대학에 교환 교수로 간 아들과 1987년도에 서울대학교를 졸업하고 미국에 풀브라이트 장학금으로 유학 간 큰딸이 미국과 영국을 여행하도록 엄마 아빠를 초대했다. 아이들이 항공권을 보냈기 때문에 무조건 김해공항으로 향했다. 우리가 탄 비행기는 노스웨스트 미국 항공기였다. 탑승자가 거의 외국인이었다.

외국 여행이 처음인 데다 미국 여행은 더구나 가슴 설레었다. 은경이가 공항에 나와서 숙소로 안내했다. 딸이 사는 집은 복층에다가 조그만 마당에는 꽃나무도 심겨 있었다. 집 근처에는 아름다운 호수도 있고 매우 조용한 마을이었다. 5년간 그 집에서 살면서 야무지게 살림을 살고 있었다. 아무 준비도 없이 맨몸으로 보냈는데, 마냥 어린 딸로만 생각했는데 공부하면서 생활하는 모습이 너무도 기특하고 든든했다.

매일 아침이면 아름다운 공원을 산책했다. 예쁘고 발랄한 미국인들의 활짝 웃는 미소가 아름다웠다. "하이" 하고 반겨 주는 모습이 한국 사람과 달랐다. 호숫가 주변 집들의 창문가에는 아름다운 꽃바구니가 걸려 있고 작은 보트도 정원 앞 호수에 매달아놓았다. 영화에서나 볼 수 있는 광경이었다.

위스콘신주립대학은 메디슨 시티의 중심에 있었고 아름다운 호숫가에 자리 잡고 있었다. 학교 내의 연구실도 구경하고 교내 매점에서 아이스크림도 사 주어서 맛있게 먹었다. 다음 날은 가장 오래된 성당에 갔다. 어마어마하게 높고 큰 파이프에서 울리는 성가가 웅장하고 성스러웠다. 또 수륙 양용차로 호수 위를 횡단하고 산으로 올라가는 경험도 해봤다. 개인이 소장했다는 어마어마한 박물관, 해저 인공도시 등을 구경했다.

'죽음의 호수'라는 곳도 가보았다. 은경이가 맛있는 포도와 양념 불고기도 준비했다. 야외에서 먹는 맛은 일품이었다. 그랜드 캐니언 외에 미국 서부 지역의 신비스럽고 웅장한 자연을 보고 놀랐다. 다음 날은 라스베이거스로 비행기를 타고 이동했다.

미국 서부의 큰 대륙을 기내에서 내려다보았다. 끝없는 선인장 길이 펼쳐졌고, 대자연이 장관을 이루었다. 나이아가라 폭포를 구경한 후 남편은 직장 관계로 귀국했다. 나는 딸과 함께 워싱턴도 방문하여 시티투어로 시내를 관광했다. 밤에는 조지워싱턴대학 옆의 카페도 구경시켜 주었다. 그레이하운드로 지하 터널을 통해 뉴욕으로 갔다. 뉴욕의 130층 엠파이어 스테이트 빌딩에도 올라갔다. 한 달 동안 딸과 함께한 시간은 지금 생각해도 꿈만 같다. 하나님의 선물이 아니었나 싶다. 내 생애 가장 큰 선물이라 자부한다.

1960년에 늦은 나이에 결혼해서 두 번째로 얻은 딸이 바로 은경이다. 자식이 아무리 못나도 자기 자식이 사랑스러운 것은 어느 부모도 다 마찬가지리라. 백일 때 찍은 은경이의 사진이 어느 사진관 정문 앞에 크게 확대되어 걸려 있을 정도로 예뻤다. 남편이 딸의 이름을 '옥선'이라 지었다. 구슬 옥玉 자에 착할 선善 자였다 그런데 그 이름이 좀 촌스럽다며 '은경'이로 이름을 바꿨다.

은경이 세 살 때 일이었다. 하마터면 영영 잃어버릴 뻔했던 적도 있다. 내가 큰길 건너 친구 집에 셋째 아이를 업고 놀러갔다. 오랜만에 만난 친구 집에서 모처럼 놀다 왔다. 집에 와 보니 아이가 없어졌다. 너무도 황당했다. 아직 말도 잘 못 하는 세 살배기 은경이가 어디로 갔을까? 아마 은경이는 엄마 뒤를 쫄쫄 따라왔던 것 같다. 그제야 엄마를 따라오다가 큰길을 건너지 못하고 바로 길을 따라갔을 거라고 추측했다. 다급한 김에 길가의 가게마다 들러 물어보았다.

"조금 전에 어린아이가 울고 가는 것 보셨어요?"

어느 가게 주인이 파출소의 순경이 데리고 갔다고 일러 주었다. 근처 파출소에 갔더니 경찰서로 어린아이를 데려갔다고 했다. 나는 허겁지겁 또 경찰서로 달려갔다. 아직 말도 잘 못 하는 은경이가 내복 차림으로 경찰서 안에 있었다. 얼마나 감사했던지 모른다. 순경 아저씨가 귀엽다고 준 과자를 먹으면서 경찰서 내를 돌아다니며 과자를 나눠주고 있었다. 딸을 와락 끌어안았다. 은경이는 엄마를 반기지도 않고 놀고 있었다.

그것만 봐도 어릴 때부터 은경이는 당차고 자립심이 강했던 것 같다. 딸에게 양장점에서 예쁜 옷을 맞춰 입힐 정도로 나는 은경이 사랑에 푹 빠졌다. 어릴 때 나의 꿈은 피아니스트였다. 그 꿈을 은경에게 투사했다. 피아니스트가 되게 하려고 7살 때부터 피아노 학원에 보냈다.

어려운 환경이었지만 피아노 레슨을 꾸준히 시켰다. 운 좋게도 각종 피아노 경연대회에서 상도 여러 번 탔다. 꿈을 잘 키우는 줄 알았건만 은경이는 여고 졸업반 때 피아노를 전공하지 않고 심리학과에 가겠다고 했다. 나는 놀라고 당황스러웠다. 담임선생님 조언대로 심리학과에 보낼 수밖에 없었다.

은경이는 서울대 심리학과를 수석으로 졸업하고, 미국 풀브라이트 시험에 합격해 미국 유학길에 올랐다. 풀브라이트는 국제적으로 교육 교류를 촉진하기 위해 설립된 프로그램으로 학문적인 우수성과 잠재력을 인정받은 학생들이 지원한다.

다행히 장학금을 받아 유학을 할 수 있었던 것은 행운이었다. 물론 본인의 노력과 열정, 굳은 의지가 한몫했을 테지만 감사한 일이었다. 홀로 떠나보내던 날, 공항 출국장에서 문이 닫힐 때의 심정이란 자식을 잃은 에미의 마음이랄까. 홀로 머나먼 미국 땅으로 떠나는 딸의 모습을 먼발치에서 보며 너무나 애처로워 엉엉 울었다.

'머나먼 이국땅에 가서 어떻게 지낼 수 있을까, 만약에 몸이라도 아프면 어떡할까? 여권도 없는 엄마가 달려갈 수도 없을 텐데' 하고 생각하니 안타까웠다. 이런저런 생각에 만감이 교차했다. 한없이 눈물이 흘렀다.

인생길은 절대 평탄하지가 않았다. 30대 중반에 초등학교 근무 도중 하혈이 심하여 병원에 실려 갔다. 그 길로 결국, 13년 만에 근무하던 직장을 퇴직하게 되었다. 몇 년 후 건강이 회복되어 다시 일을 찾으려 노력해 봤지만 여의치 않아 힘든 세월을 보냈다. 남편도 조기에 은행을 퇴직하고 생활이 어렵게 되어 아이들 뒷바라지하기가 벅찼다.

다행히 아이들은 모두 공부도 잘하고 반듯하게 자라 주었다. 아이들이 이제 모두 제각기 결혼도 하고 인생길을 찾아 잘 살아가고 있다. 부모로서 가장 바라는 것이 이것이 아닐까.

부산사범학교 졸업, 초등학교 교사 13년, 마산가곡부르기 회원, 전) 창원가곡부르기 회장

선물

김용태

새해 선물이 어둠이라는 밤 보자기에 싸여 배달 중이다. 해맞이를 한다고 사람들이 몰렸다. 곳곳에서 먼저 보겠다고 부지런을 떤다. 해맞이를 하고 나면 뭔가 가슴속에 꽉 막혀 있던 것들이 뻥 뚫리는 기분이다. 소원이 뿌듯하게 이뤄질 것만 같다. 행운이 복과 함께 찾아오리라는 생각 때문이다. 그래, 미신이라도 좋다. 마음만 편하면 되는 일 아닌가. 나도 가족들과 그런 마음으로 해맞이를 다녀왔다.

핸드폰에는 벌써 며칠 전부터 만복을 받으라는 지인들의 덕담 글로 복자루가 가득하다. 새해는 온통 복으로 도배를 했다. 주변을 세심히 살펴보면 모두가 선물이고 복이다. 산도, 물도, 하늘도, 온 우주가 공짜로 사용하는 선물이다. 자연은 내가 세상에 나오는 날부터 이미 모든 걸 선물로 주었다.

5년 전부터 나는 특별히 바라는 선물이 있다. 소박하지만 절실했다. 나이 삼십 중반이 넘은 아들이 늦게 결혼했는데 애를 갖지 않아서였다. 며느리가 교육공무원 임용고시를 준비하느라 그랬고, 합격 후에는 생활 계획이 있어서 그렇다고 했다. 둘 다 나이가 많다 보니 은근히 후사가 걱정되었다. 요즘 처녀, 총각들은 결혼도 늦게 하지만 애를 안 낳는 신혼부부들이 부쩍 늘어난 추세다. 시대가 그러다 보니 아기들 얼굴 보기는 힘들고, 젊은 층은 줄어들고 급속하게 초고령화 시대가 되어가고 있다. 국가의 장래에도 빨간불이 켜진 지 오래다.

심각하게 판단하고 있는 나라에서는 갖가지 지원 정책을 내놓기도 한다. 육이오 전쟁이 끝나고 지구상에서 가장 못살던 시절에는 사람들이 많이 죽게 되고 그만큼 사람이 귀했다. 그래서 먹고살 것이 부족해도 자식들을 보통 5남매에서 많게는 10명이 넘는 자식들을 두었다.

아이들 천국이었고, 아이들 풍년이었다. 어느 집이건 빨랫줄에는 항상 하얀 천 기저귀가 태극기처럼 펄럭이고, 골목마다 아이들 뛰노는 소리는 전쟁에서 이기고 돌아오는 병사들의 승전고처럼 시끌벅적했다. 대한민국은 어디를 가나 젊음의 패기가 넘쳐났다. 그 힘과 활력으로 오늘날 경제 대국으로 우뚝 섰다.

아이들은 나라의 미래다. 세계로 웅비하는 대한민국의 꿈이다. 이제는 아이들 농사가 국가 경쟁력이다. 하나만 낳아 잘 기르자. 산아제한하던 시절에는 그것이 애국인 줄 알았다. 셋째부터는 호적에 올릴 때 벌금을 물기도 했으니 말이다. 성년이었던 우리 세대는 아이들을 적게 낳았고, 세월이 흐르니 젊은 층이 현저하게 줄어들고 그야말로 초고령화 세대가 되었다.

나도 자식이라곤 달랑 하나밖에 없는 외동아들을 두었다. 자식 농사는 아들보다 내가 더 몸이 달았다. 남들이 손자, 손녀 자랑하는 걸 보면 부럽기도 하고 샘도 나지만 독촉할 수도 없는 일이다.

손꼽아 5년을 기다리던 선물이 한 걸음씩 느리게 다가오고 있었다. 2023년 10월 27일 오후 11시 15분, 대문이 열리고 그 고귀한 손자가 나를 보겠다고 먼길을 돌아와 얼굴을 내밀었다. 천하가 온통 축복해 주는 것 같았다. 보고 싶은 마음에 밤새 잠을 설치고도 피곤한 줄 몰랐다. 얼른 만나보고 싶어 발을 동동 굴러 보지만, 아직도 진행 중인 코로나19 때문에 안전을 위해서 볼 수가 없었다. 애타는 마음 억누르는 사이 아이와 산모는 안전한 산후조리 병동으로 옮겨갔다.

세월이 강물처럼 빠르다고 했던가, 화살보다 빠르다고 했던가, 눈 깜빡했을 뿐인데 벌써 백일이라고 유한이 할머니는 방앗간에 가서 떡을 맞춘다고 소란을 피웠다. 나의 손자 김유한을 보고 있으면 온 세상이 환하게 빛나고 꽃보다 어여쁘다.

유한아, 너를 만난 것은 가장 큰 축복이고 경사다. 네가 있어 웃을 일이 생겨나고 새로운 희망이 생겨났다. 너의 작은 동작 하나하나에 어른들은 지각 변동이라도 하는 것처럼 호들갑을 떨었다.

그렇다. 새로운 생명이 태어나 자라는 것은 경이로운 일이다. 양갓집이 모여 조촐하게 잔치를 치렀다. 난생처음 내 자식으로부터 할아버지란 명칭을 선물 받았다. 백일 반지가 비싸서 부담스러웠지만, 할아버지란 이름값으로 한 치의 망설임도 없이 토끼 모양의 금반지 한 돈을 선물했다.

역시 선물이란 기쁨을 만들어 주는 신비한 힘이 들어 있다.

한국예총《예술세계》(시) 등단, 《다시올문학》 신인상 수상. 한국문인협회 서대문지부 회장. 한국문인협회 서울지회 이사, 월간《우리 시》회원. 아포포스 동인. 시집:《눈으로 꺾은 꽃》외 공저 다수

엄마의 엄마가 되고 싶어

Tan Sin 딴신(윤지은)

"딴신, 네가 지금 하는 것은 별로야. 네가 정말 잘할 수 있을 거 같아?"

엄마는 항상 나를 격려하거나 위로해 주지 않아 슬펐다. 언젠가 한 번은 '우리 엄마가 정말 나를 낳은 걸까? 아니면 나를 주워다 기르는 것은 아닌가?' 하고 의심한 적도 있다. 엄마는 내가 뭘 하고자 하든 먼저 응원하지 않고 비난하는 표정으로 말씀하셨다. 그때마다 나는 '내가 반드시 해낼 거야. 나도 잘할 수 있다는 것을 엄마한테 보여줄 거야'라고 다짐했다.

나의 어린 시절은 그다지 편하지 않았다. 주변에서 일어나는 사소한 일에도 혼자 고민하고 풀어가야 한 일이 많아졌다. 공부, 돈, 친구, 학교생활, 일, 가족을 위해 내가 해야 할 것들…. 부자 아닌 우리 가족을 위해 엄마 혼자 돈을 벌고 있지만, 엄마는 아프면 병원에도 안 가고 집에서 약만 먹으면서 아픔을 참았다. 그런데 엄마는 내가 아프면 당장 병원에 데리고 갔다. 그럴 때마다 엄마가 하시는 말씀이 있다.

"내가 사는 동안에 네가 아프면 내가 꼭 치료해 줄 거야."

자신을 돌보지 않고 자식들만 생각하는 엄마 모습을 볼 때마다 나는 꼭 부자가 되어 엄마에게 좋은 것들을 많이 해 주고 싶었다. 그래서 나는 한국어를 열심히 공부했다. 왜냐하면 한국어는 나와 내 엄마를 가난의 지옥에서 벗어날 수 있고, 우리의 삶을 확실하게 바꿔 줄 수 있는 열쇠가 된다고 생각했기 때문이다. 고생하는 엄마를 보면서 나는 게으름을 피우지 못하고 '노력'이라는 단어를 새기며 명심했다. 그렇게 잘하려는 내 모습을 엄마한테 보여주었지만, 역시 엄마는 아무 말씀도 안 하고 계속 웃기만 하셔서 좀 이해가 안 됐다.

그런데 어느 날 엄마가 친척들한테 "내 딸이 얼마나 열심히 공부했는지 알아? 또 만점 받았어!"라고 칭찬하는 모습에 깜짝 놀랐다. 엄마 친구들한테도 나를 자랑하며 즐거워하는 표정을 보면서 엄마가 나를 비난하는 게 진정이 아니었다는 것을 알았다.

엄마는 나를 나쁜 뜻으로 비난하는 것이 아니라, 내가 더 열심히 하길 바라는 마음에서 그렇게 말씀하신 거다. 칭찬을 받은 내가 자만에 빠져서 건방진 모습으로 자랄까 봐 그러신 거라는 걸 뒤늦게 깨달았다. 나는 엄마 때문에 한국어 공부도 열심히 하게 되었고, 지금처럼 한국인들과 재미있게 커뮤니케이션도 하고 있다. 그뿐만 아니라, 한국어로 많은 활동을 하면서 여러 팀에 가입하여 활동할 수 있으니, 나의 꿈이 점점 이루어지는 것 같다.

엄마는 내가 공부하는 데 필요한 것, 나의 취미, 내가 좋아하는 그림 그리기를 위해 필요한 것들을 아낌없이 지원해 주셨다. 가끔 다른 부모님처럼 해 주고 싶어도 돈 때문에 할 수 없을 때는 엄마 혼자 울면서 가슴 아파하실 때도 많았다. 누구보다 엄마의 마음을 잘 알고 있기에 나는 엄마에게 부담이 되고 싶지 않아서 언어를 열심히 공부했다. 지금은 한국어로 돈을 벌고 있다.

또한 엄마 때문에 나의 새로운 취미도 찾았다. 내가 뭘 좋아하고, 뭘 싫어하는지 엄마를 보고 알게 되었다. 엄마도 어린 나이에 나처럼 하고 싶은 취미가 있었고, 꿈이 있다고 하셨다. 나는 회사에 취직하는 것보다 작가가 되어 소설을 쓰고 아름다운 곳에 가서 그림을 그리고 싶다. 일하다 힘들고 지칠 때는 내가 좋아하는 그림을 그리면서 스트레스를 풀고, 내가 좋아하는 나라에 여행도 가고 싶다. 이러한 나의 꿈 이야기를 들은 엄마는 이렇게 대답하셨다. "구름보다 높게 올라갈 수 있다면 해 봐." 그 말은 나에게 많은 위로가 되었다. 이제는 이만큼 자라서 열심히 노력하는 나를 보고 엄마도 나를 적극적으로 후원하고 격려하며 나의 꿈에 날개를 달아 주신다.

그런 엄마가 이제는 자주 아프다고 하신다. 엄마는 내가 아프면 밤잠을 안 자고 하나님한테 울면서 기도했었다. 돈은 없어도 내가 원하는 것이 있으면 어떻게든 사다 주셨다. 내가 울면 토닥여 주고, 나쁜 꿈을 꿀 때 내 옆에서 노래도 부르며 안아 주셨다.

'엄마의 말씀, 엄마의 미소, 엄마의 눈물…'. 엄마는 나에게 큰 힘과 위로가 되어 주신 이 세상 최고의 선물이다. 내가 이 세상에 태어난 것도 엄마가 나에게 주신 가장 소중한 선물이다. 그렇듯이 내가 다시 엄마에게 가장 소중한 선물을 돌려드릴 수 있는 유일한 것이 있다. 그것은 엄마가 지금보다 더 늙어서 힘들어하실 때가 오면, 그때는 내가 엄마 곁에서 엄마의 엄마가 되어, 지금 나의 엄마처럼 엄마를 돌봐드리는 거다.

미얀마 양곤 거주, 한국디지털문인협회 희망글쓰기 4대학 회원

2부

김정록 건강은 예방이 우선, 자연치유와 겸해야
김정인 풍수와의 인연
김천규 암 경험자에게 희망을 선물한 '고잉 온 콘서트'
김현지 취우산翠雨山에서 10년, 그 후
노승욱 손글씨 유산, 손글씨 사랑
노영래 해로偕老
노운하 인사치레 말 한마디
노인숙 네 개의 현, 첼로와 함께
노태호 중국 상해와 러시아공장 초대 주재원
목남희 신의 선물
문성미 밍글라바, 희망의 빛
문영일 선생님의 그 선물
박미경 엄마의 손맛
Phyu Sin Moe Htet 퓨신 모텟 (아영) 지금의 나를 있게 한 부모님들

건강은 예방이 우선, 자연치유와 겸해야

김정록

  2월의 끝자락에서 지리산 함양에 휴양과 재충전의 명소 인산동천 양진원을 찾았다. 양진원은 심신 건강의 신천지이며 불세출의 신의로 불리는 인산 김일훈 선생님이 말년을 보내면서 새로운 의학 이론인 인산의학과 신약 묘방을 정립하여 이 땅에 내놓으신 유서 깊은 도량이다.
  인산 선생은 활인구세活人救世의 구료 활동에 몸 바친 참 봉사자의 길을 걸었다. 새로운 의학 이론과 수백 가지 신약 묘방을 정립하고 인류 최초로 죽염 제조법을 완성시킨 시대의 인물이었다.
  양진원에서 완성된 인산의학은 다른 의료체계와는 달리 구위의료의 자연요법과 무위자연의 자연치유를 추구하는 새로운 의료관이 바탕이 되는 자연의학이다. 공해와 스트레스로 인한 난치병으로 건강을 잃고 사는 수많은 환자에게 자연치유의 길을 알려 주었다. 실천하는 생활 방식을 체험하게 하면서 인산의학의 생활화를 통한 건강하고 행복한 삶의 길을 열어 주는 데 있다.
  인산가를 이끈 김윤세 회장님과 부인이신 우성숙 연수원장님을 만나 인산가의 가슴 벅찬 미래 비전을 들었다. 건강 힐링 휴양의 선각자로서 사명을 다하시는 모습에 감동을 받았다.

건강 관련 정보 교환과 필자가 만든 기능성 전통발효 식초를 시음하며 제조 과정에 대해 설명드렸다. 논의 중 마침 인산가에서 제조 판매하고 있는 명품 탁주인 '탁여현'을 재발효시켜 식초로 만들 것을 의뢰했다. 덕분에 큰 숙제를 안고 설렘으로 돌아왔다.

'탁여현'은 우리 쌀과 찹쌀로 빚은 15% 순도가 높은 풍미 있는 고급 명품 탁주다. 식초로 재발효시키면 명품 식초가 탄생할 것이라는 생각이 들었다. 식초가 완성될 때까지 긴장과 설렘의 나날이 족히 100여 일은 지속되리라.

건강을 지킨다는 건 '불조심'하는 것과 같다. 예방이 우선이다. 자연치유가 가성비 높고 최고 최상이라는 신념으로 건강 지킴이를 자임한다. 이에 전통 자연발효 기능성 식초 활용법을 소개하고자 한다.

첫째, 지나치게 짠 음식에 식초 몇 방울을 넣으면 짠맛이 덜해진다.

둘째, 밥통에 밥을 오래 보존하려면 밥통에 식초 몇 방울을 떨어뜨린다.

셋째, 마늘, 파 양파 등의 냄새가 밴 도마는 식초 탄 물로 씻는다.

넷째, 김밥 자를 때 식초에 칼을 담갔다 자르면 잘 잘린다.

다섯째, 다시마 등 해조류를 삶을 때 식초물에 담그면 색깔이 곱고 잘 무른다.

여섯째, 연근, 우엉 채소를 삶을 때 식초를 넣으면 아린 맛이 가시고 빛깔이 곱다.

일곱째, 질긴 고기는 식초를 발라 2~3시간 두면 연해진다.

여덟째, 달걀을 삶을 때 식초를 넣으면 터지지 않는다.

아홉째, 석쇠에 식초를 바르고 고기나 생선을 구우면 눌어붙지 않는다

열째, 채소와 식초가 만나면 파괴되기 쉽고 까다로운 비타민C가 오래 보존된다.

인산가에서 의뢰한 식초가 완성될 때까지 100일간 긴장이 지속될 것이다.

전통발효 식초를 장복한 후 신체 변화 사례를 보면 다음과 같다. 수십 년간 수지침으로 건강이 좋지 않은 사람들을 치유해 주던 분이 계셨다. 그 분은 술을 좋아했다. 매일 저녁이면 소주 2병 정도는 기본으로 마셨다. 주당들과 함께 어울리면 두 배로 마시곤 했다. 그가 술 먹은 다음 날 새벽이면 장이 아프다고 호소했다. 나는 그에게 모든 알코올에 식초를 희석해 먹기를 권했다.

그 후 알코올에 식초를 희석해 먹은 다음 날은 장에 부담이 없었다고 실토했다. 술을 먹었는지 모를 정도로 장이 편해 고맙다고 했다. 만약 술 좋아하는 그가 술에 식초를 희석해 마시지 않았다면 장에 큰 이상이 생겨 지금쯤은 술을 먹지 못했을 것이라 했다.

지난 연말 그가 송년회에서 식초 복음 후 또 다른 성공 사례를 직접 밝혔다. 그동안 수족냉증으로 가을이나 겨울이면 추위를 많이 탔다. 온풍기를 등에 지고 살았다고 한다. 술 마실 때마다 발효 식초를 타 먹은 결과 지난가을부터 수족냉증이 사라졌기에 이제 온풍기가 필요 없어졌다고 한다. 지난겨울에는 온풍기를 창고에서 꺼내지 않을 정도였다고 한다.

또한 그는 평소에 어깨가 위로 올라가 거북목이었다. 추위를 느끼니까 자연스레 더 움츠리고 지냈다. 수지침으로 남을 치유해 주던 입장에서 차마 본인의 건강 상태를 말도 못 하고 속앓이 해오던 차였다. 발효 식초 덕분에 자라목을 치유받아 고맙다는 이야기를 반복했다.

전통발효 식초가 알코올의 독소를 분해해 간 기능을 돕고, 혈관의 염증 노폐물을 청소했으니 혈액의 흐름이 원활해졌으리라. 그 결과 지병이던 수족냉증이 해소되었다고 본다. 그가 발효 식초의 효능을 체험하고는 부부가 발효 식초 마니아가 되었다. 발효 식초의 판권을 달라며 홍보하고 있어 감사할 따름이다.

전통 자연 발효 식초는 노벨 생리의학상을 3번이나 수상해 과학적으로 검증되었다. 정혈작용, 체내 염증 제거, 지방 분해로 다이어트 스트레스 해소 물질까지 연구를 거듭하고 있다. 인체에 유익한 새로운 물질이 끝없이 발견되고 있다. 건강은 예방이 우선이다. 건강할 때 건강을 지키는 지혜로운 삶으로 오래오래 행복하길 기원한다.

발효명인 김정록, 전 경상남도 의회의원, 한국약초이용학회 회장

풍수와의 인연

김정인

지난 70년을 돌아보니 25년간 자라고 배웠고, 30년간 직장에서 일했다. 그 과정들이 즐겁고 행복했다. 직장생활을 마치고 새로운 인생을 살면서 풍수를 공부했는데, 이게 참으로 재미있었다. 풍수는 자연의 현상을 공부하는 것이요, 유익을 구하는 학문이다. 풍수를 공부하고 풍수 현장을 답사한 지 20년. 내 인생 최고의 선물은 단연코 '풍수'다.

풍수와의 인연

풍수는 바람과 물의 작용이다. 풍수를 '장풍득수'藏風得水라고 한다. 우리 조상들은 바람이 갈무리되고, 물을 만나는 곳을 찾아 삶의 터전을 잡아 왔다. 조선 시대 서울은 철저한 계획도시였다. 태조 이성계가 조선을 건국하면서 전국의 명당을 찾아 수도 서울의 터를 잡았다. 가장 길지인 곳을 찾아 왕궁을 세웠고, 수도 밖으로 100리 이내에서 왕릉 터를 잡았다. 그러니 수도 서울의 왕궁터와 서울 밖의 왕릉 터만 들러보아도 풍수적 길지에 대한 안목이 쉽게 생긴다. 조선 시대 사대부가들이 살던 집터도 눈여겨볼 만하다. 수백 년이 흘러와도 그 터는 명당의 기운이 흐른다. 조선 시대 사대부가들이 살던 곳에 기업들이 많이 들어섰고, 기업들은 그곳에서 크게 성공했다.

실리콘밸리의 풍수지리

내가 풍수에 크게 관심을 두게 된 것은 미국의 기업도시 실리콘밸리 산호세에 주재하면서부터다. 실리콘밸리는 산으로 둘러싸인 분지형 도시이고, 샌프란시스코만이 내륙 깊숙이 들어오고 있어 천혜의 풍수적 환경을 갖추었다.

실리콘밸리는 인근 지역에 스탠퍼드대학교와 UC버클리대학교가 있어 이곳에서 수많은 인재가 배출되었다. 이들이 새로운 기술을 개발했고, 여기서 개발된 기술이 세계적으로 퍼져 갔다. 이렇게 해서 생겨난 기업이 HP, 애플, 시스코, 구글 등 첨단 기술의 회사들이다. 실리콘밸리에 자리 잡은 주요 기업의 위치를 지도에 표시하고 방문하며 달력을 만들었는데, 실리콘밸리 지도 달력은 매년 인기 있는 선물 품목이 되었다.

그리고 또 하나, 부자들이 사는 동네들을 살펴보니 부자들은 부자 동네에 모여 살고 있었다. 한국에 귀국하여 풍수지리를 공부해 보니 자연의 현상이 오묘하고 재미있었다. 풍수지리의 기본 원리를 공부하고 국내와 해외를 여행해 보니 가는 곳마다 풍수 답사의 현장이었고 테마별로 풍수적 공통점이 보이기 시작했다.

회사를 마친 후 대학원에 진학해 경영학의 입지론을 중심으로 풍수지리를 학문적으로 연구했다. 풍수 기본 원리와 풍수 고전을 공부하고 있노라면 시간이 어떻게 가는 줄 모를 만큼 재미있었다. 그리고 재야의 풍수 전문가를 만나 풍수 이야기를 들었다. 재미난 이야기들이 많앉고 풍수의 매력에 흠뻑 빠져들었다.

서울의 풍수 명당

서울은 태조 이성계가 수도 입지를 잡은 지 600년이 훨씬 넘었다. 처음에는 10만 도시로 계획했지만, 오늘날에는 천만 명의 도시로 성장했다. 오랫동안 사람들이 살아오면서 터의 이력이 생겼다. 가장 좋은 자리에 왕궁이 들어섰고, 그 주변에 사대부가들이 터를 잡고 살았다. 조선 시대 귀족과 부자들이 모여 살던 곳은 경복궁과 창덕궁 사이의 북촌이었다. 기업들이 태동하면서 터의 이력이 좋은 곳을 찾아서 기업 사옥을 세웠다. 명당에 자리 잡은 기업들은 세계적 기업으로 성장했고, 명당 밖에 자리 잡은 기업들은 사라졌다. 서울 시내를 답사해 보면 터의 이력을 곳곳에 표시해 두었다. 그 이력을 보면 그 땅의 내력을 쉽게 알 수 있다.

해외의 풍수 현장

해외에 나갈 때면 도시마다 전망대가 있는 곳에 올라 전체의 형국을 살펴보았다. 왕궁 터, 시청 등 관공서, 위인들의 출생지와 무덤, 대학 캠퍼스, 부자 동네, 시장, 공동묘지 등은 풍수 답사의 필수 코스이다. 여기에 풍수의 기본 원리를 대입해 보니 풍수 이론과 현장 사례가 연관성이 매우 높았다. 세계의 여러 나라를 여행하며 풍수적 관점에서 도시와 마을, 유적지 등을 관찰해 보면 누구나 명당의 공통점을 찾아볼 수 있다.

인간은 정착 생활을 시작하면서 어떤 곳에 자리 잡고 살아야 풍수해를 피하고 적으로부터 안전하게 살아갈 수 있는지 경험적으로 축적해

왔다. 나라마다 지역마다 자연환경과 기후가 다르지만, 터를 잡는 기술은 자연 현상에서 경험적으로 체득해 왔다. 나라마다 터를 잡는 원리가 있었고, 그러한 원리는 오랜 경험을 통하여 축적되어 왔다.

우리는 일상생활에서 풍수를 떠나서 살 수가 없다. 사람이 태어나서 성장하고 일터에 나가며, 죽으면 흙으로 돌아간다. 그 인생의 과정이 출생지이고, 주거지이고, 사업장이며, 죽으면 가는 곳이 묘지이다. 어떤 곳에서 태어나고, 어떤 곳에서 살고, 어떤 곳에서 일하느냐에 따라 그 사람의 인생이 달라진다. 또한 조상을 어디에 모시느냐에 따라 그 후손의 삶이 달라진다.

100대 명당 답사

지난해부터 한 달에 두 번 전국의 100대 명당을 탐방하고 있다. 500여 곳의 후보지를 보고 나서 100대 명당을 선정할 예정이다. 재미난 것은 역사적 인물, 유명 인사들이 명당에서 태어났고, 명당 집에서 살았고, 죽어서도 명당에 모셔졌다. 그리고 그 후손들도 사회적 유명 인사가 되었다. 참으로 묘한 일들이다.

명당을 답사해 보면 주산의 기운을 받고, 주변 산이나 건물의 호위를 받는 안온한 지역이라는 공통점이 있다. 국세가 포근하게 이루어졌고 전후좌우가 균형을 이루며 주변의 산들과 건물이 유정하다. 물길이 감싸 주며 양명한 곳, 터의 이력이 좋은 곳이다.

내 인생 최고의 황금기

인생의 전반기는 자라고 배우며, 돈을 버는 데 집중했다. 하지만 30년간 열심히 일한 후, 후반기에는 재미있게 살아야겠다는 생각이 들었다. 5년을 준비 기간으로 보고 경영학의 입지론을 풍수학적으로 연구했다. 풍수의 기본 원리를 배우고, 풍수 고전을 읽으며, 풍수 전문가를 만나 현장을 다녔다. 국내외에서 풍수 이론을 실제 상황에 대입하는 것은 참으로 흥미로웠다.

오랜 경험을 통해 좋은 땅을 어디에서 찾아야 하는지를 체험적으로 알아간 것 같다. 동물도 집을 짓는 곳을 찾고, 새끼를 낳을 곳을 구분한다. 인간도 명당을 찾을 것이다. 테마별로 돌아보면 어떤 곳에 자리를 잡아야 하는지 공통점을 찾을 수 있다.

풍수는 생기를 얻어야 한다. 생기는 바람과 물에 달려 있다. 산으로 둘러싸여 바람이 안정되는 곳이 명당이라고 한다. 바람에는 순풍과 살풍이 있다. 이를 이해하면서 현장을 보고 세계를 여행하는 일은 참으로 흥미롭고 즐거운 경험이었다. 회사 생활을 떠나 60대 이후를 돌아보니 지금이 인생의 황금기라고 생각된다. 풍수를 공부하고 세계를 여행하며 생기가 모이는 곳을 찾는 것은 참으로 즐거운 일이다.

경영학 박사, 칼럼니스트, 전) 삼성전자 경영지원팀장, 서경대 교수, 대한민국풍수지리연합회 연구소장. 저서: 《김정인의 풍수 기행》

암 경험자에게 희망을 선물한 '고잉 온 콘서트'

김천규

눈부시게 밝은 아침 햇살을 받으며 오늘도 하루를 살게 해 주심에 감사한다. 작년에 이어 두 번째 '고잉 온 콘서트Going On Concert' 초대장을 받았다. 암 환자들을 정서적으로 지지하기 위한 문화예술 프로그램으로 세종문화회관 초대에 이어 금년에는 잠실 롯데콘서트홀에서 진행되었다. 암은 갑자기 판정받는 순간 정상적인 사람을 엄청난 충격에 빠뜨린다. 경험하지 않은 사람은 알 수 없는 심각한 정서적인 스트레스를 주는 무서운 질병이다. 첨단 의학이 발달했음에도 불구하고 아직도 원인을 밝혀내지 못하는 수많은 질병이 암으로 판명받는다.

2021년 봄 검진에서 단백질 변이로 인한 혈액암이 발견되었다. 항암 전 처치 과정 중 부작용이 생겨 온몸에 수포가 발생하고, 고열로 한 달가량을 병원에 입원하는 아주 희귀한 부작용의 경험을 겪었다. 항암 치료를 하고 자가 혈액 이식 수술을 했고, 2년 반 동안 관찰 받는 상태에 있다.

혈액암협회로부터 초대받고 처음 참석했을 때, 음악이 인간의 영혼에 깊은 울림을 주는 힘이 있다는 것을 느꼈다. 암에 대해 동질감을 느낀 동료들에게서 진정한 위로와 기쁨을 주고받는 축제 분위기 같은 경험을 했다. 음악회가 일회성으로 그치는 줄 알았는데, 금년에 두 번째 초대장을 받고 행사를 주최하는 사람들은 진정으로 약자를 보호하는 단체라는 것을 알게 되었다. 음악회 사회자는 정신과 의사로서 암협회에 이사로 봉사하고 있었다. 60명의 오케스트라 지휘자는 3년 전 혀에 암이 발병하여 수술했는데 재발했고 또 림프로 전이된 상태에서 지휘를 맡고 있었다. 지휘자의 경험담을 들으면서 아직도 암에서 고통받는 사람들에게 희망을 전하기 위해 봉사하는 것에 더 없이 감사한 마음이 들었다.

금년은 잠실 롯데콘서트홀에서 한다고 하여 더욱 기대가 컸다. 전체 무대의 음향시설과 분위기는 예술의 전당과 비슷한 형태였다. 오늘은 생음악으로 콘서트가 진행된다고 하여 분위기는 더욱 엄숙하고 조용했다. 오케스트라 단원들이 착석하고 지휘자와 사회자가 등장했다. 오늘 참석자들은 암을 경험한 분들과 그 가족들이 대부분인데 일반 입장객도 있다면서 암을 극복한 환우와 가족을 위한 행사라고 설명한다.

대한암협회와 올림푸스한국은 암 경험자들의 사회적 인식을 개선하고 사회 복귀를 지지하고자 기획한 다양한 캠페인을 벌이고 있었다. '고잉 온 콘서트'는 음악을 매개로 사회적 공감대를 형성하고, 문화 향유의 기회와 정서적 지지를 제공하는 프로그램 중 하나라고 했다. 암 발병 후에도 아름다운 삶이 계속된다는 의미의 행사라고 설명했다. 감사한 생각이 들었다.

오케스트라는 요한 슈트라우스의 오페레타 '박쥐' 서곡을 연주했는데 장엄하고 웅장한 느낌을 주었다. 모두가 숨죽이며 아름다운 선율의 매력에 흠뻑 취했다. 바이올린, 첼로 등 현악기가 제일 많았고 트럼펫,

클라리넷 등 관악기 그리고 북과 징, 탬버린 등의 타악기가 원형의 무대에 다섯 줄로 배치되었다. 연주가 끝날 때는 우레와 같은 박수갈채와 함성이 터져 나왔다.

지휘자가 땀을 닦으며 자신의 암 경험담을 말할 때는 힘찬 박수가 쏟아졌다. 협연으로 나온 바이올리니스트는 맨해튼 음악학교 전체 수석을 하고 있는 17세 학생으로 어깨가 훤히 드러난 긴 빨간 드레스를 끌며 입장하는 모습이 정말 아름다워 보였다. 그녀는 사라사테의 '카르멘 환상곡Carmen Fantasy'을 연주했는데 정말 수준 높은 연주 솜씨로 기량을 나타내며 관객을 매혹시켰다. 앞으로 크게 성장할 것으로 기대되는 바이올리니스트였다.

백의의 천사 같이 흰색 드레스를 입고 출연한 소프라노 이은정 교수는 '꽃구름 속에'를 꾀꼬리 같은 목소리로 봄을 알리는 서곡을 노래했다. 도니체티의 오페라 '샤모니의 린다' 중 고음의 아리아 '오, 이 영혼의 빛이여O luce di quest'anima'를 매끄럽고 유연하게 노래함으로써 은쟁반에 옥구슬이 흘러가듯 아름다운 천상의 목소리로 청중들에게 감동을 주었다. 많은 사람의 열화와 같은 박수 소리에 노래가 끝난 후에도 여운이 계속되었다. 그녀는 퇴장했다가 계속되는 박수 소리에 다시 들어왔고, 박수와 함성은 끊임없이 지속되었다. 나도 열심히 박수를 치면서 군중들과 함께 기쁜 마음으로 즐거움을 함께한 시간이었다.

테너 최원휘 씨는 '마중'과 이탈리아의 작곡가 푸치니의 오페라 '투란도트' 중 '공주는 잠 못 이루고Nessun dorma'라는 곡을 낮고 장엄한 저음의 목소리로 노래하여 우리 마음에 큰 울림을 주었다. 뉴욕 메트로폴리탄 오페라단에서 활동했고 국내에서도 다양한 오페라에 출연한 유명한 테너 가수이며 국내외 오페라에서 다수의 수상한 경력이 있는 오페라의 거장이다.

사회를 맡은 정신건강의학과 원장이 등장하여 지휘자와 토크쇼를 하며 암 환우를 위한 격려사를 하는 사이에 그랜드 피아노가 3명의 건장한 남성에 의해 무대로 옮겨졌다. 조지 거슈윈의 '랩소디 인 블루 Rhapsody in Blue'를 연주한 피아니스트는 하노버국립음악대학 피아노 최고연주자 과정 중에 있다. 2021년도 독일 본 베토벤 국제콩쿠르 우승 및 3개 특별상을 수상한 전망이 밝은 피아니스트다. 연주할 때 손가락이 보이지 않을 정도로 피아노 건반을 두드리는 그의 열정이 모든 관객을 사로잡는 시간이었다. 아름다운 피아노 소리는 많은 사람을 숨죽이게 하고, 긴장하게 하며, 기대하게 했다. 연주가 끝남과 동시에 퍼지는 함성과 박수 소리는 순식간에 긴장을 무너뜨리면서 마음을 평온하게 했다.

마지막 곡으로 오케스트라는 생상스의 오페라 '삼손과 델릴라' 중에서 '바카날 춤곡 Bacchanale'을 연주했다. 바카날은 술의 여신 박카스에서 연유하여 술을 좋아하는 사람들이 춤을 추는 내용을 형상화해서 음악을 만들었다고 한다.

지휘자는 두 번에 걸친 혀암 수술을 하면서 와인은 조금씩 마셔도 된다는 얘기를 듣고 와인을 마셨다고 한다. 그 후 매년 질병이 악화되어 지금에 이르렀다고 말하면서, 앞으로 암 투병 생활을 하면서 꼭 지켜야 할 것들에 대해 당부했다. 첫째는 스트레스 받지 않고 평안한 마음을 가질 것, 둘째는 면역력을 향상할 수 있는 운동을 지속적으로 할 것, 셋째는 현재에 감사하며 모든 것에 만족한 생활을 할 것 등을 강조하면서 대단원의 막을 내렸다.

지금까지 예술의 전당, 세종문화회관, 롯데콘서트홀 등 다섯 차례

초대받아 다니면서 암으로 인해 생각지도 않았던 음악 선물을 받은 것에 감사한다. 오늘도 희망을 잃지 않고 암 투병에 열심히 정진하고 있다. 약한 자들을 보살피며 희망을 주는 많은 지원단체와 격려해 주는 사람이 있어 외롭지 않고 행복한 생활을 할 수 있음에 감사한다. 하루하루를 씩씩하고 당당하며 의젓하게 살기 위해 기도한다. 지금까지 앞만 보고 살아왔다. 생의 마지막에는 생로병사의 틀에서 벗어날 수 없음을 생각한다. 질병으로부터 고통스럽지 않은 삶의 끝이 되었으면 좋겠다는 생각을 한다.

오늘이 개구리가 동면에서 깨어난다는 경칩이다. 곧 산 너머 먼 산과 양재천에 개나리와 진달래가 피는 봄이 오겠지! '고잉 온 콘서트'로 인해 몸에서 생기가 솟아나고 봄을 알리듯 힐링하는 좋은 기회였다. 마음의 근심 걱정을 잊게 하는 큰 선물을 받은 것에 진심으로 감사한다. 이런 자리를 만들어 준 교향악단과 혈액암협회, 후원기업과 참여한 출연진에게 감사를 표한다.

교육학 박사, 미얀마 선교사(목사), 전) 삼성그룹 임원, 전) 대학교수

취우산翠雨山에서 10년, 그 후

김현지

하얀 눈을 어깨에 두르고
발그레한 햇살을 덧입은 취우산이
성큼 눈높이로 다가서는 이른 아침, 저 눈들이
밤사이 북서풍을 타고 날아 날아오다가
이미 봄이 와 있는 마을까진 내려오지 못하고
저렇게 산마루에서 쉬고 있는가?

유난히 춥고 긴 겨울을 건너온 동백이 빨간 꽃 꼬투리를 송이째 떨구기 시작하더니 영춘화가 샛노란 꽃잎들을 활짝 열어 어사화처럼 늘어진다. 검푸른 상사화 잎이 쏙쏙 자라 오르고. 천리향이 꽃눈을 열고 향기를 뿜어댄다. 사철 푸른 은목서 그늘에 수선화가 상큼한 연두색 봉오리를 다문다문 부풀리고, 빨간 함박꽃 새순도 수줍게 고개를 내민다.

새초롬한 바람이 스치는 초봄의 텃밭에선
겨우내 엎드려 있던 시금치와 쪽파, 냉이

봄동의 푸른 이파리들이 두 팔을 휘젓는다
햇살 차츰 도타워지고
눈옷을 벗어버린 산허리쯤으로
물안개를 하얗게 피워 올리는 저 경호강,
그러고 보니 이곳에서의 10년 삶이 내 생애 최고의 선물이었구나

평생 앞만 보고 달려온 남편의 사업이 바닥을 보이며 막막함을 전해오고 있을 때, 자연으로 생의 눈을 돌리게 해 준 남녘에서의 전원생활, CEO의 명찰을 떼고도 문득문득 도회에서의 삶을 아쉬워하던 사람, 잔디와 잡초도 구분하지 못하던 사람이 꽃을 심고 텃밭을 가꾼다. 눈 뜨면 흙을 만지고 새싹을 돌보며 땀을 흘린다.

너무 많은 것을 뿌리지도 가꾸지도 말자
필요한 만큼만 조금씩…
애써 키운 푸성귀들이 비바람에 채이고 날아가 버려도
야밤에 고라니가 와서 성큼, 듬성, 베어 먹고 가도
그래도 우리 먹을 만큼은 남았네… 하며 자족할 줄 아는
지금의 이 삶이 가장 행복하다고 말하고 싶다

한 생을 살아오면서 이런저런 부침이 왜 없었겠는가?
다시 그 고단한 젊은 시절로 되돌아가고 싶으냐고 누가 물으면
나는 단연코 NO라고 대답할 것이다
나이 들면서 서서히 찾아온 신체의 노화와 잦은 질병은
마음속에 느긋함과 여유를 심어줬고

그 느림의 의미를 조금씩 깨달아가는 지금
꿈인 듯 바램인 듯 내 삶도 그냥 저 물안개처럼
천천히 흘러가게 두어야지 하는 이 마음이
흔들리지 않기를 빌면서 창밖을 내다본다

산등성이와 키를 맞추던 정자 옆의 소나무가 하늘을 조금씩 가리기 시작하고 뒤로, 양옆으로 '취우당翠雨堂'을 감싼 산들이 길게 능선을 내려 남南으로 향할 때, 이 모든 풍경을 안고 흐르는 경호강은 어디쯤서 휘돌아 아득히 멀어지고 저 멀리 구름 사이로 굽이진 첩첩 산 능선들이 먼 하늘 끝으로 숨어든다.

매화나무 꽃가지 사이로 붉은머리오목눈이들이 떼를 지어 들락날락 재재거린다. 무슨 먹을거리가 저 꽃 덤불 속에 있기나 한 것인지? 자세히 보니 주변의 모든 나무가 잎을 틔울 준비를 하고 있다. 벚꽃도 이팝도, 산찔레도 다래 넝쿨도.

봄은 이렇게 더디 오지만 한순간 쉬이 가고 말겠지
그러나 덧없다는 생각은 말고 더 많이 사랑하고
더 많이 나누지 못했던 것들만 아쉬워하리라
울타리 사이를 비집고 들어온 길고양이들이 아웅! 아웅!
배고픈 시늉을 하면서 현관 앞에서 뒹군다

시인, 《월간문학》으로 등단, 시집: 《연어일기》, 《그늘 한 평》, 《꿈꾸는 흙》 외.
포토에세이: 《취우산에서10년, 그리고1년》, 동국문학상, 시인들이 뽑는 시인상 수상, 한국시인협회 회원, '유유', '향가시회' 동인

손글씨 유산, 손글씨 사랑

노승욱

내가 손글씨를 쓰는 이유

새로운 해가 시작되기 전에 꼭 하는 습관이 있다. 내 이름의 영문 이니셜이 새겨진 다이어리와 노트를 주문하는 것이다. 컴퓨터나 스마트폰을 통해 글을 쓰는 디지털 시대가 되었지만, 가끔은 아날로그적인 방식을 찾을 때가 있다. 손으로 글씨를 쓰면 종이 위의 글자들이 마치 내 분신처럼 느껴지기 때문이다. 기계로 찍어내는 글씨와 구별되는 내 생명의 흔적이나 자취 같아서 사소한 손글씨에도 애착이 간다. 가끔 멋을 부리면서 나만의 캘리그라피를 연출할 때는 취미를 즐기는 듯 색다른 즐거움에 빠지곤 한다.

나는 글씨를 잘 쓴다는 말을 자주 듣는다. 자랑 같아서 쑥스럽지만, 손글씨를 쓸 때마다 으레 듣는 말이다. 초등학생 시절 경필대회에서 항상 상을 탔다. 글짓기 대회에서도 상을 자주 받다 보니 글을 짓는 것과 글씨를 쓰는 것이 마치 하나의 행위처럼 느껴지기도 했다. 고등학교 다닐 때는 전교생의 이름표를 내 손글씨로 쓰기도 했다. 당시에는 학생들의 명찰을 프린트하지 않고 손글씨로 써서 가슴에 달았다. 내 손글씨가 전교생의 가슴에 달린 풍경을 매일 보면서 고등학교를 다녔다.

작년에 이사를 하면서 거실에 커다란 크기의 이동용 화이트보드를 샀다. 구입 명분은 아들의 교육용 칠판이었지만 손글씨로 브레인스토밍이나 낙서를 하고 싶은 마음도 있었다. 얼마 전 새벽 시간에 거실에 나와서 정리할 내용을 화이트보드에 가득 써 놓은 적이 있었다. 아침에 아내와 아들이 거실에 나왔다가 감탄을 자아냈다. 어떻게 이렇게 글씨를 잘 쓸 수 있느냐며 칭찬을 했다. 내 손글씨에 탄복하는 가족을 보면서 문득 하늘나라에 계신 선친이 떠올랐다. 내 손글씨를 만들어 준 분이 바로 아버지셨기 때문이다.

손글씨로 남은 아버지의 유산

내 손글씨는 아버지의 글자체를 모방하면서 형성되었다. 어렸을 때 보았던 아버지의 손글씨는 너무나 멋스러웠다. 어떤 때는 아버지의 손글씨가 그림처럼 느껴지기도 했다. 손글씨에 대한 미적 감수성은 아버지의 필체를 보면서 형성되었다. 손글씨를 쓰면 그 결과물이 하나의 아름다운 작품이 될 수 있다는 것을 아버지의 손글씨는 가르쳐 주었다. 아버지의 손글씨는 볼 때마다 따라하고 싶고, 베끼고 싶은 미적 원형과도 같은 것이었다. 어렸을 때 아버지가 써 놓으신 글씨를 곧잘 흉내 내곤 했다. 아버지의 손글씨는 내게는 글자체를 연습하는 좋은 교재였다. 그렇게 아버지의 손글씨를 따라 쓰며 한글을 익히고 글씨 연습을 했다.

아버지 필체의 특징 중 하나는 문장을 서술어로 마칠 때 모음 'ㅣ'를 힘차게 내리그으면서 끝부분을 살짝 치켜올리는 것이었다. 그리고 옆으로 가로지르는 모음 'ㅡ'는 왼쪽에서 오른쪽으로 살짝 올리면서 곡선 형태를 만드시곤 했다. 중요한 것은 이러한 세로와 가로 모음의 형태를 자연스러우면서도 개성적으로 표현해 내셨다는 것이다. 자음인 'ㅎ'도 시작하는 지점부터 마치는 지점까지 하나의 선으로 완성하셨는데 간결하면서도 수려한 느낌이 들었다. 모든 자음 하나하나는 아버지의 손글씨 미학으로 완성된 하나의 조각 같았다.

평안북도 정주定州가 고향이셨던 아버지는 한글뿐만 아니라 한자도 잘 쓰셨다. 어려서 한학을 배우셨다고 했는데 선친의 고향인 정주가 한학이 발달한 곳이었다는 말을 들은 적이 있다. 정주는 국민 시인 김소월과 백석을 배출한 문인의 고장이기도 하다. 월남하셨던 친척 어른으로부터 산천이 아름다운 정주에 대해 가끔 듣곤 했다. 남한에 와서 정주처럼 아름다운 곳을 찾아보았지만 발견하지 못했다고 하셨다. 고향에 대한 애틋한 향수가 더해져서 그렇게 느끼시지 않았을까 생각을 하면서도, 아버지가 나서 자란 정주는 김소월의 시에 나오는 산유화, 진달래꽃 시어처럼 아름다운 곳이었겠다 싶다.

월남하신 후에 남한에서 경찰대학교를 나오시고 경찰 공무원으로 일하셨던 아버지는 성격과 직업이 그리 썩 맞아 보이지는 않으셨다. 아마도 아버지의 내성적인 성격과 문학의 고장 정주 출신의 감수성 때문이지 않으셨을까 추측한다. 아버지의 책장에는 경찰 관련 서적과 함께 문학책들도 많이 꽂혀 있었는데, 아버지의 문학 기질과 글자체를 물려받은 아들은 문학 박사가 되고 대학에서 교수로 일하고 있다. 아버지가 내게 물려주신 최고의 선물이자 유산은 문학의 아름다움이 깃든 손글씨라고 말하고 싶다. 초등학교 6학년 아들이 내 글씨를 흉내 내곤 하는데 할아버지의 유산인 필체가 손자에게도 전해지기를 바라는 마음 가득하다.

손글씨에 새겨진 어머니의 사랑

아버지가 내게 손글씨 필체를 물려주셨다면, 어머니는 손글씨 저작물을 잔뜩 남겨 주셨다. 교회 권사님이셨던 어머니의 취미 생활 중 하나는 성경을 필사하시는 것이었다. 검약하셨던 어머니는 필사 노트를 따로 구입하지는 않으셨고, 쓰다 만 공책이나 선물로 받은 다이어리나 수첩, 때로는 달력 뒷장과 메모지 등에 성경 말씀을 적으셨다. 어머니는 시간 나실 때마다 성경을 필사하셨는데 그 분량이 마치 문학 전집처럼 방대하다. 그러다 보니 이사할 때마다 어머니의 성경 필사 노트를 챙기는 것이 내게는 여간 힘든 일이 아니었다.

워낙 오래된 필사 노트가 많다 보니 한번은 어머니의 필사 노트를 제본할까 생각도 해보았다. 새 종이로 제본한 후에 일련번호를 책마다 매겨서 간직하면 좋지 않을까 생각한 것이다. 그런데 제본하려면 어머니의 필사 노트를 해체해서 복사해야 하는 문제점이 있었다. 원본이 손상되거나 손실되면 안 되기에 새 책으로의 제본은 미뤄 놓은 상태이다. 오래된 어머니의 노트에서는 먼지 냄새도 나지만, 왠지 어머니의 체취도 남은 듯해 쉽게 제본 작업을 하지 못하고 있다.

교수로서 살아가는 삶이 바쁘다 보니 어머니의 필사 노트를 자주 읽지는 못한다. 의외로 가장 많이 읽을 때는 이삿짐을 쌀 때이다. 그때는 한 장, 한 장 넘기면서 어머니의 필체를 따라가면서 성경 말씀을 읽는다. 그래서 어머니의 성경 필사 노트를 챙기는 데 가장 많은 시간이 걸린다. 다행스럽게 그동안 자주 이사를 해서 어머니의 필사 노트 숙독은 꾸준히 이어지고 있다. 작년에 한림대학교로 부임하면서 춘천으로 이사를 했을 때도 이삿짐을 꾸리는 와중에 어머니의 필사 노트 탐독에 빠졌었다.

그때 어머니가 쓰셨던 마지막 필사 노트의 맨 앞장에 붉은 글씨로 써 놓으신 성경 말씀이 눈에 띄었다. "예수께서 가라사대 내가 곧 길이요 진리요 생명이니 나로 말미암지 않고는 아버지께로 올 자가 없느니라."요한복음 14:6 그 밑에는 이런 성경 구절이 쓰여 있었다. "너희는 마음에 근심하지 말라. 하나님을 믿으니 또 나를 믿으라. 내 아버지 집에 거할 곳이 많도다. 그렇지 않으면 너희에게 일렀으리라. 내가 너희를 위하여 처소를 예비하러 가노니 가서 너희를 위하여 처소를 예비하면 내가 다시 와서 너희를 내게로 영접하여 나 있는 곳에 너희도 있게 하리라."요한복음 14:1~3

어머니는 마지막 필사 노트를 다 완성하지 못하셨다. 알츠하이머병을 앓게 되면서 그렇게 좋아하던 성경 필사를 마치셨다. 7년 전에 소천하신 어머니는 당신이 강조해서 써 놓았던 예수님의 말씀처럼 하늘나라의 아름다운 처소에 계실 것이다. 그곳에서도 어머니는 성경 필사를 하고 계실까. 성경 필사 노트에 남겨진 둥그스름한 어머니의 필체를 보면 어머니의 사랑이 오롯이 느껴진다. 천국에서도 아들 잘되기만을 바라고 계실 어머니의 사랑은 손글씨 노트에 새겨져 선명하게 전해지고 있다. 어머니가 남겨 주신 가장 값진 선물인 성경 필사 노트를 읽다 보면 경상북도 김천金泉 출신인 어머니의 힘찬 억양이 생생히 들리는 듯하다.

한림대학교 도헌학술원 교수, 한국디지털문인협회 학술분과위원장, 전) 경북매일신문 칼럼니스트

해로偕老

노영래

내가 여의도에서 생활한 지도 벌써 7년이 지났다. 늦은 봄에 이사한 이후 한강공원이 좋아 매일 아내와 함께 일출을 보면서 산책하는 것으로 하루를 시작했다. 해가 원효대교 너머로 모습을 보일 때면 도톰하게 살이 붙은 나뭇잎과 빳빳하게 힘이 차오른 잔디들로 가득한 공원은 아침 햇살이 뿜어내는 황금빛 에너지와 어우러져 온통 생명의 기운이 넘쳐난다. 아침의 한강공원은 인적이 드물지만, 비둘기와 갈매기 그리고 참새들이 아침 회합을 마치고 먹이질 하느라 부산을 떨고 버드나무에서는 둥지를 튼 까치들이 "꺅꺅"거리며 우리를 반겨 준다.

이사한 지 1주일 정도 지난 날이었다. 상쾌한 기분으로 아침 산책을 마치고 아파트 현관을 들어서는데 80대 후반의 노부부를 만났다. 두 분은 서로 손을 잡고 사이좋은 모습으로 외출하는 중이었다. 그런데 할머니는 첫 만남이었음에도 우리를 알아보시고 먼저 "아, 며칠 전에 6층에 이사 온 분이지요? 반가워요! 우리는 3층에 살아요"라고 반갑게 말을 건네 주셨다. 나도 "안녕하세요!"라고 인사드렸고, 아내는 "아, 그러세요! 반갑습니다. 인사도 못 드렸는데…"라면서 말끝을 흐렸다. 예상치 못한 만남이었지만 나와 아내는 두 분의 첫인상이 좋았고 특별함을 느꼈다.

할아버지와 할머니는 모두 서울분이다. 할아버지는 190cm 정도의 훤칠한 키에 이목구비가 뚜렷한 미남형인데 멀리서 보이는 외형적인 모습은 마치 1980년대 유명했던 한기범 농구선수와 비슷했다. 할머니는 155cm 정도의 보통 키에 다소 가냘픈 몸매인데 굉장히 지적이고 빈틈없어 보이면서도 쾌활한 성격을 가진 것 같았다. 아내는 '로마의 휴일', '티파니에서 아침을' 등의 여주인공인 오드리 헵번을 닮았다고 했는데, 나는 프랑스 영화배우인 소피 마르소의 나이 든 모습을 연상했다.

그렇게 처음 만난 이후 아파트 내에서 두 분을 자주 뵈었다. 그때마다 할머니는 언제나 오래된 벗을 만난 듯 반갑게 대해 주셨고, 우리가 마음에 드셨는지 고향이 어디인지, 아이는 몇 명이고 무엇을 하는지 등에 대한 물음도 빼놓지 않았다. 할머니는 기억력이 비상하여 한 번 들은 것은 잊지 않았다. 그래서 나를 만날 때면 "아, 6층 아저씨! 창원이 고향이지요?", "두 아들은 잘 있나요?"라고 물으시곤 했다.

이에 반해 할아버지는 언제나 옅은 미소만 띠며 말씀을 아끼셨다. 할아버지는 할머니께 존댓말을 할 뿐만 아니라 외출할 때면 극진한 정성으로 할머니를 보살피는 젠틀맨이다. 외출할 때면 할머니를 먼저 엘리베이터에서 내리도록 배려하고 계단을 내려갈 때는 손을 잡아 주고, 차를 탈 때는 문을 열어 할머니의 승차를 도와주고, 길을 걸어갈 때는 살포시 왼손으로 오른손을 잡아 힘을 보탠다. 이러한 두 분의 모습을 볼 때면, 집사람은 부러움이 가득한 얼굴로 내게 "우리도 노년에 저렇게 지낼 수 있으면 좋겠어요"라고 말하곤 했다.

그런데 약 3년 전부터 할머니의 걷기가 불편해 보였다. 할아버지는 할머니의 보행이 예전 같지 않다고 염려하셨다. 그러나 할머니는 무릎이 불편하지만, 외출은 물론 씩씩하게 운동하는 것을 주저하지 않으셨다. 어쩌다 마주치면 한결같이 함박꽃 같은 미소로 반가워하면서 "요즘은 내가 걷기가 힘들어 자주 쉬어 가야 해요, 먼저 가요"라고 하셨다. 어쩌다 엘리베이터를 함께 타게 되면, "내가 불편하여 빨리 타고 내리지 못해 미안하다"라고 말씀하시고 엘리베이터에 내린 후에도 "난 천천히 가야 하니 먼저 가라"고 하면서 상대방에 대한 배려를 아끼지 않으셨다.

작년 봄부터는 할머니의 절룩거림이 더 심해진 것 같았다. 이 때문인지 걷는 모습에서 허리가 굽어지고 머리가 숙어지는 듯한 느낌이 들었다. 이에 나는 할머니의 건강을 염려하는 마음을 갖고 지냈는데 12월에는 두 분의 모습이 보이질 않았다. 아내와 나는 "두 분께 무슨 일이 있으신가?" 하며 궁금해했다. 12월 하순 날씨가 유독 추웠던 날이었는데 3층에서 공사를 하고 있었다. 나는 "3층 집수리를 하네. 할머님이 이사하셨나?"라고 혼잣말처럼 아내에게 물어보았는데 아내도 잘 모르겠다고 답했다. "왜 안 보이시지?", "무슨 일이라도 있으신가?"라는 궁금증이 날이 갈수록 커져만 갔다. 도저히 참을 수 없어 하루는 경비 아저씨에게 두 분의 안부를 조심스럽게 물어보았고, 할머니가 병원에 입원했다는 것을 알게 되었다. 언제 무엇 때문에 입원했는지를 자세히 알고 싶었으나, 혹시 나쁜 소식이 있을까 봐 더 이상 묻지 못하고 속으로만 걱정했다.

그러던 중 금년 초에 아파트 내에서 할아버지를 만났다. 반가운 마음에 한걸음으로 달려가 "안녕하세요, 오랜만이에요!"라고 인사드리고, "할머니께서 병원에 입원하셨다는 소식을 들었는데 괜찮으신지요?"

라고 안부를 여쭈었다. 할아버지는 "작년 12월 하순부터 내 정신이 아니에요"라고 하면서 그간의 사정을 말씀하셨다. 할머니가 무릎이 좋지 않아 수술하게 되었고 할아버지는 병원에서 간호하고 있었는데, 12월 말경 혹독한 추위로 인해 윗집 배수관이 터져 집에 물난리가 났다고 한다. 이에 할머니 병간호를 하면서 물난리 문제를 처리하고 집수리까지 해야 했으니 몸이 서너 개라도 모자랄 판이었던 것 같았다. 그러고 보니 할아버지는 예전보다 많이 쇠약해지신 듯했다.

그로부터 한 달 정도가 지났다. 설을 며칠 앞두고 낮 공기에서 제법 봄 내음을 느낄만한 날이었는데 아파트에서 두 분과 마주쳤다. 할머니는 여전히 절뚝이며 엘리베이터를 타셨고, 할아버지는 할머니의 손을 잡아 힘이 되어 주셨다. 너무나 반가워 "안녕하세요! 할머니께서 무릎 수술을 하셨다고 하여 많이 걱정했습니다"라고 인사드렸더니, 할머니는 어린아이처럼 밝게 웃으시면서 "고마워요. 수술이 잘되어 많이 좋아졌어요. 이제 이렇게 잘 걸을 수 있어요"라고 답하셨다. 곁에서 할머니를 지긋이 바라보시던 할아버지는 안도하면서도 안타까움이 가득한 목소리로 "완쾌되려면 시간이 좀 더 지나야 해요"라고 말씀하셨다. 두 분은 엘리베이터에서 내려 손을 꼭 잡고 현관문을 나섰다. 문득 노부부의 애틋한 사랑을 다루는 최종태 감독의 2012년 영화 '해로'가 머리를 스쳐 지나갔다. 나는 두 분이 다정하게 외출하는 모습을 부러움과 안타까움이 교차하는 마음으로 한동안 지켜보았다.

경영학 박사, 전)한국은행 국장, 현)동국대학교 객원교수, 노무법인 태종 고문, ㈜장인이엔씨 ESG경영본부장

인사치레 말 한마디

노운하

　내가 두 번째 직장IT 회사으로 이직한 지 2달 남짓인 2000년 3월 초 업무차 일본 출장을 가게 되었다. 출장은 언제나처럼 빡빡한 일정에 휴일이나 새벽에 떠나 밤중 귀가가 일상이었지만, 이때 출장 마지막 날인 8일 오후엔 짬을 내어 업무 외로 일탈을 하게 되었다.
　첫 직장아남전자의 주요 거래처였던 마쯔시타전기산업현 파나소닉에 퇴임 인사를 하고자 늦게나마 방문했기 때문이다. '무슨 인사를 하러 가?'라고 의아해할 수 있지만, 일본인들의 의식 속에는 오랜 관계 지속과 큰 도움을 받았을 때는 헤어질 때 방문하여 감사 인사表敬訪問를 하는 측면이 있었기 때문이다. 우리가 보기에는 일반 비즈니스니까 뭐 그렇게 특별하다고 할 수는 없겠지만, 일본인들은 이런 것들을 각별히 생각하는 면이 있다.
　첫 직장에서 내가 17년간 구매와 무역, 수입/마케팅 업무 담당으로 재직 시 주요 파트너 상대였던 회사이다. 대리 시절부터 사장님의 수행원으로 수없이 드나들었던 파트너사로서 내게는 배움의 큰 자양분이 되었던 점도 있었기에 나도 그런 인사를 한번 하고 싶었다.
　오후 늦게 방문했는데 고급스러운 의자 4개가 놓인 품격 있는 회의

실로 안내해 '내가 퇴직한 외부인이라 대접해 주는 것이구나'라고 생각했다. 내가 팀장이라 해도 그쪽은 실무자나 만날 수준이었는데 담당 과장과 약속했으니 나름은 성공적인 인사치레였다. 당시엔 사장님도 부장이나 과장들을 응대해야 했기 때문이다. 당시 우리는 매출 3천억 규모였지만 마쓰시타 담당과장의 매출은 4,400억이었으니 그럴 만도 한 시절이었다. 과장과 부참사 둘이 들어와 인사를 나누고, 근황에 대해 묻기에 새 직장의 업무와 개요를 들려줬다. 잠시 후 과장이 나가 아시아지역 담당 영업소 오가타 소장님과 함께 들어왔다. 내게 의외로 친근감을 보여준 분이라 고마웠는데 대면까지 한 건 나름대로 큰 배려를 해 준 거라 생각했다.

잠시 환담을 나누던 중에 소장님이 지나가는 말로 "우리가 한국에 법인을 만들 수도 있을 텐데 그때는 도와줄 수 있겠는가?"라고 말씀하셔서 "한국에 법인을 만들고 도움이 된다면야 당연히 도와드려야죠"라고 스스럼없이 대답했다. 한국에 법인을 만든다는 얘기는 소문만 무성했지 진척된 것이 없었고, 일본인들의 신중함을 고려하면 전혀 실현 가능성이 없다고 생각했기에 인사치레로 하는 말이라 생각하고 뇌리에 남겨두지 않았다.

몇 개월이 지난 7월에 부참사에게서 조금은 흥분된 어조로 전화가 왔다. 이제야 한국에 법인 설립 결재가 났다고 했다. 나는 전화를 받고 "잘됐네요"라고 답은 했지만, 이내 '그래서 어쩌라고? 왜 내게 전화한 거지? 내게 왜 그런 얘기를 하는지 모르겠네'라는 생각을 했다. 나는 이즈음에 이직한 회사에서 구매 본연의 업무 외에 불용자재 정리, 자산회계 처리, ERP 시스템 신규 도입 프로젝트 등 많은 일을 맡게 되어 눈코 뜰 새 없이 바빴던 때였다.

9월에 담당과장에게서 연락이 왔다. 인사 쪽 면접을 위해 일본에 한 번 올 수 없냐고! 월급 받는 월급쟁이가 근무일에 휴가 내서 면접하러 간다는 것은 말이 안 된다고 설명하며 갈 수 없다고 전했다. 새 직장에서 일하느라 정신없고, 이직한 지 1년도 되지 않아 예의상 그만둔다고 말하기도 곤란하다는 생각을 하고 있었고, 다시 이직할 생각을 해본 적이 없던 때였기 때문이다. 상당히 의아스럽고 놀랍다는 느낌을 받은 듯이 보였지만 그는 내색하지 않았다. 휴일은 가능하지 않으냐는 질문에 거절할 수 없어 가능하다고 말했다.

며칠이 지난 후 "토요일에 서울에서 면담하자"라고 연락이 와서 10월 중순경에 날을 잡았다. 오전 근무하던 시절이라 오후로 약속했는데, 롯데호텔 소공동 본점의 꽤 넓은 회의실에서 담당과장과 인사 담당과장이 기다리고 있었다. 나를 면접하기 위해 회의실을 빌리고, 휴일 이틀간 1박 2일 일정으로 일본에서 출장 온 것에 상당히 놀랐다.

마주 앉아 일상적인 얘기를 나누다가 면접이랄 것도 없이 내 생각과 그동안의 삶에 대하여 얘기하는 자리가 되어버렸다. 그들은 질문도 별로 없었고 2시간 정도 내 얘기를 듣고서는 열심히 같이 해보자고 했다. 곧이어 식사하러 함께 갔다. 고급 갈빗집을 거쳐 2차도 같이 갔다. 술을 못 먹는 나로서는 내키지 않았지만, 성의에 감동해 동행했다. 단란주점 같은 곳이었다. 인사과장이 노래와 함께 흥을 돋웠다. 어깨동무도 하면서 잘해보자고 하는데 내가 뭐길래 이렇게 두 사람이나 와서 정성을 쏟을까 하는 생각도 들었다. 그 당시 100조의 매출로 세계 50대 글로벌 기업이었던 그 회사는 누구나 가장 입사하고 싶어 하는 기업이었는데 무슨 목적이 있어서 그럴까 곱씹어보게 되었다.

그들은 내가 함께하겠다는 대답이 필요했던 것 같다. 그래서 난 새 직장에서 이직을 말씀드리고 OK가 되면 동참해 설립을 돕겠다고 했다. 귀가 후 다음 날 곰곰이 생각해 보니 이들이 이렇게 정성을 들인 것은 오가타 소장님께 "도와주겠다"라고 한 내 말이 큰 언약이 되었고, 그 약속을 확인하기 위해 노심초사하는 것이라는 생각이 들었다. 아차 싶었다. 인사치례로 치부한 그분의 말 한마디가 이렇게 중요한 것이었단 말인가? 뭔가 약속을 지켜야 한다는 생각이 커졌다.

다음 월요일에 출근하여 대표님께 이직의 뜻을 밝히자 자기는 할 말이 없다며 회장님과 얘기하라고 했다. 회장님께 사직을 진언하자 일본계 기업의 까다로움, 쉽지 않은 사업성 등등을 열거하시면서, 힘들어서 6개월이면 대체로 그만두더라면서 안 된다고 했다.

퇴근 후 강남의 어느 호텔 스카이라운지에서 몇 차례나 언약에 대한 말씀도 드렸지만 허사였다. 3주간이나 흘렀다. 그런 와중에 6개 부서를 담당하는 관리본부장으로 인사발령을 냈고, 차기 주총 시 임원 승진과 스톡옵션까지 제시하면서 나를 설득했다. 한편 마쓰시타 측에서는 연봉 협상력 제고를 위한 것인가, 아니면 입사 거절 사태 등등 추측성 얘기가 들려왔다. 내 부하 직원으로 일할, 입사가 확정된 컨설턴트 본사 계약직 근무 경력자 1명이 전화를 걸어와 "충성을 다할 테니 꼭 함께하시지요"라며 설득하는 일도 벌어졌다. 나는 마지막으로 회장님 사무실로 찾아가 "나보다 유능한 인재를 추천하고, 약속을 지키기 위한 이직으로 회사 설립이 마무리된 후에는 회장님께서 호출 시 언제든지 복귀하겠다"라고 말씀드렸다. 회장님은 듣고 승낙도 부정도 하지 않으셔서 "묵인하시는 거로 알겠다"라고 하고 Nationa Panasonic Korea이하 NPK라 칭함로 이직하게 되었다.

나는 그해 12월에 NPK에 영업마케팅 부장으로, 담당과장이었던 분이 NPK 사장으로 부임했다. 충성을 맹세했던 친구는 과장으로 입사하여 3인이 회사 설립을 시작했다.

이렇게 하여 내가 인사치레로 생각했던 말 한마디는 '남아일언중천금男兒一言重千金'보다 무겁게 지켜졌다. 세월이 흘러 내가 대표가 되어 대표실을 정리하던 중 우연히 NPK 설립에 관한 결재원을 보게 되었는데, 그 서류 조직도의 마케팅부서장 난에 내 이름 석 자가 적혀 있는 것을 보고 놀라지 않을 수 없었다. 그동안 일련의 일들을 연상하며 오가타 소장님의 그 말씀 한마디가 얼마나 중요한 언약이었고 큰 선물이었는지 새삼 느꼈다. 이러한 사실을 한 번도 발설하지 않은 일본인들의 무거운 입에도 놀라지 않을 수 없었다.

나도 인사치레라고 치부한 말 한마디의 약속을 지키면서 샐러리맨으로서의 새로운 전기를 맞이하게 되었고, 인생 후반부를 화려하게 장식할 수 있게 되었다. 입사 시 나이40세가 어려 부장 직급이 곤란하다고 차장대외적으로는 부장으로 하자고 했던 그들이었지만 3년 만에 등기이사로 승진했고, 7년 후 최초의 한국인 대표이사 사장으로 승진했다. 20년간 재직하며 10년간 대표로서 나름의 성과를 냈던 행운을 가졌으니 인사치레로 생각했던 말 한마디가 얼마나 큰 행운을 가져다주었는지 새삼 되새겨보게 된다.

한국미디어영상교육진흥원 이사장, 모피아이㈜ 회장, PHP KOREA 회장, PHP국제교류회 회장, 좋은아빠멘토단 단장

네 개의 현, 첼로와 함께

노인숙

어린 시절 제일 부러움의 대상은 여섯 살 아래인 사촌 여동생이었다. 서울에 살던 나는 동생들과 방학하자마자 수원 외가로 내려가곤 했다. 여름방학과 겨울방학은 당연히 수원 외가에서 지내야 하는 줄 알았다. 우리 세 자매는 사촌동생들과 들판이나 동산에서 뛰어놀고 논밭에 있는 미꾸라지, 메뚜기, 개구리 등 생물을 관찰하며 자연 속에서 마음껏 놀았다.

어느 해인가 나의 귀를 사로잡는 악기 소리가 이모 방에서 났다. 이종사촌 여동생이 첼로를 배우고 있었다. 선생님과 앉아서 첼로 연습을 하는 동생을 보고 한눈에 반해 버렸다. 처음 들어보는 근사한 소리와 악기도 큰데 의젓하게 앉아서 연주하는 사촌동생을 바라보며 눈을 떼지 못했다. 동생이 없을 때 몰래 방에 들어가 첼로를 만져보았다. '나도 첼로를 배우면 얼마나 좋을까?'

중학교에 입학하고 나는 옆집 친구 윤경이와 학교를 같이 다녔다. 그러던 어느 날, 학교 오케스트라 단원 모집 공고가 났고 며칠 후 학교 가는 길에 윤경이가 말했다. "앞으로 너와 집에 갈 때는 같이 못가. 나 오케스트라에 입단했거든." 윤경이는 바이올린을 메고 있었다. 나는 윤경이와 학교를 마치면 빵도 사 먹고 떡볶이도 사 먹으며 무한 수다 꽃을 피웠었다. 그런데 오케스트라에 입단해서 집에 혼자 가게 된다고 하니 너무나 우울해졌다. 더군다나 악기는 내가 배우고 싶은 거였는데, 친구가 먼저 배우고 오케스트라에 입단했다니 은근히 질투도 났다. 나는 몇 날 며칠 어머니와 아버지께 바이올린을 사달라고 졸랐다. 오케스트라에 들어가면 윤경이와 계속 수다도 떨 수 있고, 배우고 싶은 악기도 배울 수 있다면서 허락을 받으려 애썼다.

그러나 어머니는 아버지 공무원 월급으로는 비싼 바이올린을 사 줄 수 없다고 했다. 더군다나 레슨 비용을 댈 수가 없다는 답이 돌아왔다. 어린 나는 배우고 싶은 욕망이 더 컸다. 그것도 친구와 함께 다니면 더욱 기쁠 것 같았다. 나는 고집을 피우고 바이올린을 안 사 주면 밥도 먹지 않을 거라고 선포하고 아예 이불 속으로 드러누워 버렸다. 그때 어머니는 내게 제안했다. 바이올린은 가르쳐 주지 못하지만, 지금까지 배워왔던 피아노로 오케스트라에 들어가라고 했다. 만족하지는 못했지만, 어쨌든 윤경이와 함께할 수 있으니 그걸로도 되었다며 드디어 오케스트라 단원이 되었다. 하지만, 마음 한구석엔 현악기에 대한 미련이 남아 있었다.

결혼하여 두 아이를 낳았다. 걸음마를 떼자마자 바이올린과 첼로를 각각 가르치기 시작했다. 결혼할 당시 아이를 낳으면 운동과 악기를 꼭 가르칠 거라는 약속을 남편과 했었다. 작은 손으로 손가락을 놀리며 활을 켜는 모습을 보고 내가 배우지 못한 꿈을 아이들에게서 찾고 싶었다. 큰아이는 중학교에 다니면서 오케스트라에 들어가고 싶다고 했다. 혼자 배우기보다 함께 어우러져서 배우는 오케스트라가 훨씬 좋으니 청소년 오케스트라를 찾아달라고 했다. 이미 오케스트라 경

힘이 있었던 나는 흔쾌히 허락하고 청소년 오케스트라를 찾아보기 시작했다. 강동구, 송파구, 강남구를 찾으니 아마추어 오케스트라는 거의 없었고, 있어도 연락이 제대로 되지 않았다. 여기저기 연락하고 어렵게 찾은 곳이 동두천 청소년 오케스트라였다. 아이들은 바이올린과 첼로를 들고 열심히 다녔다. 먼 지역인데도 정기연주회를 다섯 번이나 할 정도로 실력도 늘고 재미있게 다녔다. 청소년 사춘기 시기를 오케스트라에서 연습하고 연주하는 아이들을 보면서 행복했지만, 내 마음 한구석에서는 아직도 악기에 대한 미련이 남아 있었다. '내가 저 자리에서 연주했더라면, 더 기쁘지 않았을까?' 하는 생각들이 늘 있었다.

다온작은도서관을 개관하고, 도서를 구매한 후 동아리를 만들어 나갈 즈음이었다. 회원 한 분이 "아, 여기 장소가 좋은데요, 악기 동아리를 만들면 얼마나 좋을까요?"라고 제안했다. 귀가 번쩍 뜨였다. 그래서 만든 동아리가 '다온실내악 연주봉사단'이다. 처음에는 3명으로 시작하여 지금은 '다온오케스트라'로 성장했다. 몇 년은 오케스트라 단원들이 연습하는 모습을 지켜보기만 했다. 그러다 클래식 첼로 멘토 선생님께 이렇게 말했다. "나이가 많은데도 첼로를 배울 수 있을까요?" 선생님은 환하게 웃으며, "활을 들 힘만 있으면 팔십 넘어도 연주할 수 있어요."라고 대답했다. 심장이 방망이질 쳤다. 나는 용기가 났고 도전해 보고자 첼로 동아리에 들어갔다. 첼로는 사람 목소리에 가장 가깝기에 마음에 편안함을 주고 나이가 든 사람도 훌륭하게 연주할 수 있다며 격려해 주었다.

그러나 처음에는 그렇게 어렵지 않다고 생각했는데 착각이었다. 한 번 연습하고 나면 어깨도 아프고, 왼손과 오른손 관절이 쿡쿡 쑤셨다. 더욱이 손가락이 잘 돌아가지 않아서 끊임없이 연습해야만 그나마 연주가 됐다. 그래도 일 년 후 정기연주회에 올라섰을 때 그 황홀함은 이루 말할 수 없었다. 2023년 가을 힐링 콘서트를 성남 아트홀에서 40여 명 단원은 지휘자의 지휘에 맞추어 연주했다. 간절했던 내 꿈이 아름다운 선율로 완성된 순간이다. 2023년 가을엔 나루아트센터에서 소방공무원 후원을 위해 연주도 했다.

내 인생 최고의 선물은 두말할 것 없는 첼로이고 다온오케스트라 단원들이다. 활을 들 힘만 있으면 연주할 수 있다던 첼로는 나의 어릴 적 꿈을 이루어 주었고 힐링을 주며, 듣는 이에게도 기쁨을 준다. 네 개의 현, 첼로는 저음역에서 나오는 따뜻한 소리와 풍부한 울림으로 편안함과 안정감을 주는 아주 매력적인 악기다. 남은 인생도 행복한 첼로 연주자가 되어 내가 필요한 곳이면 어디든 달려갈 생각이다.

한국예총《예술세계》신인상(시), 다온북카페작은도서관 대표, 양육코칭 상담가, 강동작은도서관협의회 회장

중국 상해와 러시아공장 초대 주재원

노태호

살다 보면 때로 예상치 못한 도전과 어려움이 기다리고 있다. 하지만 그런 순간들이 우리에게 더 큰 성장과 풍요를 안겨줄 때가 있다. 중국 상해구매사무소와 러시아공장 초대 주재원의 임무는 만만하지 않았다. 회사로부터 받은 임무가 기존에는 없었던, 회사 내 누구도 해보지 못한 전혀 새로운 도전적인 일이었다. 당연히 과거 선배들의 사례가 없었으니 참고할 만한 것도 없었으며, 온전히 처음 겪어가며 해결해야 했던, 참으로 풀기 어려운 임무였다. 그러나 사즉생의 각오로 동료들과 한 팀이 되어 그 어려움을 슬기롭게 하나씩 해결했다.

2001년 10월, 중국 상하이에 있는 '현대자동차 상해 구매사무소장'으로 인사발령이 났다. "중국 부품을 사 오라"는 최고 경영층의 지시를 받고 중국으로 갔지만, 중국에서 구매할 만한 게 있나 하고 뒤져봐도 좀처럼 살 만한 것을 찾지 못했다. 그러다 한국에서 중국으로 구성 부품을 가져다 가공 및 조립하여 완성품을 만들어 한국으로 되가져 오는 방법을 강구하여 첫 해 21억 원, 둘째 해에는 2,000억 원, 셋째 해에는 5,000억 원, 넷째 해 1조 5천억 원이라는 어마어마한 구매 목표를 달성할 수 있었다.

자고 나면 두 자리 숫자의 임금 인상으로 경영 위기에 빠져 있던 협력업체들이 중국에 생산공장을 세워 한국으로 완성품을 되가져가도록 한 '바이백 프로그램'은 협력업체에 수익성 확보라는 당시의 당면 과제를 해결하는 해법이 되었다. 중국에 구축된 생산공장은 마침 중국에 진출했던 현대차와 기아의 합작법인에도 즉시 납품할 수 있는 부품 공급기지 역할도 함으로써 현대 기아의 중국 사업 성공에 큰 밑거름이 되었다. 아울러 협력업체의 중국 공장은 그 후 전 세계에 세워진 현대 기아 공장의 글로벌소싱 전초기지 역할도 담당했다.

회사로부터 부여받은 임무를 성공적으로 완수한 경험은 어렵고 힘난한 과제라 하더라도 명령을 받음에 있어 주저함이 없는, 적극적이고 도전적인 자세를 더욱 견지하게 된 계기가 됐다. 3년 3개월간의 상하이 생활을 마치고 2005년 1월 본사로 복귀하여 현대 기아의 모든 해외 공장 부품 구매개발 업무를 본사에서 지원하는 '해외프로젝트지원실장'으로 승진하는 영광도 함께 누리게 됐다. 이런 진취적이고 도전적인 자세로 인해 난제를 해결할 해결사 역할도 자주 맡게 됐다.

2008년 3월, 러시아 상트페테르부르크에 설립된 현대차 러시아공장의 구매실장으로 발령이 났다. 중요한 임무 중의 하나가 러시아에 동반 진출했던 부품회사들이 현지에 공장을 세워, 목표 일정에 맞춰 부품을 생산하도록 하는 것이었다. 당시 열악했던 러시아 투자 환경하에 건축 인허가 문제 등을 동시에 해결하고자 7개 협력회사가 함께 사용할 공업단지, 즉 '부품 단지Supplier's Park'를 구축하려 했다.

그러나 넓은 러시아에 공장을 지을 수 있는, 준비된 땅이 없었다. 환경 및 주거지와의 이격거리 등 여러 가지 규제로 인해 러시아 정부에서는 소나무와 자작나무가 꽉 들어선 밀림을 제공했다. 거기에 공장을 지어야 했다. 그것도 부지를 요청한 지 8개월이나 더 지난 11월 말이 돼서야 결정되어 공사 기간이 아주 촉박해졌다.

다른 해외공장과는 달리 밀림으로 꽉 찬 7만여 평 넓이의 부지에 나무를 베어내고 부지 정지 작업을 협력업체 스스로 해야 했다. 나무를 베는 것은 중앙 정부의 허가가 없으면 한 그루도 잘라낼 수 없었다. 허가 절차를 거치느라 시간이 많이 흘렀다. 2009년 새해가 되어 나무 베는 작업이 막 시작되었을 때 본사로부터 전화를 받았다. "금융위기로 환율이 너무 많이 올라 협력업체에서 달러를 보내기 어려우니 공사를 좀 연기할 수 없겠는가?"라는 내용이었다. 협력업체에서 구매본부로 공사 일정 연기를 요청했던 것이다. "이미 완성차 공장보다 시작이 8개월 늦었으므로 더 이상 일정 연기는 불가합니다" 하고 피력했지만, 그냥 통지에 불과했다. 달러를 보내지 않아 작업은 저절로 지연되었고, 두어 달 정도 지나서야 재개됐다. 두어 달의 작업 지연은 나중에 혹독한 시련을 가져오게 했다.

실제로 공사 초기에 '공사관리 책임자Construction Manager'를 채용하려 했지만, 고임금의 제시에도 불구하고 공사 기간이 부족하다는 이유로 거절하여 현지인 책임자를 뽑을 수가 없었다. 참으로 걱정스러웠지만, 협력업체 인원이 CM을 맡아야 했다. 딱히 다른 방법이 없었다.

나무를 벤 후 나무뿌리를 뽑아내는 작업이 끝나고, 지면의 표토를 걷어낸 다음 황토로 대체하는 부지 정지 작업을 시작할 무렵에 소리 없이 봄이 찾아왔다. 봄기운이 돌자, 겨울에 얼었던 땅이 녹아서 물이 흘러들기 시작했다. 표토를 걷어낸 자리로 물이 모이면서 물과 흙이 섞

이게 되었고, 펄 천지로 변해 도저히 공사를 진행할 수 없게 됐다. 토목공사를 하던 업체 책임자는 대책을 세우지도 못하고 그냥 쳐다보고만 있었다. 답답한 내가 나섰다. 토목공사를 해본 경험이 전혀 없었지만, 부지 가장자리에 둑을 만들어 물이 부지로 흘러들지 못하도록 막고, 수로를 깊게 파서 부지 내에 고인 물이 빠지도록 했다. 수로 끝에는 웅덩이를 만들어 펄 침전물이 가라앉도록 했다. 흙탕물 상태로 하천에 내려보낼 수 없었으니까…. 참으로 기가 막힌(?) 아이디어였다.

부지 정지 작업이 끝나고 건축공사가 시작됐다. 파일을 박고, 기초 공사한 후 기둥을 세워 트러스를 얹고, 지붕을 올리는 작업을 한참 진행하는데 다시 겨울이 성큼 다가왔다. 눈이 오기 전에 지붕과 벽체 공사를 끝내야 했지만, 아직 지붕도, 벽면도 완성되지 않았다. 속은 새까맣게 타들어 갔다. 눈발이 날리는 가운데 공사를 해야 했다. 바닥공사를 할 때는 타설한 콘크리트가 얼지 않도록 비닐 거죽을 씌워 그 속으로 온풍기를 며칠 동안이나 틀어놓아야 했다.

다시 해가 바뀌어 봄이 됐고, 여름이 다가왔다. 이제 설비를 깔아야 할 시간이었지만 아직 건축공사가 완료되지 못했다. 유리창도 안 달렸고, 시설 공사도 미완성 상태였다. 전기, 수도 인입도 아직 안 됐다. 한국에서 보내진 설비의 통관도 계획보다 늦어지고 있었다. 본사에서도 공사가 지연되고 있는 상황이 걱정되어 매일 진척 상황을 보고하라는 지시를 했다. 안팎으로 시달렸지만 어쩔 수 없었다.

당시 러시아에서 설비 통관은 매우 까다로워 잘못되면 수개월, 혹은 몇 년이 지나도 안 되는 경우가 많았다. 다행히 현지 관계자의 도움을 받아 통관 서류를 꼼꼼히 챙겨 가까스로 설비 통관이 됐다. 설비 설치 작업은 하루 3교대로 24시간 쉬지 않고, 주말도 없이 진행됐다. 잔여

건축공사도 병행했다. 발전기를 가져다 전기를 공급했고, 물차를 동원해 수도를 대신했다. 이렇게 하여 8월 말에 초도품을 생산하여 공급했다. 이어서 중앙 정부로부터 전기, 수도, 가스 등 연결 허가를 정식으로 받아 정상적인 파일럿 생산을 했고, 드디어 2010년 12월에는 양산이 시작됐다.

계획된 일정이 지켜졌다. 돌이켜보면 부지를 확정하는 데 8개월이 지체되었고, 특히 금융위기로 인해 나무 제거 작업이 2개월여 지체된 것이 공사 지연의 가장 큰 이유였다. 그렇다고 일정을 지키지 못한다는 것은 양해될 수 없는 일이었다. 물리적으로도 참으로 지키기 어려운 프로젝트였지만, 협력업체 책임자들과 함께 끊임없이 해법을 찾고 노력한 결과였다. 공사 독려를 위해 주말에도 부품단지 공사 현장을 찾았다. 아내도 동행했는데, 마트에 들러 1주일간 먹고 쓸 생필품을 사고 나서 바로 공사 현장으로 같이 가곤 했다. 아내가 일주일간의 공사 진척 변화를 얘기할 정도였다. 누구보다 아내의 애착이 깃든 협력업체 부품단지는 현대 기아의 러시아 사업 성공의 큰 기반이 됐다.

한편 주재원 생활은 두 아들이 중국과 러시아에서 국제학교에 다니면서 외국 학생들과 공부하며 해외 문화를 보고 배우는 기회가 되었고, 두 명 모두 미국 대학교에 진학할 수 있는 계기가 되었다. 큰아들은 미국에서 로스쿨을 졸업하고 대형 로펌에서 변호사로 일하고 있으며, 둘째는 대학 졸업 후 미국에서 회사를 2년여 다니다 한국으로 돌아와 자동차 회사에 다니고 있다. 주재원이 아니었다면 생각하기 어려운 미국 유학이었다. 아울러 회사 일에만 매진할 수 있도록 남편을 응원하면서도 두 아들을 제대로 키워낸 아내가 곁에 있어 늘 고맙고 행복했다. 중국과 러시아 초대 주재원 생활은 참으로 감사하고 고마운 기회였고, 내 인생 최고의 선물이 되었다. 그런 기회를 준 회사에도 감사드린다.

전) 현대자동차/ 현대모비스 구매 담당 임원, 중소기업 대표이사
현) 용인전자㈜ 부회장

신의 선물

목남희

　'아무리 줘도 아깝지 않은 사랑, 흘러넘치는 이 기쁨'을 우리가 언제 느끼는가? 사랑받을 때였을까? 사랑을 한없이 주고 싶은 상대가 있을 때였을까? 애절한 사랑을 노래하는 연가戀歌도, 그리워서 쓰는 애도哀悼 시도 상대가 사라지고 난 뒤에야 비로소 그 사랑의 깊이와 농도를 느끼고 깨달으며 쓴 글이 아닌가? 아무리 사랑하는 사람도 영원히 함께한다면 언젠가는 실망하고 사랑이 무의미하게 느껴질 수도 있겠지…. 그래서 적잖은 사람들이 흔히 "이러려고 내가 결혼했나?"를 반문하기도 한다. 인간의 욕망에는 한계가 없기 때문이다.

　한없이 주고 싶은 마음, 내 살을 떼어줘도 아깝지 않은 사랑, 영원히 가슴에서 지울 수 없는 대상은 역시 자식이다. 때로는 안타깝고 원망스러운 고뇌를 벗어날 수 없을 것 같은 비관적인 순간도 존재한다. 그러나 자식이 정신적 신체적 아픔을 당할 때 부모는 더 큰 아픔을 느끼며 기꺼이 그 아픔까지도 품어 주고 싶어 한다.

　'홀로'라고 생각하며 외롭게 살아온 숱한 사람들도, 자식이 생기면 더 이상 '홀로'가 아니고 양육의 책임과 임무로 비상한 각오를 하기도 한다. 양육의 임무는 어느덧 행복과 희망으로 자리매김을 하며 혹시나

놓칠까 조마조마 숨죽이며 충실히 살게 된다.

　내가 자식에게 해야 할 일이 있을 때가 내가 자식에게 보상받을 때보다 더 행복하다. 굳세게 살아야 한다는 용기와 열심히 임무를 완성해야 한다는 책임감이 생긴다. 따라서 세상은 아름답게 커지고 나라의 발전이 가치를 가지게 된다. 자식은 근심이 아니고 희망이며, 내가 혼자가 아니라서 행복하다.

　자식은 부모에게 사랑을 요구하지 않아도, 부모는 세상에서 가장 귀한 '무조건적 사랑'을 주고 싶어 한다. 줄 수 있어 스스로 행복해한다. 때로는 주는 사랑을 마다할까 봐 조바심을 내면서 손발이 다 닳도록 목숨이 남아 있는 한 사랑하고 행복해하는 것이 '자식 사랑'이다. '자식 사랑'은 인간이 공들여서 빚은 사랑이 아니라 신이 인간을 만들고 마지막으로 부모가 되는 모든 사람에게 '조건 없는 사랑'을 덤으로 주신 '신의 선물'이라고 나는 믿는다.

　부모는 적어도 사 반세기 동안 그 선물 보따리를 펴고 오만가지 희로애락喜怒哀樂을 맛보며 밀물과 썰물의 흐름처럼 행복과 사랑으로 세월의 교차를 지켜보고 산다.

　순간순간 가슴 졸이며, 행여나 하는 불안으로 종교도 경험하고, 하루하루 더 잘해 주지 못한 아쉬움을 메꾸기 위해 땀 흘리던 순간들. 잉태의 아픔과 양육의 어려움을 겪은 적이 한두 번이었던가? 그 많은 어려움 속에서 가장 중요한 '주는 행복'을 경험했고, 사랑의 알맹이를 키워 또 다른 행복을 그릴 수 있게 되었다.

　그 훌륭한 선물은 부모 된 사람에게 사랑과 희생의 행복을 알게 해 주고, 때가 되면 또 다른 선물을 만들기 위해 그 아늑하고 평온한 울타리를 떠난다. 그 선물이 내 곁을 떠날 때 대부분 부모는 허탈하고 떠나

가는 선물의 뒤 그림자 속에서 텅 빈 가슴을 조이며 진정하기 힘든 마음의 흐느낌까지 경험하게 된다.

이제 우리 스스로 '자식에 대한 관념'을 바꿔야 하지 않을까? 유교에서는 부모에 대한 효가 인간의 도리로 첫 번째 규범이라고 공자가 말했다. 효란 본래 부모가 살아 있을 때 자녀가 지켜야 할 도덕을 의미한다. 조선의 위대한 세종대왕도 효자였고, 이충무공도 어머니의 사망 소식을 전쟁 중에 듣고 한려수도 통영 앞바다에서 "큰 칼 옆에 차고 수로에 혼자 앉아…"를 읊었다고 했다.

사람들은 효자를 귀히 여긴다. 이유는 효자 노릇 하기가 쉽지 않기 때문이다. 대부분 자식은 부모를 사랑하고 효도하고 싶어 한다. 부모의 노고를 몰라서 하지 않는 것이 아니다. 그러나 '효도'는 하느님이 만들어 자식에게 선물한 '공짜 사랑'이 아니다. 그들의 무의식 삶 속에 효도의 씨앗이 살아 있지 않은 한 노력해서, 배워서 하기에는 엄청난 희생이 필요하다. 희생 없는 효도는 없다. 부모는 귀한 자식에게 그런 희생을 바라지도 않는다. 차라리 효도하지 않아도 자식이 행복한 삶을 살기를 바란다. 부모의 노력과 희생을 이해하고 감사하는 것이 부모에게 가장 귀한 보상이 될 것이다.

나는 어릴 때 부모님이 효도하는 모습을 보고 컸다. 안쓰러운 부모님을 호강시켜 드리고 싶어 자주 묻곤 했다. "아버지는 우리가 어떻게 되는 것이 가장 자랑스러울 것 같아요?" 부모님은 항상 "부모 호강보다 더 중요한 것은 너희들이 행복하게 사는 것"이라고 하셨다. 부모님은 자식의 행복을 빌었고, 자식은 그러한 부모를 기쁘게 하려고 '자기 행복'을 위해 노력했다.

성인이 되어 자식을 가졌을 때 나는 자식의 잉태에 감격하며 감사했다. 의지할 곳 아무도 없는 이국에서 오로지 남편과 나만이 있었는데 이제 내가 보호해야 할 대상이 생겼다. 아들을 위해 훌륭한 어머니로 사회에 공헌하고 싶은 새로운 희망을 품게 되었다.

  노인에게 많은 부의 축적보다는 많은 자식의 축복이 더 풍요로운 행복감을 준다는 걸 미리 안다면 누구나 자식을 많이 가지고 싶을 것이다.

전) 단국대학교 상경대 경영학부 교수, 미국 공인회계사, 월간《Queen》에 '명가의 자녀교육' 연재.《한국산문》수필 등단, 저서:《평범한 가정의 특별한 자녀교육》

밍글라바, 희망의 빛

문성미

나눔의 삶은 우리에게 아름다운 인생길을 열어준다. 그 길을 걷다 보면 따뜻함으로 가득 찬 희망의 빛을 얻기 때문이다. 드디어 나에게도 희망의 빛이 보이기 시작했다. 그것은 바로 미얀마와 맺은 새로운 인연이며 선물이다.

미얀마의 현재 상황은 국가의 내적 갈등으로 어려운 시기를 맞고 있다. 미얀마에 계신 선교사님들이 당장 약이 필요하다는 호소문을 보내왔다. 본사인 건강복지회 도움으로 제부가 다니는 회사의 양곤 지사로 후원 물품인 마스크 1만 5천 장과 종합감기약 10만 캡슐을 미얀마로 보내 주었다.

선교사님은 무척 고맙다며 행사장에 내 사진이 붙은 현수막까지 걸었다. 그것이 인연이 되어 한국을 방문하게 된 선교사님 한 분이 우리 약국에 찾아왔다. 미얀마에 무료 약국을 만들 예정이니 지속적인 지원이 가능한가를 물었다. 본사와의 오랜 상의 끝에 지원을 허락받았고, 거의 4년 동안 한 달에 한 번 30kg의 약품과 물품을 배로 실어 보내고 있다.

아들과 둘만의 여행! 드디어 일상에 얽매어 몇 번의 초대에도 응하지 못했던 미얀마 현장으로 가게 되었다. 전도사인 아들과 함께 선교지와 선교사님이 하는 일을 견학하고 무료 약국도 가보기로 한 것이다. 먼저 미얀마 사람들을 만나고 싶은 마음이 간절했다. 설레는 마음을 감추지 못하고 허둥지둥 준비하느라 우스꽝스러운 일도 많았다.

그동안 의료 선교지에 4번이나 다녀왔다. 단체로 가는 길은 따라 다니기만 하면 되지만 개인으로 가는 길은 긴장이 됐다. 호텔을 예약하고, 비자를 내야 하고, 비행기표도 예매하는데 아들이 있어 든든했다. 당시 미얀마 현지는 건기인데도 환절기라서 목감기 환자들이 많고, 근육통인 사람이 가끔 파스를 찾는다고 했다. 의약품 구급함과 감기약, 파스를 가방에 챙기면서 내가 해 줄 수 있는 것들이라 무엇보다 즐겁고 기뻤다.

미얀마 입국 심사 때 공항 직원의 날카로운 권위주의와 융통성 없어 보이는 행동이 나의 들뜬 마음에 잠시 찬물을 끼얹었다. 검색대에서도 빡빡하게 내 짐을 풀어헤치고 알 수 없는 말을 계속하더니 영수증도 발행하지 않는 벌금을 문 후에야 내 가방을 내주었다. 공무원이 정직한 나라라고 인식하려 해도 용납이 안 되었다. 일관성 없고 상식이 안 통한다는 인상을 받았다.

새 아침을 맞이하여 선교사님의 사역지인 '묘아오클라 빈민가'를 방문했다. 한 사람이 겨우 지나갈 만한 좁은 골목마다 10여 가구씩 짚으로 지붕을 얹은 쓰러져가는 나무집들이 즐비했다. 건기임에도 생활 하수로 질퍽거리는 징검다리 위를 걸어야 했다. 그나마 어떤 골목은 교회의 후원으로 시멘트로 길을 잘 만들어놓은 곳도 있었다. 문도 없는 집에서 옹기종기 모여 앉은 네 아이 중 10살도 안 된 아이가 옥수수밥을 조그만 바가지에 주물러 동생들 입에 넣어 주고 있었다. 이불 한 자락을 뒤집어쓰고 아파서 누워 있는 어른도 보였다. 알코올 중독인 세 청년은 윗도리를 입지 않은 채 어깨동무하며 마을을 배회하기도 했다. 선교사님의 애끓는 목소리가 골목에서 흘러나오자, 현지인들이 얼굴을 내밀고 가볍게 인사했다. 마음이 너무 아팠다. 저들은 어떡하면 올바른 삶을 살아갈 수 있을까? 먹먹한 마음이었지만 그들에게 "밍글라바" 인사를 나누고 하이파이브도 했다.

방문하는 곳마다 전도사인 아들에게 선교사의 자격과 재능과 사명에 대하여 설명을 해 주었다. 선교사님은 우리를 양곤예능대학으로 데리고 갔다. 방학은 했지만, 머물러 있는 대학생들과 만나고 학교 식당도 보았다. 학생들은 때로 찌들고 찌그러진 그릇에 음식을 내주는 데도 아주 밝은 모습이다. '우리는 얼마나 많은 은혜를 누리고 있는가? 쓸 만한 것도 내버리고 새것만 좋아하는 문화 속에서 얼마나 많은 불평과 불만으로 살아가고 있는가?' 좀 미안하고 부끄러웠다.

다음 날, 도시 외곽으로 가는 길가에는 두세 명의 감시자가 있었는데, 서로 와서 통행세를 흥정하여 받고 있었다. 2시간 정도 차를 타고 간 에야와디 슬롱 지역에는 4개의 학교가 있었고, 천여 명 주민이 살고 있다. 숲과 나무, 들판 위에 농작물이 있는 집은 하나도 보이지 않았다. 평온한 시골 마을이었다.

와브로 학교를 방문했다. 시험을 치른 학생들은 집으로 돌아가고 400명 중 200명만 시험공부를 하며 학교에 남아 있었다. 거기에서 학생들에게 생전 처음 먹어보는 떡볶이를 만들어 밥과 함께 사랑의 한류 도시락을 나눠주었다. 그들이 너무 즐거워하여 금방 잔칫집 분위기가 되었다. 성악을 전공한 아들이 'You raise me up'과 'Falling in love'를 멋지게 불러 한껏 분위기를 고조시켰다. 박수를 받은 아들은 어느새 한 무더기의 아이들에 둘러싸여 마치 연예인처럼 인기가 많았다.

또 다시 200개 정도 도시락을 준비하여 다음 학교로 이동했다. 그곳은 4년 전에 생긴 학교라서 비교적 건물이 깨끗했고 조용한 곳이다. 선교사님의 소개가 끝나자, 아들의 노래 소문을 듣고 몰려온 학생들은 금방 노래방 앰프와 마이크를 급조하여 갑자기 순회 공연장을 만들었다. 그런데 우리가 준비해 간 사랑의 도시락을 한 아이도 먹지 않았다. 선교사님께 여쭤보았더니, 아이들은 집으로 도시락을 가져가서 식구들과 함께 끼니를 이어간다고 했다. 신체 건강한 청소년이 한 개 먹어도 모자랄 판에 그걸 다 같이 먹어야 한다니!

'아까 도시락에 밥과 떡볶이를 담을 때 그 사실을 알았으면 좀 많이 담았을 텐데….'

선교사님은 아이들에게 장학금을 줘야 한다며 쩔쩔맸다. 아들 교회에서 챙겨 주신 선교비와 후원비는 이때 써야 한다는 마음에 선뜻 장학금으로 냈다. 교장 선생님이 10명의 장학생을 뽑아 내 앞에 줄을 세웠고, 그 아이들과 눈을 맞추며 악수하고 전해 주었다. 한 달의 생활비가 10만 짯이라는데, 장학금은 이 아이들에게 꿈과 희망을 실어 주고 미래를 열어 주는 힘이 될 것이라는 생각에 눈물이 나올 지경이었다. 돈보다는 명예를 위해 일하시는 선생님들에게도 위로하며 회식비를 드렸다.

아이들은 미얀마를 일으킬 미래의 꿈나무들이다. 나는 물질을 나누었지만, 그들에게는 사랑과 희망의 빛이 될 것이다. 이 자그마한 일로 감사장까지 받았다. 가난의 고통 속에서도 웃음을 잃지 않고 서로 나눔으로 행복한 그들의 모습을 보았다.

이후 미얀마 사람들의 서로 우애 있는 모습을 보고 우리 가족도 서로 애정으로 화합하며 살아가는 모습으로 변하고 있다. 고장 난 물건을 고쳐 쓰거나 아끼려 하지 않고 다시 사면 된다는 생각도 바꿨다. 옷장에는 유행을 따라서 구매한 옷들이 가득하고, 신발장에는 일 년 내내 한 번도 안 신은 신이 아주 많이 있다. 이제는 입고 싶은 옷이나 사고 싶은 물건이 있으면 신중하게 생각해 보곤 한다.

나는 집으로 돌아오자마자 당장 '나눔과 선교' 통장을 만들었다. 알뜰살뜰 절약하여 지속적인 나눔을 실천하기 위해 돈을 모으고 있다. 나눔은 우리 삶을 더 풍요롭게 만들어 주는 소중한 가치다. 나눔으로 얻은 행복감은 내게 커다란 선물이 되어 주었다. 미얀마로의 선교 활동은 내 인생을 빛으로 인도해 줄 희망의 길이라 생각한다.

어느새 그들을 만나고 싶다. 밍글라바, 다시 만날 날을 기다리며….

약사, 누리나래선교협회 이사, 한국디지털문인협회 회원

선생님의 그 선물

문영일

나는 내 삶에 늘 감사한다. 인생의 성공과 행복 기준이 부와 명예와 사회적 지위라면, 난 그다지 성공했다고 볼 수 없다. 그러나 나는 나와 내 가족 그리고 내 주위 사람들에게 좋은 영향을 주기 위해 끊임없이 배우며 노력해 왔다고 자부하기에 내 삶은 성공이라고 생각한다. 그래서 행복하다. 물론 그렇게 살아오는 동안 세월의 부침과 역경이 내겐들 왜 없었으랴! 그런 어려움에 가로막혔을 때마다 견딜 수 있었던 원동력이 무엇이냐고 묻는다면, 나는 주저 없이 말할 수 있다. "그것은 평생 잊을 수 없는 초등학교 4학년 담임 민영선 선생님"이라고.

6·25 전쟁 중, 부산 피난민 시절이었다. 1953년 7월에 정전협정이 이루어지자 많은 피난민이 고향으로 떠나기 시작했다. 부산시 영주동의 산등성이에 임시로 세워진 '서울 피난민 초등학교' 3학년인 우리 반 아이들도 하나둘 가족과 함께 떠났고, 남은 학생들은 인근에 있는 부산 봉래국민학교현 초등학교로 보내졌다.

그런데 이듬해 겨울, 영주동 피난민 판자촌 일대가 전부 불타버리는 바람에 화재민들은 모두 영도 섬의 천막촌으로 이주하게 되었고, 나는 또다시 부산 영도에 있는 봉학초등학교로 전학해야만 했다.

담임선생님이 나를 급우들에게 소개하셨다.

"문영일은 서울 봉래초등학교에서 1학년부터 4학년까지 전 과목 '수'를 받은 착한 모범생이니 사이좋게들 지내기를 바란다."

여윈 몸에 초라한 옷차림, 잔뜩 주눅이 들어 보여서였을까? 대략 그렇게 소개한 것으로 기억되는데, 그런 과찬으로 나는 그 시간부터 급우들께 선망과 함께 시샘의 대상이 되고 말았다. 쉬는 시간이 되면 "잘 사귀자"라며 호의를 보내는 애들이 있는가 하면 "어이, 서울내기! 니너 정말 그리 천재가?"라고 하며 노골적으로 비아냥거리는 애들 때문에 겁을 먹었고 점점 꽁지 빠진 수탉처럼 외톨이가 되어갔다.

전학한 지 한 주가 지난 어느 날로 기억한다. 오후에 사회 과목 시험을 보게 되었다. 시험지를 받아 보니 첫 문제부터 막히기 시작하더니 도대체 아는 게 하나도 없었다. 2번 3번…. 40번까지 훑어 내려갈수록 정신은 아득해지며 나중에는 머리가 텅 비어버리는 것 같았다. 눈을 떴다 감았다 하며 몇 번씩 문제들을 훑어 내려가도 건성으로 읽을 뿐, '어쩌지? 어쩌지? 애들이 내 시험 성적 보고 뭐라고 할까?' 하는 걱정에 시험지는 더 읽지도 못하고 두려움에 한숨만 쉬고 있었다. 시험이 끝날 때쯤 할 수 없이 객관식은 아무렇게나 찍고, 단답형의 문제는 빈칸으로 남겨둘 수밖에 없었다.

그날 이후 학교에 가는 게 정말 죽기보다 싫었다. 며칠간 선생님의 눈치만 보았고, 어쩌다 시선이 마주치면 외면했다. 급우들이 거의 영점에 가까운 내 시험 성적을 알아서 쑥덕거리는 것 같아 쉬는 시간에는 화장실에 숨어 있기까지 했다.

드디어 성적 발표 날. 드디어 올 것이 오고 말았다. 그냥 도망가 버리고 싶었다. "지난주에 친 사회 시험 성적 부른다. 김갑수 88점, 이대영

95점, 홍정자 85점….” 선생님은 그렇게 한 명씩 호명하며 점수를 부르고는 시험지를 각자에게 돌려주었다. 아이들이 시험지를 받으러 선생님 앞으로 나갈 때, 나는 숨만 깊게 쉬며 두 눈을 감았다. "이동수 65점. 나영철 90점,” 그리고, 잠시! "문영일 100점"이라고 하지 않는가. 분명히 0점이 아니라 100점이라 부르셨다. 순간, 내 귀를 의심하고 있는데, 반 애들이 "와!" 하며 함성을 지르며 나를 향해 손뼉을 치고 있었다. 어찌 된 영문이냐는 듯 선생님을 쳐다보았다. 선생님도 급우들과 같이 손뼉을 치며 크게 웃고만 계셨다. 난 달아오르는 얼굴을 주체할 수가 없었다. 어이없고 겸연쩍어 울상인 표정으로 따라 웃다가 고개를 숙였다. 이상하게 내 시험지는 돌려주지 않고 교탁에 내려놓으셨다.

선생님은 다시 한번 급우들에게 내 칭찬을 하시고는 아무 일도 없다는 듯, 수업을 마치셨다. 그리고 나와 함께 교무실로 가자고 하시지 않는가! 두렵고 부끄러웠다. 그냥 도망치고 싶었다. 선생님과 교무실로 향하는 긴 복도를 걷는 동안 내 다리가 후들거리는 걸 알았는지 선생님은 내 어깨에 손을 얹으시고 간간이 다독였다.

교무실로 들어가자, 옆자리 의자를 끌어서 나를 앉힌 선생님은 내 얼굴을 보며 싱긋 웃더니 다정하고 부드러운 목소리로 말씀하셨다.

"걱정했지? 네가 다니던 봉래초등학교에 알아보았더니 우리 학교보다 진도가 한 단원 늦더구나, 네가 시험을 잘못 볼 수밖에는….”

'아!! 그러면 그렇지.'

안도의 한숨을 쉬었는데 갑자기 내 볼을 타고 눈물이 흐르기 시작했다.

"짜아식! 울기는…. 앞으로도 공부 열심히 하고 애들과도 친하게 잘 지내라. 알았지? 할 수 있지? 넌 할 수 있어! 선생님은 널 믿어! 자, 네

시험지" 하며 정답이 쓰여 있는 시험지를 건네주셨다. 시험지에는 붉은색으로 크게 '100'이라고 쓴 숫자 밑에 두 줄을 그어놓으셨다. 나는 떨리는 손으로 시험지를 받았다. 교무실을 나오는 내 눈에서는 정말 닭똥 같은 눈물이 연신 흘러내렸다.

그날부터 나는 얼마나 열심히 공부했는지 모른다. 아예 모든 교과서를 통째 외워버리곤 했다. 선생님의 칭찬만큼 머리가 좋지 않은 내가 초등학교를 1등으로 졸업하여 부산사대부중에 특별전형으로 들어갔고, 전국 수재들이 간다는 서울 국립체신고등학교에 국비생으로 합격했다. 대학과 대학원에 다닐 때도 학우들에게 '모범생'이라는 놀림을 받을 정도로 공부에 열중했다.

공무원과 공기업 간부를 거쳐 개인 기업 임원을 성공적으로 마칠 수 있었고 나름대로 원만한 가정을 꾸려왔다고 자부할 수 있으니, 그것은 초등학교 4학년 담임선생님 덕이었다.

아버지도 안 계신 가난했던 피난민 생활, 가냘픈 체격에 전학으로 기가 죽어 원주민 급우들에게 따돌림을 당하던 나였다. 그런 내게 희망과 용기, 그리고 격려를 함께 담아 주셨던 선생님의 그 100점짜리 선물!

나는 중학교 졸업할 때까지 그 시험지를 내 책상 앞에 붙여놓았다. 그리고 그것은 내 가슴 속에 늘 남아 어려운 일이 닥칠 때마다. 좌절하지 않고 이겨낼 수 있는 희망과 용기를 주었다. 나는 안다. 100점짜리는 못 되어도 오늘의 내 행복한 삶의 원천은 민영환 선생님이 내게 주셨던 그 시험지 한 장 때문임을….

《한국산문》으로 등단(2013), 한국산문문학상(2019), 노계 박인로 문학상(2023)
가족 문집 《인생의 한 편의 연극이란다》 외 동인지 다수

엄마의 손맛

박미경

인생의 가장 소중한 선물은 무엇일까? 물질적인 풍요도, 명예나 돈도 아니다. 나에게 가장 소중한 선물은 엄마가 물려주신 손맛이다. 그것은 따뜻한 밥상과 함께 나누었던 소중한 추억과 깊은 사랑으로 가득한 선물이다.

어린 시절 방학이면 돈암동 성당 옆 외할머니댁에 놀러 가곤 했다. 2번 버스를 타고 다녔던 외갓집은 정부 시책으로 설 명절을 신정에 지냈다. 만두를 만들 땐 나도 곁에서 거들었다. 할머니가 커다란 나무 도마 위에 밀가루 반죽을 동글동글 썰어 주면 작은 손으로 납작하게 누른 후 다듬잇방망이를 굴려 가며 만두피를 만들었다. 할머니는 그 만두피에 속을 채워 만두를 빚었다.

집에서는 언니가 둘이라 내 손이 필요하지 않았지만, 외할머니 곁에서는 자주 보조 역할을 했다. 지금도 눈에 익고 먹어본 장단으로 할머니 솜씨를 제법 흉내 낸다. 더 잘하는 사람들도 많지만 소중한 엄마의 엄마, 할머니 손맛을 배웠다는 사실이 그 무엇보다 자랑스럽다.

할머니 밑에서 배운 엄마 역시 친척 집은 물론 동네잔치에서도 여러 가지 음식을 척척 해내셨다. 직장 야유회를 봄가을로 가면 늘 겉절이

김치는 솜씨 좋은 엄마 몫이었다. 전날이면 엄마와 시장에 가서 배추와 부재료인 양념거리를 사 와서 다듬고 절이고 씻는 등 엄마의 조수가 되는 것은 나의 즐거움이었다.

엄마가 정성스럽게 장독대 항아리마다 담아놓은 황석어젓, 새우젓, 멸치젓 등을 꺼내다가 김치를 담갔던 때가 생생하게 떠오른다.

여름이면 싱싱한 빨간 고추로 김치를 담았다. 붉게 익은 고추를 굵게 갈아 넣은 김치는 시원하고 매콤한 맛이 일품이었다. 엄마는 늘 신선한 재료로 음식을 만드셨다. 일요일 아침에는 아현시장에서 사 온 싱싱한 생선과 해산물을 넣고 끓여주신 찌게 맛은 잊을 수가 없다.

집 아래에 있는 정육점에 고기가 들어온 날이면 소고기 불고기를 해 주고, 눈에 좋다고 생간을 썰어 참기름에 찍어 입에 넣어 주시곤 하셨다. 소고기 배춧국은 어찌나 시원하고 맛있던지…. 돼지고기 송송 썰어 넣은 고추장찌개는 생각만 해도 군침이 돈다.

여름이면 콩을 불려 삶아서 맷돌에 갈아 커다란 얼음을 쪼개 동동 띄워 시원한 콩국수를 해 주고, 겨울이면 단팥죽을 끓여 주셨다. 그 음식들은 지금도 내가 자주 해 먹는, 좋아하는 음식 중 하나다.

결혼 후에도 엄마의 손맛은 나를 늘 따뜻하게 감싸 주었다. 큰아이를 임신하여 아무 음식도 먹을 수 없었을 때 육개장을 한솥 끓여 주셨는데 바닥이 보일 때까지 맛있게 먹었던 기억이 난다. 주말이면 세 명의 아이들과 엄마 집에 가면, 엄마의 손맛은 남달라서 나물과 된장찌개를 먹어도 꿀맛이었다. 엄마는 아이들 입맛에 맞춰 만들어 주시곤 했다. 아이들도 할머니의 손맛과 자상함을 좋아했다. 엄마의 사랑이 담긴 음식을 먹으며 우리 가족은 행복한 시간을 보냈다.

김장철에는 엄마가 우리 집에 와서 김장을 해 주셨다. 덕분에 나는 맛있는 김치를 먹을 수 있었다. 어린 시절, 날이 추워지고 11월 말이 되면 동네에 배추를 가득 실은 트럭이 돌아다녔다. 집집마다 그 배추를 사서 김장했다.

김장하는 날은 온 가족이 하나 되는 따뜻한 축제이자 잔칫날처럼 북적거렸다. 예전에는 어느 집이나 김장 100포기는 기본이었던 것 같다. 시원한 맛을 내기 위해 생새우는 빠트리지 않고 넣었다. 김장김치를 정성껏 만들어서 돼지고기를 삶아 굴과 함께 먹는 재미가 있었다.

마당에 물 받는 통을 늘어놓고 배추를 반으로 갈라 소금에 절여 놓고 배추를 위아래로 뒤집어준다. 김장을 버무리는 날엔 가족들 모두 동트기 전 일어났다. 아버지도 동원되어 차디찬 수돗물에 배추를 씻어 커다란 소쿠리에 건져 놓고 이웃과 같이 마당에서 김장했다. 그 시절엔 미나리에 거머리가 붙어 있어 물에 한참 담가 놓기도 했다.

김장하기 위해 가을날 마른 고추도 몇십 근 사서 마당에 둘러앉아 행주로 닦았다. 매운 향기로 인해 재채기하며 가위로 잘라 씨를 빼고 털어내는 일에 가족들이 총출동했다. 고추를 다듬으며 서로 이야기를 나누고, 맛있는 음식을 먹으며 웃음꽃을 피웠다. 그렇게 담근 김치는 일 년 내내 우리 가족의 소중한 보물이 되었다.

이모, 이모부는 용산에 사실 때도, 사당동에 사실 때도 오셔서 늘 같이 김치를 담가 나눠 먹었다. 외할머니도 동에 번쩍, 서에 번쩍 하셨다. 돈암동, 사당동에 사실 때도 우리 집과 이모 댁을 오가며 손이 필요할 때면 언제든 적극적으로 도와주셨다. 딸이 얘기한다. 엄마는 맛있는 김치를 외할머니한테 제대로 전수받았다고. 작년에 둘째 딸과 결혼한 사위도 "장모님 김치가 맛있다"고 좋아한다.

엄마의 손맛 김장김치로 엄마가 빚었던 만두 모양 그대로 김치만두를 만들어 먹으니 그 또한 일품이다. 만두를 빚어 시집간 둘째 딸도 주고, 언니도 이웃도 친구에게도 나눠줄 수 있어 좋다. 해마다 엄마가 우리 집에 오셔서 김장해 주셔서 자연스레 나의 자산이 된 것 같다. 엄마가 해 주지 못할 때는 친구가 사는 청양에 가서 김장김치를 해 오기도 하고, 주문해서 먹어도 보고, 브랜드가 있는 김치를 사서 먹어도 봤지만, 성에 차지 않는다고 해야 하나. 김치 담글 때는 언제나 힘이 난다.

　엄마와 함께 김치와 장담그기를 하며 보낸 시간은 언제나 특별했다. 그 시간은 단순히 김치를 담그는 것이 아니라, 가족 간의 사랑과 추억을 만드는 시간이었다. 그 시간을 통해 나는 엄마의 손맛을 물려받았고, 그것을 내 딸들에게 물려주고 있다. 엄마의 손맛은 단순히 음식을 만드는 기술이 아니다. 그것은 사랑과 정성이 담긴 마음이다. 그 마음이 음식에 녹아들어, 사람들에게 행복과 감동을 준다. 나는 엄마의 손맛을 통해 삶의 지혜와 가치를 배웠다. 그리고 그 가르침을 잊지 않고, 내 삶에 적용하려고 노력하고 있다.

　엄마는 내게 많은 것을 가르쳐 주셨다. 그중에서도 가장 소중한 가르침은 사랑과 정성이다. 나는 그 가르침을 잊지 않고, 내 아이들에게 물려줄 것이다. 어머니의 손맛은 단순히 음식의 맛이 아니라, 가족의 역사와 문화가 담긴 소중한 유산이다. 아이들이 또 자기 자식들에게 물려주기를 기대한다. 그렇게 엄마의 손맛은 대대로 이어져 나갈 것이다.

　나의 서툴고 투박한 솜씨로 엄마를 생각하며 글을 쓰게 되어 기쁘다. 오 남매를 어렵게 키우신 울 엄마의 고생을 누가 알리요. 어쩌다 꾼 꿈에서조차 환한 모습을 보여주신다.

　얼마 전 처음으로 아버지 꿈을 꾸었다. 너무 보고 싶어 한 번만 꿈에 나타나길 원했는데도 안 보이시더니 올 초에 양복 입은 아버지의 멋진 모습을 보았다. 늘 양복을 입고 출근하셨던 익숙한 모습인 듯하다.

"엄마, 하늘나라에서 아버지와 그동안 못 나눈 시간 잘 보내셨나요? 항상 맛있는 음식으로 제 삶을 풍요롭게 해 주셔서 감사합니다. 엄마의 손맛은 제 인생 최고의 선물이에요. 앞으로도 엄마의 손맛을 기억하며, 그 맛을 소중히 지켜가겠습니다. 사랑합니다."

한국디지털문인협회 책쓰기 1대학 회원

지금의 나를 있게 한 부모님들

Phyu Sin Moe Htet 퓨신 모텟(아영)

1998년 9월 비가 내리던 날 새벽에 집에서 태어난 나는 울지 않았다고 한다. 의사 선생님이 내 등을 때리고 나서야 큰 소리로 울었으니, 엄마와 식구들은 얼마나 당황하고 놀랐을까.

우리 가족은 대가족이라서 나한테는 부모 같은 분들이 많다. 친부모 외에 외할아버지, 외할머니, 외삼촌, 외숙모, 이모 두 분, 이모부 두 분 다 내 부모와 마찬가지다. 큰딸이자 큰 손녀였던 나는 사촌동생들이 7명이나 있어도 가족의 사랑을 가장 많이 받고 자랐다.

우리 부모님은 대학교를 졸업하기 전에 결혼했는데, 처음엔 외할아버지와 외할머니의 반대가 심했단다. 내가 태어났을 때도 별로 반기지 않다가 몇 개월이 지나서야 제일 예쁜 손녀가 되었다. 외할아버지는 내가 15살에 돌아가셨지만, 지금도 항상 곁에 계신 듯하다. 외할아버지는 나에게 올바르게 사는 방법도 가르쳐 주시고 나를 위해 재산도 남겨 주셨다. 외할아버지, 외할머니와 같이 살았으니까 친할아버지, 할머니보다 정이 더 들 수밖에 없었다.

외할머니는 나를 키우느라 고생도 많으셨다. 생각하면 너무도 죄송스럽다. 어머니가 아버지와 함께 사업을 하시니 항상 바쁘셨다. 내가 유치원 때부터 중학생 때까지 70대인 외할머니는 매일 학교에 다니는 나에게 밥까지 해 주셨다. 밤에도 나는 외할아버지, 외할머니와 같이 잤다.

7살 어느 날 나는 이모부와 같이 밖에 놀러 나갔다. 외할머니와 어머니가 나를 찾아다니셨다. 집으로 돌아왔을 때 할머니는 많이 우셨다. 나를 찾아 헤매느라 넘어지기도 했다 한다. 어느새 외할머니는 90세가 되셨다. 그래서 더욱 나를 외국으로 보내기 싫어하셨다. 내가 고향으로 돌아갔을 때 혹시 외할머니가 나를 알아보지 못할 것 같아 걱정스럽다.

외숙과 외숙모는 우리와 같이 살지 않았지만, 나를 딸처럼 잘 보살펴 주셨다. 우리 집에 자주 오실 때마다 도시에서 파는 맛있는 간식을 사 오셨다. 가족들이 다 함께 모여 맛있는 음식을 만들어 먹던 그 시간이 가장 즐거웠던 때다. 지금은 집에서 떨어져 홀로 제주도에 있으니 더욱 그립다. 외숙과 외숙모가 고등학교 학비도 내주셨다. 외국어대학교에서 한국어를 배우라고 안내해 주신 분이 바로 외숙이었고, 한국으로 유학 준비를 하는 동안 양곤으로 데려다주신 분도 외숙과 외숙모였다. 그분들 덕분에 돈 걱정 없이 내 삶을 찾아 유학의 길을 찾게 되었다.

이모들은 호칭으로는 이모지만 어머니와 다른 것이 없다. 사촌동생들을 낳아도 나를 자기 자식처럼 생각해 주시는 이모 두 분은 나의 어머니들이다. 이모부들도 나의 아버지들이다.

어머니가 바빴을 때 나를 공부시키고 용돈도 주고 아주 예뻐해 주셨다. 어렸을 때부터 말이 적은 나를 친구들이 괴롭히지 않도록 보호해 주셨던 분들도 이모들이다. 이모들과 이모부들 덕분에 나는 공부도 잘하고 인간관계에서도 별 상처 없이 자랐다. 나의 취미 중 하나인 독서

습관도 이모들 덕분이다.

　초등학교 1학년부터 나는 신문 기사를 소리 내어 읽을 수 있을 만큼 똑똑했다. 이모들은 나에게 일주일에 한 번씩 만화책을 사 주셨다. 다른 장난감보다 만화책을 좋아했다. 학업에도 열심이었던 나는 상을 받았다. 집에 돌아오면 이모들과 이모부들이 또 상을 주셨다. 영어 학원이나 과외 공부를 시켜주신 분들이 이모부들이다. 한 아이를 키우려면 마을 전체가 필요하다는 말이 있듯이, 나는 외가 가족들의 지원 없이는 성공하기 어려웠을 거라 생각된다.

　이렇게 나를 예쁘게 키워 주신 이모 중 한 분이 얼마 전에 편찮으시다는 소식을 들었다. 밤에도 잠을 못 자고 낮에 일하면서도 불안하여 정신이 없었다. 나에게는 이모가 어머니와 똑같다. 당장 이모를 뵈러 미얀마로 돌아가고 싶었다. 하지만 여권이 만료되어서 갈 수가 없었다. 다행히 지금은 가족 모두가 잘 보살펴 드려서 어려운 시간을 견딜 수 있었고, 잘 회복하셨다고 한다.

　나에게는 부모 같은 가족들이 계시지만, 그래도 나를 가장 응원해 주시는 분은 친부모님이다. 부모님은 언제나 내가 원하는 것을 반대하지 않고 믿어 주셨다. 나에게 아무것도 바라지 않고 무엇이든 해 주고 싶어 하시는 분들이다. 집에서 떨어져 본 적이 없던 나를 항상 걱정하시는 부모님은 내가 처음 대학교에 입학하여 떨어지게 됐을 때 많이 우셨다. 아마 유치원에 보냈을 때 이후 처음인 것 같다. 2년 전에 내가 한국으로 떠났을 때는 공항에서 어머니와 이모들이 많이 우셨다. 아버지와 이모부들의 눈에도 눈물이 보였다.

　나는 다른 사람과 달리 여러 부모님의 자식으로 사랑을 듬뿍 받는 행복한 사람이다. 미얀마에서는 자녀들이 부모님을 모시고 살며 부모님께 은혜를 갚는 전통이 있다. 앞으로 내가 모시고 은혜를 갚아야 할 분들은 친부모만 계시는 것이 아니다. 가족들이 나를 정성껏 키워 주셔서 앞으로 내가 정성껏 모셔야 할 분들이다.

가족은 푸른 나무처럼 그늘이 되어 주고 무한한 큰 사랑을 주신다. 가족의 응원과 사랑을 많이 받은 나는 햇빛과 물을 듬뿍 받은 나무처럼 잘 자랐다. 이제는 큰 그늘을 가진 나무로서 다른 사람이나 동생들의 모범이 되어야 한다. 언젠가 내가 부모의 입장이 되면 나 같은 아이로 키울 것이다.

내 인생 최고의 선물인 나의 부모님들! 이제 한 가지 소원은 모두가 건강하시고 안전한 나라에서 함께 모여 사는 것이다. 얼른 공부를 마치고 고향에 돌아가 부모님들을 만나고 싶다.

미얀마 몽요아 출생, 현재 제주대학교 무역학과 석사과정 재학 중,
한국디지털문인협회 미얀마지부회, 희망글쓰기 4대학 회원

3부

박영애 생일 카드에 적힌 숫자
박용호 아버지의 말씀
박종문 생명의 근원, 소금
박종희 산 사랑
박현식 수안綏安
방현철 나는 누구인가?
백남흥 말씀의 선물
보　경 작가의 영혼을 담아내는 한 권의 책
안만호 낚시터의 인연
오순령 덕업일치德業一致
오순옥 하늘에서 내려온 선물
오정애 세 번의 선물
오태동 천상의 선물天上의 膳物
Tin Zar Myo 띤자묘(가운) 나에게 듬직한 인연의 나무들

생일 카드에 적힌 숫자

박영애

　인간은 삶을 살아가면서 시간의 한계를 깨닫고 이를 극복하고자 노력한다. 자신의 믿음과 가치관에 따라 영원성에 대해 다양한 해석을 하고 있다. 이에 대한 답은 개인의 신념과 세계관에 따라 다를 수 있지만, 누구나 시간의 유한성에 비해 이뤄 놓은 것이 없다는데 생각이 미치면 허무함을 느끼고 있음을 작품 곳곳에서 엿볼 수 있다.
　내 경우엔 시간의 소중함을 알고 있다고 자부하며 나름 시간 관리도 잘하고 있다고 늘 믿어왔다. 그러나 어느 순간 시간에 대한 나의 불성실을 곳곳에서 발견하곤 당황할 때가 많았다. 엄청 바빴기 때문에 계획대로 실행하지 못했던 거라고 스스로 변명하기에 급급한 약한 모습과 비겁함을 드러내면서도 자꾸 반복적으로 나와의 약속을 깨곤 했다. 나니까 나를 이해해야 한다며 이렇게 그 수많은 시간을 허비하며 나이를 벽돌 쌓아 올리듯 겹겹이 쌓으며 지금까지 살아왔다. 취향에 맞는 일을 만났을 때마다 진즉 이걸 해야 했는데… 하는 후회와 아쉬움이 밀려오거나 새로운 일을 하려고 도전할 때마다 꼭 이런 생각이 머릿속을 가득 채운다.
　'10년 전에 시작했더라면 지금쯤은 다른 내가 되어 있었을 텐데….'

'10년 전엔, 아니 젊었을 땐 왜 이 생각을 못 했지?'

한동안은 이 생각에 빠져서 시간 관리 잘해야지 하고 맘 다지며 아쉬움에 가슴이 저릴 때도 많았다. 시간이란 선물을 하늘로부터 무료로 받지 않고 시간마다 그 누군가에게 대가를 지불해야 한다면 아마도 짜임새 있고 나답게 올바로 활용하는 삶을 살아가려고 노력했을 것이다. 삶을 바라보는 생각과 태도가 지금과 달랐을 것이라고 생각한다. 시간은 누구에게나 대가 없이 주어지는 것이라 등한시했을 거란 결론을 내리곤 했다.

얼마 전 내 생일날 중학교에 다니는 큰 외손주가 카드를 내밀며 생일을 축하해 주었다. 카드가 든 봉투 속엔 생신을 축하드리고 엄마를 낳아 주셔서 감사하다는 편지 내용과 맘에 드는 선물 사시라고 현찰을 넣었다. 할머니 생신 선물을 사려고 저축했단다. 대견하다고 고맙다고 칭찬하면서 카드를 읽었다. 손주의 이런저런 일들이 모두 감사하다는 기특한 내용이었다. 그런데 그 옆에 앞뒤 설명 없이 눈에 확 띄는, 진하게 쓴 다섯 자리 숫자가 눈길을 끌었다. 아무리 생각해도 뭔 숫자인지 짐작할 수 없었다. 이 숫자는 뭐냐고 물어봤다.

"할머니가 태어나서 지금까지 살아오신 날들이요. 앞으로 그 숫자만큼 더 건강하게 사세요."

그 순간 옆에 있던 가족들이 배꼽을 쥐고 웃었다. "그러면 몇 살까지 살아야 하지?" 하고 실없는 소리를 내뱉다가 문득 스스로에게 자문했다. 어느새 이렇게나 많은 날을 살아왔단 말인가? 모두가 엊그제 같은데 말이다. 나이는 숫자에 불과하다고, 세월은 참 빨리도 흐른다고 별로 심각하게 생각하지 않은 적이 많았는데 숫자로 살아온 날들을 정확히 짚어 주니 당황할 수밖에 없었다.

　우리에게 무료로 주어진 시간이란 자원인데 가치 있게 쓴 기억이 나지 않는다. 원래 내 것이니 아무 고마움 없이 당당하게 흘려보낸 기억밖에 없다. 어느 겨울날 바람은 매섭고 눈은 쌓이고 시간이 한없이 길게 느껴졌을 때 빨리 시간이 가서 따뜻한 봄이 오길 기다린 기억만 난다. 그건 세월이 빨리 흐르길 바랐다는 결과다. 내가 향유한 그 많은 시간 속에서 의미 있는 시간을 보내지도 못하고 세월만 탓했던 날이 많았다.
　시간은 나와 상관없이 무한히 존재하고 있었다. 의미 있는 삶을 추구하고 자신의 열정과 가치에 부합하는 방향으로 삶을 살아가야 하는 노력이 수반되지 않았기에 외손주가 숫자로 알려 준 시간의 의미를 되새겨본다.
　내가 그 소중한 시간 자원을 묶어서 허비하고 있었음을 깨달았을 때는 많이 늦었다는 회한이 든다. 내가 보낸 시간 안에 가족과의 소중한 관계도 들어 있었을 것이고, 친구와의 우정에 더 많은 시간을 허락했을 수도 있다. 또한 세상을 바라보는 긍정적인 태도를 갖고 변화와 도전의 연속 속에서 어려움을 극복하며 삶의 도전에 대처하기도 했을 것이다. 그 시간은 나에게 기회를 주기도 했을 것이고. 배움에 몰두하고, 취미를 키우며 더 나은 나로 성장시켜 왔을 것이다. 과거에는 생각지도 못했던 지식과 경험들이 쌓여 내 삶에 큰 영향을 주었을 것이라는 생각에 조금 위안받는다.
　그러니 자책 말고 내가 앞으로 지상에서 써야 할 시간 동안 시간을 올바르게 활용하고 게으름에 휘리릭 시간을 보내지 말라는 따끔함을,

선물인 숫자가 일깨워 준 계기가 되었다.

  지금이라도 시간이란 진정한 가치를 깨닫게 숫자를 계산해 준 외손주가 정말 고맙다.

행정학 박사, 시인, 미래대학지도자학 교수

아버지의 말씀

박용호

아버지는 늦둥이 막내인 나에게 꾸중이나 잔소리를 별로 하지 않았고 칭찬도 과하게 하지 않으셨다. 아들이 잘 성장해 주기를 말없이 비는 분이었고, 나더러 사범대학 가서 선생님이 되어 보라는 말씀을 한두 번 하셨을 정도였다.

리더십과 지혜가 많아 동네 어른 역할을 꾸준히 하셨고, 마을 사람끼리 분쟁이 생기면 당사자들은 중재 혹은 조정을 기대하며 이른 새벽, 밤 구분 없이 우리 집으로 와 아버지의 충고나 조언을 듣고 가곤했다. 늦잠이 많았던 나는 새벽녘 그분들 하소연과 불평 소리 덕에 아침잠을 많이 설치기도 했다.

시골 논농사를 지으면서도 아들 공부를 위해 순천에 있는 중학교로 유학을 보내셨다. 방학이나 농번기 때는 고향으로 돌아와 식구들을 도와드리는 일은 힘이 덜 드는 작업과 소와 염소를 먹이는 일 정도였다. 낫질이 서툴러 꼴을 베기도 별로 하지 않았고, 지게질도 거의 안 시키신 아버지는 그런 일 대신 공부나 하라고 하셨다.

당시 말귀가 어두운 어린 아들인 나에게 아버지가 일러 주신 말씀은 "아들아, 인심 잃지 말거라이잉~. 쬐끔조금 손해 보듯이 살아도 되아야

~"였다. 이 말씀이 내 귓전에서 맴도는 공간은 시골집 황토 마당에서 대문 앞 사이였다. 순천으로 돌아가야 하는 시간이 되면 "아부지, 저 가겠습니다" 인사하고 대문으로 걸어가는 동안 귓바퀴에 공명을 일으키는 그 말씀은 소리 에너지가 되어 귀에서 머리로, 머리에서 가슴으로 되감기를 했다. 나이 40 넘어서야 비로소 그 의미를 이해한 나는 대인관계에 새로운 스펙트럼이 생겼다.

2023년 11월 출간된 자전 에세이 《뜨겁게 전진하고 쿨하게 돌아서라》는 시작점도 아버지 말씀이었고, 세상 앞에 당당히 서게 된 용기의 근원지도 그 말씀이었다. 덕택에 좋은 사람들을 많이 만나게 되었고, 사람 자산도 많이 늘면서 내 생활철학인 '주위를 이롭게 즐겁게 하라'도 태동했다. 첫 작품은 내 자신을 한 번 돌아봄은 물론 그랜플루언서로 직장생활 경험치 및 학습치를 지식자산화하여 후배들에게 도움이 되는 참고서로 탄생했다. 또한 나를 거의 벌거숭이로 만들어 세상 앞에 내세웠다.

　책은 나비 효과를 만들기 시작했다. 책 출간과 동시에 신문사 4곳에서 그랜플루언서Grand Parent+Influencer 역할을 기대한 기사를 써주었다. CBS FM 음악프로인 '아름다운 당신에게'에 책 일부가 소개되더니 2024년 2월 16일 MBN TV '돈워리 비해피' 방송 프로에 내 인터뷰 내용이 방영되었다. 친인척, 친구, 지인 등이 나에 대해 좀 더 알게 되고 새롭게 인식하는 계기가 되었고, 부족한 글이 일부 사람들의 마음까지 움직였으니 얼마나 신기한 일인가? 한 번 날기 시작한 나비의 날갯짓은 일부 지인들로 하여금 글쓰기에 대한 용기를 내게 했고, 직장 선배인 나를 롤모델로 잡고 따라 해보겠다는 후배들 의욕의 불씨에까지 여린 바람을 전해줬다.

화백화려한 백수 대신 작가라는 호칭이 붙고 명함도 새로 생겼다. 나비는 매번 돌아오는 새봄을 유혹하며 재촉이나 하듯이 힘찬 퍼덕임으로 더 높은 비상과 큰바람을 일으켰다. SNS 활동에 담을 쌓았던 나를 움직여 급기야는 2023년 11월 개인 블로그를 개설하게 했다. 블로그에 올린 글을 통해 기적에 가까운 일이 생겼는데, 내가 그리도 애타게 찾던 중학교 음악 선생님과의 만남이 52년 만에 이뤄졌다. 에세이에도 사연이 들어 있으나 무명작가 책을 읽어 줄 독자가 극소수일 것으로 판단, 블로그에 '그리운 사람을 찾습니다~!'라는 제목으로 글을 올렸다. 선생님 성함, 선생님 권유로 독창 무대에 섰던 일, 스승의 날에 학생 대표로 구령대에 올라 '스승의 은혜' 노래를 지휘했던 일 등도 기술하고 이런 글을 넣었다.

"부질없는 생각인지 모르나 어쩌다 이 블로그 글이 계기가 되어 만날 수 있을지도 모른다는 가느다란 희망을 갖고 있다. 세상일은 아무도 모르니 운명처럼 극적으로 만남이 이뤄질지도 모르는 일이다."

블로그에 글이 오른 뒤 10일째 되던 날, 어느 여성분의 댓글이 올라왔다. 천사의 옷을 입고 온 여성분이 "혹시 최 선생님이 현재 80대 중반 정도 되셨을까요? 제가 아는 분이 맞나 해서요! 성악 전공에 음악 선생님 하셨고 여수에 사셨다고 들은 것 같다"라고. "네 맞습니다. 순천에서 여수로 전근 가신 후 연락이 끊겼어요"라고 즉각 회신했다. 세상에! 댓글 천사'보라'라는 이름을 가진와 같은 탁구장에서 운동하신다고?

연락처를 받아 전화 드리니 선생님 옛날 목소리 음색과 말투가 그대로 남아 있었다. 선생님도 나를 정확히 기억하고 계셨고 서울로 이사 온 지 10년 되었다고 하여 바로 다음 날 만나 뵀었다. 반세기만의 재회였고, 선생님과 가벼운 포옹은 가녀린 세월과의 포옹이었다. 누가 이런 만남이 가능할 거라고 믿을까? 개인정보 보호 등으로 사람 찾기가 어렵게 된 현실에서 블로그 글을 통해 거짓말처럼 기적이 일어났다. 얼굴 뵙고 밀린 얘기를 하는데 오후 내내 해도 끝이 나지 않았다. 무반주로 노래도 불러 주셨다. 선생님이 다니시는 탁구장에 가서 탁구도 같이 쳤다. 탁구장 멤버들도 우리 만남의 과정과 사연을 듣고 감동, 부러움과 감탄! 아득한 옛날 제자가 스승을 그리도 찾다가 극적으로 만났다니…. 선생님 권위가 땅에 떨어진 요즘 세태로는 꿈도 꾸기 어려운 일이라 했다.

행운아 중의 행운아인 나는 근래에 몇 분의 천사를 연속으로 만났다. 모두 내 가까이에 있었다. 매사에 감사하지만, 이 극적인 만남과 인연을 무슨 말과 글로 표현할 수 있단 말인가. '신이여, 감사합니다! 인복이 행운까지 갖다 주나 봅니다.'

긴 세월 많은 사람과 교류했고 여전히 꿈을 벗 삼아 새로운 도전을 지속하는 동안 이런 고귀한 만남까지 이뤄진 시작점이 바로 아버지 말씀이었다. 내 인생 최고의 선물이다. 그 말씀은 가끔 흔들리는 나의 중심을 잡아 주었고, 주위 사람들을 소중히 여기고 개성이 다른 사람들을 있는 그대로 받아들일 수 있게 지지해 주었다. 글을 쓰면서 새로운 많은 사람과 알고 지내고, 인간 세상에 티 나지 않게 살고 있는 천사들도 발견했으니 하루하루가 감사하고 매사가 감사하다.

봄이 오면 더 많은 나비가 날아오를 것이다. 내가 날려 보낸 나비도 봄의 훈풍을 타고 계속 새로운 의미와 변화를 불러올 것이다. 다음은 어떤 날갯짓으로 어떤 의미와 무슨 그림을 줄지 휴식 벤치 앞에서 서

성여 보려 한다.

"아부지! 아부지를 닮은 아들 내려다보고 계시는지요? 다시 태어나도 아버지와 아들로 만나요! 아부지가 나비로 오시거든 얼른 귀띔해 주세요. 어릴 적 나비에 모래 뿌렸던 일 후회하고 반성합니다. 사랑합니다!"

현대/현대차그룹 31년 외 중소기업 경영진 근무, 현재 한국디지털문인협회 회원,
저서:《뜨겁게 전진하고 쿨하게 돌아서라》

생명의 근원, 소금

박종문

PVC 장판, 양잿물, 유리, 항공유jet oil, 비누, 염산, 수돗물, 유한락스, 색소, 염색, 아이스크림, 간장, 피혁, 영화 '바람과 함께 사라지다 gone with the wind'의 필름 원본, 중세 시대 감옥, 원유 비축, 제초제, 농약, 안동 자반고등어, 햄, 제설, 정수, 치약, 테니스 코트, 음악의 도시 잘츠부르크Salzburg, 동계 올림픽이 열린 미국의 솔트레이크시티Salt Lake City, 로마 시대의 노예, 셀러리Salary, 군인—상관관계가 전혀 없는 것 같은 이것들은 전부 소금과 연관이 있으나 각론에 들어가서 이것들이 소금과 어떤 연관성이 있는지에 대하여 질문하면 대부분 대답을 못 한다.

소금이라고 하면 음식의 간을 맞추거나 김치나 간장, 된장을 담글 때, 혹은 생선을 절이는 등 식품에 사용하는 것만 생각하기 쉽다. 그러나 이런 식품 용도에 사용되는 소금은 약 15%, 나머지 85%는 무기화학의 가장 기초적이고 중요한 원료로서, 화학 공업, 일반 공업 및 산업용으로 사용되는데 소금의 용도는 대략 3만 가지나 된다.

결혼 20주년을 며칠 앞둔 1994년 3월, 세계적 곡물 기업 카길Cargill 소금사업부의 아시아 담당 총책으로부터 연락이 왔다. 한국의 소금 고객 세 분이 호주 서북부에 있는 카길의 포트헤들랜드Port Headland 염전을 방문하니 그분들을 영접하라고 했다. 수개월 전 처음 맡기 시작한 소금과 염전에 관한 좋은 공부의 기회라고 했다. 마다할 이유가 없었다. 대신 출장을 마치고, 한국에서의 결혼 20주년 행사 대신 아내와 함께 호주와 뉴질랜드 여행을 하겠다고 하니 흔쾌히 수락했다.

포트헤들랜드의 소금농장salt farm은 준 사막지대에 위치하여 기온이 높고 강우량이 적으며 끊임없이 바람이 불고 지형도 완만하여 천일염 생산에 최적으로 100명도 되지 않은 종업원으로 연간 300만 톤의 생산 규모를 가지고 있다. 썰물 때 인도양 오염 제로의 바닷물을 제1 증발지evaporation pond에 넣었다가 약 1개월 반 후 펌프로 제2 증발지로 옮기는 등 순차적으로 7개의 증발지를 거치면 1년 후 약 24보메액체의 비중을 나타내는 단위의 포화 소금물이 된다. 이 포화 소금물을 넓은 결정지crystalization pond로 옮기면 서서히 소금이 자라서 1년 후 바위처럼 단단한 30~50cm의 소금층이 형성된다. 이것을 커다란 수확기로 긁어서 대형트럭에 담아 옮겨 바닷물과 민물로 세척 후 3개월 정도 쌓아두면 물과 간수 등 미네랄이 빠진다. 이것을 항구로 옮겨서 3만~7만 톤급 벌크선에 선적하여 일본, 한국, 필리핀, 인도네시아 등지로 수출한다. 소금을 기르고growing 수확harvesting하여 약 97%의 염도를 가진 소금을 수출하기까지 대략 2년 3개월이 걸린다.

한편 우리나라는 1일 체염이라 하여 태양에 졸인 포화 소금물을 아침에 장판장판염, 도기타일도자염, 혹은 단단히 다진 갯벌갯벌염에 깔아놓으면 저녁에 염도 약 85%의 소금으로 결정된다. 연산 30만 톤의 신안 등 서해안에서 생산되는 천일염으로 대부분 식용으로 소비된다.

포트헤들랜드에서 소금농장 견학을 하고 호주 서부 제1의 도시 퍼스Perth에서 새벽 2시 비행기를 타고 시드니공항에 도착하니 아침 6시경. 전날 저녁 인천공항에서 출발한 비행기로 비슷한 시간에 도착한 아내를 만났다. 우리는 시드니 관광을 마치고 자동차를 렌트하여 인근의 블루마운틴을 거쳐서 호주의 수도 캔버라를 둘러본 후 뉴질랜드 북섬을 관광했다. 소금 덕분에 이루어진 최초의 오세아니아 여행이었다.

1998년 겨울, 소금 고객을 모시고 샌프란시스코 만에 위치한 카길 소금농장을 방문했다. 출장길에는 통상 아내를 대동했다. 그때도 예외는 아니어서 함께 출장을 가서 인근의 해발 3천 미터의 헤븐리 스키장에서 꿈같은 스키를 즐기고 귀국 길에는 하와이에 들러 오하우섬과 마우이섬을 관광하였다.

1999년과 2000년 가을, 푸껫과 발리에서의 부부 초청 카길 소금회의에서는 미국과 아시아 각국에서 온 카길의 많은 동료들과 깊은 대화와 우정을 나누었다. 이런 것이 회의 내용 자체보다 더 큰 의의가 있고, 모두에게 평생 잊지 못할 추억을 선물했다.

2001년 봄, 최대 고객인 H사와 연간 80만 톤의 6년 계약을 맺었다. 회사 수입이기는 하지만, 연간 40만 불 커미션을 받는 대 계약이다. 그러나 호사다마라고 할까? 계약서의 잉크가 채 마르기 전에 카길이 수요 판단을 잘못하여 호주의 소금농장을 경쟁사에 매각하는 바람에 우리 부부에게 커다란 즐거움과 온갖 추억을 선사한 소금과의 인연도 끊어지고 말았으며, 2002년에 나도 카길을 은퇴했다.

2008년 12월 초, 인천에 소재한 국내 최대의 소금 가공/판매회사인 Y염업의 K 사장으로부터 급한 전화가 왔다. 호주의 소금 공급을 주선해 달라는 요청이었다. 즉시 호주의 인맥을 동원하여 세계 최고 품질의 식용 소금농장과 협의하여 연간 20만 톤 정도의 6년 장기계약가

격은 2년마다 갱신을 주선했다. 커미션 수입도 카길에서의 연봉과 비슷하여 경제적으로도 꽤 도움이 되었다. 그러나 평생 함께 가자던 K 사장이 3년 후 변심하는 바람에 그 끈도 끊어져 소금의 연도 하늘 높이 날아가고 말았다.

알 수 없는 것이 인연이고 인생이다. 3년 후, 오랜만에 K 사장에게 안부 전화를 했더니 만나자고 했다. 중국산 정제염을 수입하여 사료 회사에 판매하고 있는데 그 정제염을 아는 사료 회사에 판매해 달라는 요청이었다. 소량이기는 하지만 10년째 몇몇 사료 회사에 소금을 공급하여 용돈의 일부를 벌고 있다.

성경에도 우리에게 세상의 빛과 소금이 되라고 가르치고 있다. 그 소금과 30년째 인연을 이어가고 있다. 생명의 근원, 무기화학의 가장 기초적인 원료, 가장 중요한 조미료인 짭조름한 소금이야말로 내 인생 최고의 선물이 아닐까?

전) Cargill 한국지점장, 현 지미앤초이스푸드 대표, 여행작가, Tourpen Club 회장

산 사랑

박종희

하늘은 맑고 바라보는 나도 하늘처럼 푸르다. 나는 지금 행복하다. 아침에 눈을 뜨면 마음이 설렌다. 베란다 앞에는 백련산이 보이고, 부엌 창으로는 북한산이 보인다. 신선한 공기가 얼굴을 씻어 주고, 짙푸른 산 구릉과 하늘은 멋진 한 폭의 그림이다. 내 인생에 가장 큰 선물은 내가 산을 좋아하게 되었다는 점이다. 아니, 산에 안 가면 하루도 살 수 없을 것처럼 산에 대한 사랑이 생긴 것이다.

산은 거침없이 변신을 거듭한다. 봄이 되면 노란빛으로 찬란한 옷을 입고 나를 맞는다. 기다란 좁은 산길에 들어서면 임금님 행차하는 기분이다. 여름에는 초록 잎이 갖가지 빛깔로 합창하여 나는 흥겨운 지휘자가 된 듯하고, 가을에는 빨간 잎, 노란 잎으로 새색시처럼 단장하며 잔치가 벌어진다. 가을 산은 낙엽이 땅에 뒹굴며 황금빛 양탄자를 깔아준다. 나는 황홀지경을 맛보고 가슴 벅차하며 시를 쓰는 소녀가 되기도 한다. 산은 나에게 스승이다.

겨울 산은 나에게 당당하라고 이르고, 찬 바람도 마주하면 춥지만은 않다고 용기를 주는 듯하다. 지치고 우울하고 마음 둘 곳 없다고 절망할 때, 산은 내게 변하라고 말해 준다. 다시 새길 걸어가 보라고 일러 준다. 산은 나를 위로해 주고 아픈 나를 치유해 주는 힘이 있다.

지금으로부터 시간을 거슬러 올라간 그때를 이젠 아스라이 기억 속으로 묻어버렸지만, 기억 밑바닥은 까만 하늘이 나를 덮고 있었다. "사람은 무엇으로 사는가"라고 묻는다면 선뜻 대답하기 쉬운 답은 돈이 있어야 하고… 등으로 이어지겠지만, 내 대답은 다르다. 사람은 '사랑'으로만 살 수 있다고 말하고 싶다.

나는 이십 대에 결혼하고, 나를 사랑해 주는 남자와 삼십 년을 진한 정과 사랑으로 거친 세상을, 그리고 높고 가파른 산 구릉을 많이도 넘어왔다. 자식을 낳고 기르는 동안의 힘듦보다는 한 가문의 종손 며느리로서 시집살이가 만만치 않았다. 결혼식 다음 날부터 한복을 차려입고 시어른에게 아침 인사로 시작해서 하루 세끼 밥상 올리고, 저녁이면 이부자리까지 깔아드리고 나서야 나의 하루가 끝났다.

시어머님은 남편을 낳지 않은 의붓시어머니여서인지 나를 무척 미워하고 이유도 없이 못마땅하다고 대놓고 말했다. 나는 하루 종일 손님맞이 밥상을 차려야 했다. 한 살과 세 살된 아이 둘을 키우면서…. 아무도 나를 도와주지 않았다. 도리어 시어머니는 집 도우미 두 분을 내보냈다. 아이 하나는 등에 업고, 하나는 마당에서 놀게 하고 부엌에서 일하다 보면 하루가 저물었다.

시집간 시어머니의 두 딸은 매일 친정집에 자기 아이들을 데리고 와서 놀다가 저녁이 되면 자기들 남편 퇴근을 친정으로 하기가 일쑤였다. 나 혼자 그 많은 식구들 저녁상을 차려 주고, 정작 나는 매일 찬밥을 먹어치워야 했다. 이렇게 살아도 시어머니는 나를 늘 못마땅하다면서 한 달에 한 번 정도는 이불 쓰고 드러누워 시위하듯 끙끙 앓는 소리를 냈다. 친척들이나 딸들에게 전화하여 나 때문에 못 살겠다고 소문(?)내곤 했다.

가시관을 쓴 채 십자가에 매달린 예수의 마음이 어떤지 알 것만 같다. 이런 시집살이에도 잘 지낼 수 있었던 것은 나를 사랑해 주는 남편이 곁에서 든든히 막아 주었기 때문이다. 죽을 것 같거나 숨이 막힐 것 같아도 사랑이라는 약은 아픔을 치유한다.

우리 부부는 아이가 초등학교 입학 즈음에 분가하여 대치동으로 이사했다. 갑자기 바뀐 환경에 적잖이 어려웠는데, 아들딸이 제법 공부를 잘해 주어 가정은 안정을 찾고 오붓한 네 식구가 도란도란 살아갔다. 그러던 중 친정 동생이 돌싱이 되어 아들과 같이 우리 집에 살게 되었다. 남편과 아이들도 내 남동생과 조카와 같이 사는 것을 기뻐했다. 사랑하는 나의 가족과 요리를 해서 맛있게 먹고 웃고 지내던 그 시절이 가장 행복했고 그립다.

시간이 얼마나 흘렀을까. 직장을 다니던 남동생이 직장 건강검진에서 암으로 판정받게 되었다. 직장암 4기에서 이미 폐암으로 전이되었고, 나는 보호자로 병동을 돌아다니며 종일 동생 암 투병을 지켜보면서 암과 같이 싸우며 지냈다. 병실에서 종일 있다가 집에 돌아오면 남편이 수고했다며 지친 나를 위로해 주었다. 나중에 알았지만, 이미 남편도 심한 술과 담배로 인해 간암이 진행 중이었다.

유학 보낸 딸의 입학식 다음 날, 남편을 가슴에 안고 울고 있었다. 내 가슴에서 고요히 하늘나라로 떠났기 때문이다. 갑작스러운 심장마비였다. 하루도 빠짐없이 남편과 손잡고 양재천 산책길을 다녀서 우리를 아는 동네 상인들까지 다 울었다. 나는 슬픔도 잊고 아예 남편과 함께 땅에 묻혔다. 몸은 있되 껍데기고, 이미 속은 다 죽어 있었다. 하루를 물 한 컵으로 지냈고, 멍하니 영정사진을 바라보다 정신이 좀 들어 시계를 보면 밤이었다. 이렇게 죽은 듯 살았다.

그런데 이게 또 웬일인가? 남편을 보낸 지 7개월 후에, 암 투병 중인 남동생이 또 세상을 떠났다. 나는 두 남자를 잃고 정신마저 가누기 힘들었다. 이별의 아픔이 나를 덮쳐 더는 살 기운이 없었다. 물도 마시고 싶지 않았다. 불면증이 찾아와서 꼬박 뜬 눈으로 아침을 만나길 반복하다 보니 몸은 쇠약해져서 바람이 불면 넘어질 것 같았다. 면역력이 떨어져서 나도 곧 죽음의 순간이 앞에 있는 듯했다. 나도 죽으면 좋겠는데, 살고 싶지 않은데, 내 곁에는 아들, 딸, 조카까지 세 명의 자식들이 있음을 자각한 것은 어미의 본능이 나를 깨웠기 때문일 것이다. 나중에 생각해 보니 어미의 본능은 신이 주신 은혜인 것 같다.

이를 악물고 살아야 한다고 나를 질책했다. 아직 결혼도 안 시킨 자식 셋이 있으니 나는 숙제가 남은 셈이다. 기운도 없고, 다리도 후들거리고, 숨도 가쁘고, 눈물이 비 오듯 자꾸 솟아나 주체할 수가 없었다.

어느 날 신에게 기도했다. 나를 살려달라고 간절하게 부르짖었다. 그러던 중, 내 마음에 들릴 듯 말 듯 들려오는 소리가 있었다. 생명을 살리는 하느님의 품으로 가라는데, 어딜 가라는 건가? 어디? 어디? 아, 그렇다. 그곳은 창조물이 생생히 활기를 내뿜는 곳, 그곳은 푸르른 숲이다! 이 세상이 안 보이고 생명의 소리와 향기 같은 것들이 가득한 깊고 푸른 숲이다! 나는 길도 잘 모르면서 더듬더듬 우리 집에서 가까운 대모산으로 발을 옮겼다. 날마다 죽을힘을 다해 산행을 계속했다. 대모산과 메봉산 정상까지 걸었다. 가는 길마다 내 눈물에 젖지 않은 땅은 없을 것이다.

그러던 어느 날, 신선한 산소와 솔잎 향과 새소리와 흙길의 매력에 정신이 팔리고, 어느새 눈물은 말라 있었다. 우울하지 않았다. 숲을 품은 대모산은 나의 마음과 몸 모두를 바꾸어 주었다. 산이 주는 너그러움은 나의 울음을 그치게 했고, 산이 뿜어 주는 산소의 신선한 얼굴은 나를 보고 웃어 주었다. 어느새 나도 상쾌한 기분으로 웃고 있었다.

맑고 신선한 공기는 우울한 뇌를 다시 살아나게 해 주었다. 기억력도 다 무너진 바보가 된 내게 산은 신선한 공기를 불어넣어 주었다. 차츰 심신이 회복되어 갔다. 산에서 어머니 젖가슴 같은 아늑한 편안함을 느꼈다.

지금 나는 행복하다. 새가 노래해 주고, 나뭇가지가 춤춰 주고, 산의 흙마저 등을 내밀면서 마음대로 밟고 지나가라 한다. 너그러운 산의 매력과 산이 주는 사랑에 흠뻑 빠져 있다.

이제는 아침에 눈을 뜨면 또다시 가슴이 설렌다. 사랑스러운 나의 님인 산이 주는 사랑에 행복하기 때문이다. 산은 억만금의 재물과도 바꿀 수 없는 선물이고, 누구보다도 더 오래 만나고 싶은 연인이 되었다. 산은 남편과 남동생에 대한 그리움마저 흐리게 해 주었다. 자연이, 숲이, 산이 나를 일으켜 세우고, 건강도 선물해 주었다.

이제 나는 높은 산도 어렵지 않게 오르며 산 사랑에 빠져 살고 있다. 아~, 행복하다! 라고 날마다 가슴 가득 감탄의 연속이다. 산은 내 인생 최고의 선물이다.

가톨릭 여정 성경 신약·구약 강의 강사로 20여 년 봉사 중, 저서:《요한 묵시록 문제집》(강남구 11지구 구역장 반장 교육용)

수안綏安

박현식

인맥 관리도 수안綏安이라고 생각한다. 수안이란 다스리어 평안하게 한다는 뜻이다. 사람이 사람을 만나고 그 만남이 평안해진다면 그것이 인맥이 되는 것이다. 인맥 관리는 결코 백 미터 단거리 경주가 아니다. 무수히 걷거나 마라톤처럼 끈기를 가지고 가야 하는 이정표임에 틀림이 없다. 헨리 포드가 한 말이 생각난다. "성공하고 싶다면 성공한 사람처럼 행동하고 성공한 사람처럼 보여라." 인맥 하면 많은 단어가 떠오른다. 마당발이다, 엘리트 네트워크가 필요하다. 어떻게 사회연결망 분석을 연결할 것인가를 생각해 보아야 할 것이다.

지금으로부터 얼추 사십 년 전 고등학교를 막 졸업하고 어려운 가정 형편 핑계도 있고 공부 실력도 되지 않았던 것 같아 대학을 진학하지 못하고 공돌이라는 산업 전선에 곧바로 들어가 고생했던 적이 있다. 지금의 빌라라고 생각되는 공장 겸 기숙사인, 그것도 남녀 열댓 명이 공동으로 지하 방에서 숙식하면서 생활하는 봉제공장의 시다 생활은 이루 말로 표현할 수 없는 그런 어려움이었다. 시다는 봉제공장에서 맨 처음 일을 하는 사람으로 쪽가위나 가위를 들고 실밥을 뜯는 일을 하는 사람이다. 첫째, 셋째 주 일요일만 휴일이고 나머지 날들은 매일 반복되는 철야에 제대로 씻을 수 있는 공간이 있는 것도 아니고 일하던 그 자리에서 밥을 먹고 쓰러져 잠을 자는 처지였다. 아마도 이렇게 시간 투자를 하면서, 공부했다면 대한민국의 최고 학교라도 갈 수 있었을 것이다. 여건이 나빠 공부 못 하겠다. 이래서 좋지 않다는 모두가 행복에 겨워 하는 이야기구나 생각할 수밖에 없는 처지라는 걸 느껴 보지 않으면 알 수 없을 것이다. 이처럼 어려움을 겪으면 공부의 필요성을 느끼지 못하는 사람이 없을 것이다.

그렇게 어려운 여건 속에서 몇 달을 일하다가 여름휴가를 맞아 고향의 부모님을 뵈러 내려갔다가 무더위에 자전거를 타고 퇴근하시는 고3 때 담임선생님을 만났다. 담임선생님은 영어 선생님으로 그 당시 미국에 연수를 다녀오셨는데, 그곳에서 컴퓨터를 접하게 되었고, 앞으로 컴퓨터의 세상이 올 것이라는 이야기를 하셨다. 이때 기억은 오로지 컴퓨터, 전산이라는 단어였다. 컴퓨터라는 것을 본 적도 없는데 그 단어가 뇌리에 남았다는 것은 분명 상황에 맞는 가장 적절한 단어였기 때문일 것이다.

학력이 모든 것을 대변할 수는 없을 것이다. 그러나 공부해야 하는 상황이라면 최선을 다하여 끝까지 밀고 나가는 끈기가 필요한 것이다. 그런 끈기가 결국은 육군 전산처리병으로 군 생활을 할 수 있는 계기가 되었다.

그 당시 전산처리병이 되기 위해서는 높은 경쟁률의 시험을 치러야 하는데 그 시험에 합격했다는 것은 큰 즐거움이 아닐 수 없다. 논산훈련소에서 훈련병으로 수많은 장정이 입대하는데 그들 중 유일한 강원도 출신이었다. 아마도 그 당시 컴퓨터에 대한 보급이 별로 없던 시절이라 컴퓨터를 접할 수 있는 상황이 아니었기 때문일 것이다. 강원도 사람이 없다 보니 강원도와 관련된 질문은 지휘관으로부터 호감을 얻을 수 있는 상황이 되었다. 이처럼 한 가지 일이 풀리기 시작하면 인맥은 실타래처럼 술술 풀려갈 수 있는 것이다. 이렇게 하여 군 생활을 부산에서 전산병으로 근무할 수 있었다.

이렇게 인생은 술술 풀려가고 군을 전역하고 군 생활의 경력을 인정받아 전산실 책임자로 입사할 수 있게 되었다. 종업원이 천육백 명 정도 되는 회사에서 회사 설립 수십 년에 처음으로 초특급 승진을 할 수 있었던 것도 운이라 할까, 실력이라 할까.

살아오면서 수많은 수식어를 만들었다. 국내 최초의 EDI전자문서 개발 참여, 그리고 빠듯한 경제 여건에도 계속 공부하여 석박사를 마칠 수 있었고 수많은 제자를 길러내면서 그들과 인연을 만든 것은 현대를 살아가는 좋은 인맥 관리의 도구가 되었다. 이런 도구를 '틀'이라고 불러본다.

재봉틀은 윗실과 밑실 두 가닥의 실이 천을 꿰매거나 수를 놓는 기계로, 바느질을 곱고 빨리할 수 있다. 국수틀은 국수 가락을 뽑을 때 사용하던 기구이다. 이처럼 틀이라는 것은 골이나 판처럼 물건을 만드는 데 본이 되는 물건, 어떤 물건의 테두리나 얼개가 되는 물건, 일정한 격식이나 형식을 일컫는다. 우리가 살아가면서 어떠한 틀에 맞춘다면 아마도 재봉틀이나 국수틀처럼 원하는 효과 만점의 결과를 얻을 수 있을 것이다. 오늘 한국디지털문인협회를 통해 어렵지만 내게 가장 적합한 1인1책갖기운동을 펼칠 수 있는 상황이 되었다. 1인1책갖기위원장으로 책이라는 수안을 만들어 보기를 권한다.

그동안 수많은 사람을 만나면서 살아왔다. 첫 번째는 봉제공장의 어려움을 알 수 있게 한 전태일 선생이요, 두 번째는 산업 전선에서 많은 아이디어와 노력으로 경제를 생각하게 된 정약용 선생이었다. 그리고 이제 고향에서 좁쌀 하나의 삶을 알게 한 장일순 선생님을 가슴에 품을 수 있게 된 것이 인맥의 틀을 만든 계기가 아닌가 싶다.

그중에서도 가장 존경하는 안쩜뽀안경, 점, 뽀드랑이 임영택 선생님의 만남이 멘토의 시작이었다. 임영택 선생님을 만나지 못했다면 내 인생이 어떻게 되었을까? 각자의 위치에서 자신에게 맞는 멘토를 만나기란 쉽지 않을 것이다.

그러나 뜻이 있는 곳에 길이 있다고 항상 인맥틀은 나와 가까운 곳에 있다. '돈이 없다', '기술이 없다', '물론 인맥도 없다'. 많은 사람에게 이것은 당연할 것이다. 그러나 뛰어난 경영자들은 '부하들의 아부 섞인 진언에는 이미 넌더리를 내고 있다. 내일이라도 엉뚱하지만 새로운 아이디어의 소유자가 자신을 찾아오기를 기대하고 있다'고 생각한다. '학생이기 때문에 인맥이 없다', '신세대이기 때문에 인맥이 없다'. 결코 이것은 아니다. 학생이기 때문에 청년이기 때문에 재계의 거물, 유명인들과의 인맥을 만들 수 있는 것이다. 그 기회를 진지하게 포착하고자 생각하고 있는가. 문제는 바로 수안綏安에 있다.

소설가, 평론가, 한국디지털문인협회 1인1책갖기위원장, 토지문학회장, 저서:《귀래일기》

나는 누구인가?

방현철

스무 살 되던 해였다. 그때는 '나'라는 존재에 매몰되어 심각하게 고민한 시기였다. '나는 누구인가? 나는 어디서 왔으며 어디로 가는가?' 내 안의 질문이 끊임없이 뇌리에서 떠나지 않았다. 친구와 부모님에게 물어봐도, 목사님을 찾아가 질문을 해보아도 속시원한 답은 얻지 못했다.

이 세상에 태어나 이대로 살다가 죽으면, 산다는 것이 과연 무슨 소용 있는 것인가? 플라톤의 《이데아론》을 비롯해 《죽음에 이르는 병》, 《자라투스트라는 이렇게 말했다》, 《세계와 인간의 삶에 관한 파라켈수스의 견해》, 《참회록》, 《팡세》 등 철학책을 닥치는 대로 읽으면서 답을 구하려 했다. 그러나 머리로는 이해가 되나 뚜렷하게 다가오지 않았다.

어느 날 남산국립도서관으로 가는 길이었다. 버스에서 내려 계단 위로 걸어 올라가던 중간쯤, 갑자기 내 앞에서 발작을 일으키며 쓰러지는 한 남자아이가 있었다. 입에는 거품을 물고 눈은 뒤집히고 온몸을 떨었다. 순식간에 일어난 일에 당황하고 있을 때, 지나가던 사람이 간질이라고 했다. 그때 반대편에서 내려오고 있던 중년 신사 한 분이 아이에게 다가갔다. 손을 잡아보더니 간질이 아니라고 하면서 기도한 뒤, "아이에게 들어간 악한 영아, 어서 나가라"라고 소리쳤다.

일 분쯤 지나자마자 신기한 일이 벌어졌다. 순식간에 오뚝이처럼 일어섰다. 팔을 짚거나 무릎을 구부리며 일어나지 않고 발가락 끝으로 막대기처럼 곧게 일어섰다. 거짓말처럼 아무 일 없다는 듯 내 앞에 서 있는 것이다. 신사는 다시 아이를 계단에 앉히고는 무슨 말인가 몇 마디 했다. 그러자 아이는 세상에서 들어보지도 못한 온갖 욕설을 마구 쏟아내기 시작했다. 우리 말에 그렇게도 많은 욕이 있는지를 그때 알았다. 어떻게 아이 입에서 세상에서 들었던 욕과 들어볼 수도 없는 상스러운 욕이 수돗물처럼 쏟아내는지 의아했다. 신사는 "네가 아직 완전히 나가지 않았구나" 하면서, 아이를 다시 앉히더니 기도했다. 그러자 아이는 온순해졌다. 악한 욕을 뱉어낼 때만 해도 남자아이처럼 악다구니를 쓰던 아이는 아주 얌전한 여자아이였다. 그 신사는 악한 영이 다시 들어가지 못하게 신앙을 가지라고 말하고 홀연히 떠났다.

사람은 육신만 가지고 사는 것이 아니라 영혼도 함께 있다는 사실을 깨달았다. 내 손으로 만질 수 있는 육체인 사람과, 내 손으로 만져지지 않는 영적인 세계가 있음을 확인한 기회였다. 나쁜 영이 그 아이 몸 안에 들어가 거친 남자아이로 보이면서 악한 욕설을 내뱉은 것이다. 반면에 좋은 영이 육체에 들어 있을 때는 외모 역시 선한 사람의 얼굴을 한다는 것도 보았다. 그렇지만, 여전히 나에게 실존의 문제는 시원스레 해결되지 않는 부분이 남아 있었다.

하루는 친구 상인이가 나에게 좋은 동아리가 있는데 함께 가자고 했다. 그곳이 어디냐고 물었더니 노래하는 곳이라고 했다. 노래엔 자신이 없었지만, 친구가 부탁하는 거라 참석해 보는 셈 치고 따라나섰다.

그 동아리는 병원에서 환자들을 위한 '미가엘 노래 선교단'이다. 금요일 저녁에 충현교회에서 합창 연습을 하고, 토요일 새벽에는 이대부속병원에 가서 찬송가를 불렀다. 나는 노래를 못하니 찬송으로 선교하는 일은 나에게 맞지 않는다고 하자, 친구는 나와 함께 꼭 다니고 싶다 하여 마지못해 얼마 동안 함께했다. 이 시기에도 신기한 일을 여러 번 경험했다.

어린이 환자들은 우리에게 와서 함께 부르기도 했고, 어떤 환자는 듣기 싫다며 손에 잡히는 대로 물건을 마구 집어 던졌다. 그러던 어느 날, 찬송을 듣기만 하여도 화가 났는데, 갑자기 기분이 좋아지는 이유가 뭐냐고 다그치듯 물어보았다. 이러한 경험 역시 나를 실존에 한 걸음 다가가게 했다. 사람은 무언가 그 마음 깊은 곳에 내재되어 있는 존재가 있을 거라는 어설픈 짐작이 감지되었다. 사람이라는 존재가 단지 육체와 영으로 살며 세상을 마감하는 것이 전부가 아니라는 사실 말이다.

여느 때와 마찬가지로 토요일 새벽에 이대부속병원으로 가는 버스에 올라탔다. 동대문에서 내려 상가길을 지나 병원으로 향하고 있었다. 그때 "칙칙" 하는 소음에 놀라 뒤돌아보니 버스의 큰 차바퀴 하나가 나를 향해 빠른 속도로 굴러왔다. 피할 틈도 없이 온몸을 가방으로 막으면서 옆으로 넘어졌다. 가방끈은 끊어지고 책들은 쏟아지고 팔이 좀 긁혔는데 다행히 크게 다치지 않았지만, 놀란 가슴으로 병원으로 갔다.

이십여 회원들과 함께 입원 환자 병동 층층마다 방문하고, 6층 소아병동에서 노래를 부를 때였다. 찬송가를 펴서 부르는 내 오른편에서 나를 부르는 소리가 들렸다. "현철아! 현철아!" 돌아보니 아무도 없었다. 다시 또 들렸다. "현철아, 내가 너를 사랑한단다. 아직도 모르겠니?"라는 소리에 왈칵 눈물을 쏟아내기 시작했다. 내 육신은 눈물이 나지 않는데, 심연에 있는 나는 하나님이 나를 사랑하신다는 확신이 생겼다. 나는 하나님이 사랑하는 아들이고, 죽었을 상황에서도 나를 구해 주셨으니, 예수님의 십자가로 인하여 다시 태어난 것이다.

'나는 누구인가? 나는 하나님이 사랑하는 사람이고, 그분은 나의 아버지이시다. 나는 영적인 존재이며, 죽음이 끝이 아니라 영원한 존재다. 이 세상은 나쁜 영과 좋은 영의 싸움터이기에 믿음이 가장 중요하다. 어머니 몸에서 태어난 순간 육체가 주어지지만, 끊임없이 기도하면서 변화하면 영원한 삶을 구하게 된다'라는 놀라운 지혜를 얻었다.

그날은 하루 종일 구름 위에 둥둥 떠다니는 기분이었다. 이전까지는 육체를 가진 인간의 한계성으로 살아가야 하는 내가 싫었는데, 영원한 존재인 사실을 깨달았다. 내 생애 최고의 선물을 주님께 받은 날이다. 아직도 깨달음의 선물을 받기엔 부족함이 많지만, 오늘도 최고의 선물을 받기 위해 나는 기도한다.

내 안에 좋은 영으로 가득 찬 하루가 되게 해 달라고.

다온작은도서관 이사, 《그린에세이》 수필 부문 신인상

말씀의 선물

:

백남흥

　어머니는 30세 초반에 남편을 여의었다. 그 후 두 살 터울의 아들 넷을 굶기지 않으려고 갖은 고생을 하셨다. 포대기 안에 있던 막내아들인 내가 훌쩍 컸다. 어머니는 장성한 나를 보며 든든해하셨다. 당신의 고생은 전혀 생각지 않으셨다. 고생하신 어머니를 기쁘게 해드리고 싶었다. 무슨 일이든 걱정 끼쳐 드리고 싶지 않았다. 어릴 때부터 내 마음속에 깊은 애정과 사랑으로 키워 주셨기 때문이다.
　가정 형편이 어려웠다. 40여 가구가 함께 이웃을 이루며 사는 산골 마을이었다. 겨우 한두 명이 중학교에 다니는 게 고작이었다. 나는 일찍이 진학을 포기하고 어머니 농사일을 도왔다. 철이 일찍 들게 된 것도 이 시기쯤부터였다. 읍내 교회에서 운영하는 고등공민학교에서 중학교 과정을 배웠다. 주일날에는 예배도 드리고 성경 공부도 하면서 교회에 다녔다. 2학년을 마치고 학교장 목사님 추천으로 사립 중학교에 편입하여 고등학교에 다닐 수 있었다.
　고교 시절에 평생 잊지 못할 추억은 이루지 못한 수학여행이었다. 우리 반 추진위원은 2학년 여름방학부터 계획을 세워 진행했다. 목적지는 백제의 유적지 공주와 신라의 유적지 경주를 탐방하는 코스였다.

먼저 참석 인원을 확정하는 일이 쉽지 않았다. 가정 형편상 참석지 못할 친구들이 많았기 때문이다.

우리 반 추진위원은 3명이 한 팀이 되어 여름방학부터 가정방문을 했다. 부여 군내는 시내와 황산벌 들녘을 제외하고 산과 천이 많은 지형이다. 산과 고개를 넘어 비탈길을 걸어 친구들 집을 모두 방문했다. 결과는 예상외로 90% 이상 부모님의 확답을 받았다.

수학여행비는 2박 3일에 삼천 원쯤 되었다. 추진하는 당사자였던 나는 금액이 많고 적음을 떠나 처음부터 갈 여건이 안 된다고 스스로 생각했다. 수학여행은커녕 월사금을 제때 못내 교무실에 불려가던 시절이었다. 그런 생각을 하니 수학여행 출발일이 다가와도 태연했다. 집 형편을 뻔히 알면서 적잖은 돈을 들여 수학여행을 간다고 말씀드릴 수가 없었다. 어머니께 짐을 드리고 싶지 않아서였다.

빨리 학교를 졸업하고 사회에 나가 가정을 도와야 한다는 심정이 앞섰다. 공무원 5급현 9급 시험을 목표로 공부에 열중하는 것이 급선무라 생각했다. 그때는 대학을 준비하는 친구들을 그다지 부러워하지도 않았다.

출발 며칠 전 담임선생님이 조용히 나를 부르셨다. "백군, 너 걱정 있나, 수학여행 꼭 참석해라", "네" 하고 얼른 교무실을 나왔다. 대답은 했지만 내 마음은 이미 가지 않기로 결정했다. 마음의 별 요동은 없었다. 담임선생님이 눈치를 채시고 꼭 참석하라고 당부하는 말씀이셨다.

학교 근처에서 자취하던 때라 토요일 오후 반찬 그릇을 챙겨 집에 갔다. 어머니는 일주일 동안 떨어져 있던 아들을 보고 반가워하셨다. 여행 얘기는 차마 꺼내지 못하고 마음만 태우며 고민이 많아졌다. 사실 나는 수학여행에 가고 싶었다. 가정 형편상 가지 못하게 되니 심한 갈등을 겪었다.

여행 출발 하루 전 아침부터 깊은 시름에 빠져들었다. 내일 여행을 어떻게 할까? 그동안 억제했던 마음의 고통이 깊은 수렁 속에서 헤어나지 못하고 있었다. 어머니와 형님이 내 고민을 알아차릴까 걱정도 되어 속마음이 타들어갔다. 견딜 수 없을 만큼 힘든 시간이 흘렀다.

내일 수학여행에 참여하려면 오늘 마지막 읍내 버스를 타야만 했다. 마음을 달래고자 뒷산 중턱에 올랐다. 멀리 신작로가 내려다보였다. 읍내로 가는 마지막 버스가 먼지를 일으키며 사라졌다. 이제 여행을 가느냐, 안 가느냐 선택의 시간은 지나갔다.

가슴이 답답하고 마음이 울적했다. 가난이 죄는 아닐 텐데, 나를 이토록 어렵게 하나, 하늘도 무심하다고 생각했다. 나는 왜 심적 압박과 고민에 괴로워해야 하나, 주체할 수 없는 서러움이 한꺼번에 터져 엉엉 소리 내며 주저앉았다.

한동안 정신이 없었다. 몸을 추스를 수가 없었다. 적막이 흐르는 순간이 한동안 지속되었다. 귓전에 들릴 듯 말 듯 마음에 음성이 들렸다. '너는 괜찮다. 고민하지 마라. 앞으로 겪을 걱정을 미리 겪는 것이다' 하는 음성이 믿음의 확신으로 다가왔다. 순간 마음의 괴로움과 걱정도 서서히 사라졌다.

어떻게 할까, 걱정하지 말자. 가지 못한 수학여행은 나중에 가면 된다. 지금의 경제적 어려움이 내 인생의 전부는 아닐 것이다. 현실을 긍정적으로 받아들이고 더 나은 미래를 위하여 다시 일어나자는 굳은 결심이 섰다.

'최선을 다하면 꿈은 이루어진다', '하늘은 스스로 돕는 사람을 돕는다'는 서양 명언도 생각났다. 시련으로부터 일어나 미래에 도전하라.

강한 잠재의식도 생겼다. 서울에 올라가 고학을 해서라도 세상의 넓은 길을 가겠다는 신념도 생겼다.

그 후 많은 변화가 왔다. 고등학교 졸업 후, 지인의 도움으로 상경하여 일자리를 구했다. 학원비, 생활비를 스스로 해결하며 입시 학원에 등록하여 1년 동안 대학시험 준비에 열중했다. 69년도에 처음 실시하는 대학 예비고사를 거쳐 K대학교 공과대학 금속과에 입학했다. 고진감래 끝에 큰 관문 하나를 넘은 셈이다.

입학의 설렘도 가시기 전에 첫 학기를 마치지 못하고 군에 입대했다. 군 생활을 마치고 나니, 4년의 세월이 지났다. 복학을 1년 미루어야 했다. 사설 학원에서 중학 과정을 맡아 과외 지도교사로 일하면서 대학 1학년 2학기부터 시작했다. 복학생으로 5~6년 후배들과 어울릴 여유도 없었다. 당구 한 번 즐기지 못했다. 남들이 말하는 낭만의 대학 생활은 학점 따기에 급급했다.

시골 촌놈이 서울에 와서 먹고, 자고, 학비 벌어 대학에 다닐 수 있었음은 하늘이 주신 축복이자 큰 선물이었다. 바쁘게 지냈지만, 중단 없이 학업을 계속할 수 있었다. 가난을 원망하거나 비관하지도 않았다. 대학 생활에 충실했을 뿐이다.

졸업 학기까지 교양과목 학점을 못 따 염려했지만 서머스쿨로 학점도 채웠다. 파란만장한 역경을 겪으면서 30세 넘어 대학을 졸업했다. 너무 기쁘고 감회가 깊었다.

현대그룹에 입사하여 제2의 삶을 시작했다. 신입사원이 되어 현대자동차 포니 보수용 부품 개발을 담당했다. 교장 선생님이신 친구 부친 소개로 아내를 만나 결혼도 했다. 전세를 전전하며 살았지만 행복했다. 그리던 내 집을 마련하여 분당 아파트로 이사했다. 복덩이 두 아들이 중학교에 다닐 때였다. 여름방학 때 개구리를 해부하며 방학 숙제를 도와줬다. 아들이 그런 때가 좋았다고 회상한다.

"다음에 가면 되지." 상상에 그렸던 바로 그 수학여행지 공주와 경주도 아내와 함께 다녀왔다. 어려웠던 학창 시절, 산업 전선의 직장생활을 거치며 고비마다 포기하지 않고 일어설 수 있었던 것은 하늘이 주신 말씀의 선물이 큰 힘이 되었다. 오늘을 있게 하신 하나님의 은혜에 감사드린다.

한국미술협회 회원, 전) 현대-기아자동차 전무

작가의 영혼을 담아내는 한 권의 책

보경

나는 책을 만드는 디자인 프리랜서다. 그림 전공을 했지만, 지금은 그림과는 무관한 일을 하면서 수많은 책을 세상 밖으로 내보내고 있다. 내가 직접 디자인해서 만든 책이 세상을 환하게 밝혀 준다면 그것이야말로 누군가에겐 가장 소중한 선물이 아닐까?

책 디자인과의 인연은 오래전에 다녔던 회사에서부터 시작되었다. 회사에서 여러 가지 복잡한 디자인 업무로 바빴을 때다. 디자인 관련 책을 시리즈로 낼 계획이었던 N 교수님은 내가 다니던 회사에 책을 맡겼고, 회사에서는 출판등록까지 하고 그 책을 만들기 시작했다. 책 디자인이라고는 아무것도 모르는 나는 그래픽 프로그램인 인디자인을 독학으로 터득해야 했다. 인쇄 과정도 제대로 숙지하지 못한 채 맨땅에 헤딩하듯 몇몇 책을 만들게 되었다. 그 당시 책 디자인은 단순한 나의 업무 중 하나였을 뿐, 저자의 고충까지 생각해 볼 겨를이 없었다.

그 후 '디자인 기획 발전소'라는 책을 디자인하며 공저자로 참여하게 되면서 나도 저자가 되어 한 편의 글을 써보았다. 책 한 권을 혼자서 쓰는 것도 아니었는데, 글을 쓴다는 것이 얼마나 힘들고 어려운 과정인지 조금은 알 것 같았다.

회사 퇴직 후 책과 관련된 아르바이트를 하고 있었을 때다. 책을 만드는 일은 단지 돈을 벌기 위해서 하는 일이라고 생각해서였을까. 책 디자인하는 일이 쉽진 않지만 마치 공장에서 물건을 생산하듯 빨리빨리 찍어내려 했다. 디자인할 때도 작가의 입장보다 내가 하고 싶은 대로 만들었다. 예쁘게 만들어야 한다는 생각으로 디자인에만 몰두하다 보니, 작가가 심혈을 기울여 쓴 문장들이 나에게는 전혀 공감되지 않는 문장들로 느껴졌다.

어느 날 팔십 세가 되신 할아버지 작가 한 분이 본인 책을 꼭 내고 싶다며 나에게 원고를 보내고 싶다 했다. 나는 비록 출판사 등록은 하지 않았지만, 책으로는 엮어드릴 수 있기에 흔쾌히 보내 달라고 말씀드렸다. 그런데 원고를 받아 보고 너무도 놀랐다. 보통 원고라고 하면 이메일로 데이터를 보내는데, 목차 순, 카테고리별로 묶은 100장의 종이 묶음이 우편으로 배달되었다. 처음에는 당황스러워서 어찌하나 하고 어리둥절했다. '이 원고를 어떻게 해야 하지?'라는 막막함만 앞섰기 때문이다. 그런데 남편이 그 원고를 보더니 그 어르신이 두꺼운 원고를 어떻게 한 땀, 한 땀 정성을 들여 작업했을까 한 번 생각해 보라고 했다. 그 순간 아차 싶었다. 팔십 어르신께서 얼마나 많은 애정을 쏟으며 글을 썼을지 작가의 입장은 미처 생각지 못했음을 깨달았다.

파일로 보내 주신 원고를 열어 보니 독수리 타법으로 한 자, 한 자 정성스럽게 써 내려간 글과 글에 해당하는 사진까지 직접 구하여 원고에 넣은 흔적이 보였다. 정렬되지 않은 원고였지만 한 문장, 한 문장 고민하고 썼을 원고가 참 귀하게 다가왔다. 그분의 책을 편집하면서 많은 어려움도 있었지만, 되도록 저자가 원하는 방향대로 편집하려고 애썼다. 팔십 평생 살아온 저자가 자신의 경험을 알리기 위해 부단

히도 애쓴 흔적이 많았기에 어느 한 부분도 소홀할 수가 없었다. 그 책은 정식 출판은 아니고 디지털 인쇄로 50부만 우선 인쇄했다. 작가는 완성된 책을 받아 보고 기뻐하며 매우 고맙다고 몇 번이고 말했다. 그 모습을 보니 그동안 밤잠 못 자면서 작업한 노고까지 싹 씻어낸 듯 마음이 금세 상쾌해졌다.

이후부터 책을 디자인할 때마다 최대한 작가의 감정과 영혼이 들어 있는 디자인이 나오도록 최선을 다하려고 한다. 보기에만 예쁜 책이 아닌, 작가의 진정한 삶의 향기가 느껴질 수 있도록 만들어서 세상과 소통하게 해 주고 싶다.

한국디지털문인협회에서 많은 시니어 작가를 만나 이야기 나누면서 한 사람의 인생은 한 권의 책으로 담기에도 부족하다는 것을 알았다. 책 한 권에는 작가의 희로애락이 담겨 있고, 그들의 가족이나 친구들과 나눈 아름답고 훈훈한 사랑 이야기도 담겨 있다. 또한 사회생활을 하면서 겪은 여러 갈등과 좌절 속에서 역경을 이겨낸 자랑스러움도 담겨 있다.

그들이 살아온 삶의 무게를 생각하면 과연 남의 인생사라 하여 쉽게 읽고 덮어버리기에 아쉬운 이야기가 많다. 종이책이든 전자책이든, 책 한 권에는 측정할 수 없는 작가의 긴 인생이 담겨 있고, 달아 볼 수 없는 삶의 무게가 실려 있다. 과연 얼마나 무겁고 값진 것인지는 책을 써 본 사람만이 알 수 있을 것이다. '나도 언젠가는 그들처럼 내 인생 이야기를 담은 책을 쓸 수 있을까?'

책 한 권을 내는 과정을 대부분 '산고産苦'라고도 한다. 서점에 있는 수많은 책을 보면 저자들이 얼마나 고군분투하면서 집필하고 출판했는지 느낄 수 있다. 그래서 나는 마음이 지칠 때나 생각이 많아질 때면, 서점으로 간다. 수많은 책 속에 담긴 저자들의 에너지를 얻기 위해서다. 진열대 위에는 나처럼 누군가가 디자인해서 나온 새로운 책들이 매일 선보이고 있다. "독자님, 나를 예쁘게 봐주고 골라 주세요"라고 말하는 듯하다.

지금도 몇몇 책을 디자인하고 있다. 처음과 달리 어르신 원고를 통하여 나의 인식이 많이 바뀌게 되었다. 원고가 넘어오면 우선 작가의 글을 정독하여 작가의 감성을 내 안에 담는다. 그리고 인쇄소에 데이터를 넘길 때까지 보고 또 보고, 어느 한구석이라도 부족한 건 없을까 하고 꼼꼼하게 살핀다. 가끔은 내 손으로 디자인한 책을 세상으로 내보낼 때마다 전엔 느끼지 못했던 흥분된 에너지도 살짝 받는다. 작가의 맘에 드는 완벽한 디자인은 아닐지 모르지만, 독자의 입장으로서 느낀 내 감성과 작가의 영혼까지 함께 담아내려 최선을 다했기 때문이다.

선물은 누군가가 주어서 받는 것도 좋지만, 작은 것 하나라도 정성을 다한 마음을 받을 때가 가장 행복하다. 더군다나 내가 가진 작은 능력으로 작가가 흡족해하는 책을 만들어 세상에 내보낸다는 것은 작가에게도 아주 값진 선물이 될 것이다. 그 책이 세상으로 나가서 작가의 영혼과 세상 사람이 소통할 수 있다면 이 또한 나와 작가에게도 최고의 선물이 아닐까?

디자인 프리랜서, 유튜버(비쥬얼 가득한 세상)

낚시터의 인연

안만호

내가 헐레벌떡 교무실 문을 열고 들어서자, 선생님들이 자리에서 일어나 박수를 치면서 "안만호 안만호"를 연호하셨다. 김영철 선생님은 어리둥절, 당황한 나를 부르시더니 "선생님들이 만호에게 주는 작은 보답이다" 하면서 책을 한아름 안겨 주셨다. 내 인생 책과의 인연은 이렇게 시작되었다.

"형, 소나기 오겠다. 얼른 마치고 낚시 가자"며 서두르는 동생의 말에 내가 "빗소리가 들리냐?"라고 물었더니 동생은 "바닷바람에 비 냄새가 섞여 있어"라고 대답한다. 여름방학이면 고구마밭 잡초 제거는 나와 동생 몫이다. 우리가 고구마밭 잡초를 후다닥 제거하고 집으로 돌아오는 길에 시커먼 비구름이 "콰아앙" 천둥소리와 함께 시아바다에서 우리 마을로 우르르 달려오고 있었다. 우리가 대문에 들어서자마자 소나기가 후두둑거리며 시원시원 쏟아지기 시작했다. 비는 우리가 점심을 먹고 난 후에도 한동안 이어졌다. 장하게 쏟아지는 여름비는 집 앞 메마른 시내를 순식간에 흙탕물로 가득 채웠다. 우리는 순식간에 모여든 시냇물이 제법 콸콸거리며 흐르기 시작은 모습을 바라보며 비가 그치기를 기다렸다. 천둥소리와 함께 웅장하게 쏟아지던 소나기가 언제 그랬느냐는 듯이 황급하게 지나가고 8월의 하늘에는 눈부신 태양이 방긋거렸다.

어린 나이에도 마을에서 자칭 타칭 '낚시 도사'라고 불리는 동생은 "형, 가자, 오늘은 비가 많이 와서 낚시가 잘되겠다"라며 앞장섰다. 동생과 나는 대나무 낚싯대에 어제 쓰다 남은 미끼통을 챙겨 화봉천과 서해 시아바다가 만나는 수문 근처의 낚시터로 달려갔다. 초동리와 화봉리를 잇는 방파제에는 오전부터 왔을 낚시꾼들이 이곳저곳에서 낚싯대를 드리우고 있었다. 동생은 늘 가는 자기 자리로 가고, 나는 수문 곁 빈자리에 자리 잡았다. 낚싯대를 내리자마자 곧바로 두두둑 손이 끌려갈 만큼 묵직한 입질이 온다. 낚시 삼매경에 빠져 있는 동안 옆에서 낚시하던 사람들이 "우와 도미다, 크다", "농어다, 물고기들이 만호한테만 간다" 하는 탄성을 뒤로하고, 한 시간 남짓 정신없이 물고기를 들어 올렸다. 큼직한 낚시 바구니에 장어, 농어, 도미 등 제법 씨알 굵은 고급 어종들로 가득해졌다. 썰물과 함께 물고기들도 떠나갔다. 낚시를 마치고 나에게 다가오는 동생 낚시 바구니도 그득하고, 아이들 바구니도 제법 묵직해 보였다. 그때 멀찍이서 낚싯대와 낚시 바구니를 어깨에 걸치고 터덜터덜 걸어오는 사람이 있었다. 우리 학교 4학년 2반 담임 김영철 선생님이셨다.

"선생님, 안녕하세요."

"누구냐?"

"3학년 1반 안만호입니다."

선생님 낚시 바구니가 텅 허전하다. 선생님은 아침부터 낚시하러 왔는데 물고기 한 마리도 잡지 못했다면서, 내 바구니를 보더니 입을 벌리고 눈이 휘둥그레지셨다. 선생님은 넋을 잃고 내 바구니 속 펄떡거리는 물고기를 들여다보면서 "많이도 잡았구나, 크다 커" 하며 탄성을 연발하셨다. 선생님께 낚시 바구니를 슬그머니 내밀면서 "선생님, 이거 집에 가지고 가세요" 했다. 선생님은 화들짝 놀라며 "아니다, 아니다" 하고 손을 내저으셨다. 극구 손사래 치시는 선생님께 동생 바구니를 보여주면서 "동생도 꽤 많이 잡았고, 어제도 많이 잡았습니다. 선생님 가져가셔도 됩니다"라고 우겼다. 완강하게 거절하던 선생님은 의외로 선선하게 "어 그러냐? 고맙다" 하며 만면에 웃음 가득한 표정으로 낚시 바구니를 받으셨다. 동생과 아이들도 덩달아 신이 나서 선생님 바구니에 큼직한 물고기를 한두 마리씩 넣어드렸다. 선생님의 축 늘어졌던 어깨를 쫘악 펴고 으쓱하며 학교 쪽으로 향하셨다.

여름방학이 끝나고 학교 다니기 시작한 지 이틀 후, 점심시간에 운동장에서 친구들과 축구하고 있는데, "3학년 1반 안만호 학생은 지금 즉시 교무실 김영철 선생님께 오라"는 교내 방송이 반복해서 흘러나왔다. 깜짝 놀라 교무실로 뛰어갔다. 내가 교무실에 들어서자, 선생님들이 모두 나를 쳐다보며 박수치며 웃고 있었다. 김영철 선생님이 나를 선생님들 앞에 세워놓고 "어제 우리가 회식한 회랑 매운탕 물고기를 준 학생"이라며 신이 나서 소개하셨다. 선생님들이 "어, 안만호 최고, 선생님들이 만호 덕분에 즐겁게 회식했다"고 하면서 한마디씩 칭찬하셨다. 김영철 선생님은 어안이 벙벙하고 무안해서 쩔쩔매는 나에게 선생님들이 가지고 온 책을 한아름 주셨다. 책을 받고 싱글벙글 "감사합니다. 감사합니다"를 연발하는 내 모습이 인상 깊었던지, 학교 도서관장 최현배 선생님이 "안만호! 네 덕분에 선생님들이 모처럼 즐거운 시간을 가졌으니, 앞으로 책 읽고 싶으면 도서관으로 오너라. 너는 무한 대출이다" 하셨다.

나는 최현배 선생님 덕분에 3학년 2학기부터 5학년 2학기까지 2년 반 동안 수업이 끝난 오후 2~3시부터 해가 져서 책을 읽을 수 없을 때까지 매일 도서관으로 출근했다. 그때 함께 책 읽기에 참여한 친구들은 지금도 그 시절을 그리워한다. 나는 3년 동안 도서관에 비치된 동화, 소설, 인물전, 역사, 철학 등 다양한 장르의 책을 두루 섭렵했다. 어두워지는 줄도 모르고 책을 읽다 보면 "만호야, 해 졌다. 나머지는 집에 가서 읽고 오너라"라는 최현배 선생님의 말씀에 화들짝 일어나 산 넘어 집으로 향하곤 했다. 2년 반이 지나 도서관에 읽을 책이 없어지자, 최현배 선생님은 선생님들이 소장하고 있는 책을 빌려다 주셨는데, 선생님들은 나에게 빌려준 책을 학교 도서관에 기증하셨다.

낚시터의 만남으로 맺어진 독서는 내 인생의 전환점이었다. 나는 3년 동안의 독서를 통해 내 인생의 가치관과 방향을 형성했다. 책을 통해 대한민국의 깡촌에 살던 나는 워싱턴의 스미스소니언을, 런던의 케임브리지를, 파리의 노트르담을, 머나먼 우주의 별나라를, 해저 2만 리를 여행했다. 에디슨을, 링컨을, 파브르를, 칸트를, 베토벤을, 세종대왕을, 장영실을 만났다. 인간은 무엇이며 역사는 무엇인가? 나는 어떤 존재인가? 무엇을 위해, 무엇을 하면서, 어떻게 살아야 할 것인가? 등의 세계관이며 인생관과 행동 규범은 그때 그 시절에 형성된 것들이다.

새광염교회 담임목사, 누리나래선교협회 대표, 기독교 전문서적 100여 권 공저.

덕업일치 德業一致

오순령

며칠 동안 가까운 사람들에게 대뜸 '인생 최고의 선물은 무엇이 있나요?'라는 질문을 던졌다. 대부분은 가족이라고 말했다. 특히 자식의 탄생이라고 말하는 사람이 가장 많았다. 고민 없이 바로 원하는 것을 구매할 수 있는 재력, 이것저것 따지지 않고 가볍게 여행을 떠날 수 있는 행동력이라 답하는 사람도 있었다. 다른 무엇보다 먹는 기쁨이 최고라며, 지금도 먹고 싶은 것들이 계속 떠오른다고 해맑게 미소 짓던 지인도 있었다.

이처럼 매일을 자동반사적으로 살아가고 있는 우리에게 넌지시 던졌던 질문은 돌고 돌아 '나, 지금 잘 살고 있나?'라는 또 다른 질문을 만들며 평소와 사뭇 다른 건설적이고 풍요로운 대화를 넉넉하게 만들어 주는 계기가 되곤 했다.

그렇다면 과연 나에게 있어서 '내 인생의 최고의 선물'은 무엇일까? 이 질문에 대한 대답을 고민하면 할수록 머릿속에 여러 가지 귀한 선물들이 수도 없이 떠올랐다. 무한정으로 떠오르는 인생에서의 선물 가운데 어느 것이 최우선인지 선택적 장애가 이런 거구나 싶었다.

우선 가정에서 보석처럼 빛나고 있는 어여쁜 두 딸이 어느새 어엿

한 어른으로서 사회에 자리매김하고 있다는 것, 이것이 무엇보다 감사함 가득한 최고의 선물이다. 그리고 30년 전에 만나 지금까지 함께 살아온 남편과 부부로 지내며 눈빛만 봐도 무엇이 필요한지 알게 된 것, 누가 말하지 않아도 조용히 서로를 위하며 평범하게 잘 지내는 것 역시 감사한 일이다.

특히 요즘은 이곳저곳 가족끼리 캠핑을 다니며 주말마다 짧은 일탈을 즐기는 것도 가족 취미로는 최고이다. 흐르는 시간과 세월 속에서 해야 하는 일을 해치우며 살아왔던 과거에 비해, 똑같기만 했던 평범한 시간이 특별한 시간이 될 수 있는 캠핑은 매주 여행과도 같은 시간을 만들며 일상에 변주를 주는 것 또한 나에겐 최고의 힐링 선물이 맞다.

하지만 이는 내가 아닌 가족, 주변 사람들이 주체인 선물이다. 다른 이가 아닌, 오로지 내가 주체인 '최고의 선물'은 과연 무엇이 있을까? 내가 무엇을 하고 있을 때 가장 살아 있는 것 같고, 시간 가는 줄 모르게 몰입의 상태가 되며, 언제나 행복과 보람을 느낄 수 있는 것은 과연 무엇일까? 생각이 깊어졌다.

어린 시절 흔히 들었던 "꿈이 뭐냐?"라는 질문에 "선생님이 꿈"이라고 답했던 수많은 학생 중 한 명이 바로 나였다. "선생님이 되고 싶어요"라고 말하고 난 후, 선생님이 내 인생 첫 번째 꿈이자 마지막 꿈이 되었다. 하지만 진로에 대해 별생각 없이 어른이 되면서 선생님이란 과거의 꿈은 빛이 바랬고, 자연스럽게 그와는 전혀 다른 길로 가게 되었다. 그렇게 내게 선생님이란 꿈은 이룰 수 없는 꿈이라 치부되며 기억에서 사라졌다.

대학교 졸업 이후 전공과 전혀 무관한 회사를 다녔다. 결혼 적령기에는 남편을 만나 자연스럽게 결혼했다. 그렇게 두 딸아이의 엄마로 살며 내 이름 대신 아이와 남편 이름이 먼저 붙여지는 30대를 맞이했다.

바쁘게 두 딸을 키우던 때, 마침 집 근처에 새로 건립된 도서관이 있었다. 그때 어린 두 딸의 손을 잡고 매주 도서관을 방문하며 책과 인연을 맺게 되었다. 주말 일찍부터 찾아간 도서관에서 늘 하던 대로 딸들에게 구연동화로 책을 읽어줄 때면, 어느샌가 아이들이 한 명, 두 명 모여들곤 했다. 어린아이들에게 재미있게 책을 읽어 주는 모습을 본 지인은 "단순히 읽어 주지만 말고 직접 책을 가르쳐 보라"며 권유했다.

'내가 과연 누군가를 가르칠 수 있을까'라는 의문이 머리를 스쳤다. 하지만 그 고민은 잠시였다. 곧장 독서 논술지도를 주제로 공부하며 바로 학생들을 가르치게 되었고, 그 후 20년 동안 아이들을 가르치면서 그간 잊고 있었던 '선생님'이라는 꿈을 자연스럽게 이루게 되었다.

요즘은 혈액형이 아닌 MBTI 유형을 물으며 가볍게 대화의 물꼬를 튼다고 한다. E 유형이 100%에 가까울 정도로 사람과 세상의 모든 것이 궁금한 나의 호기심을 채워 주는 것은 다름 아닌 '책'이다. 책은 정적이고 고요하다. 하지만 반복적인 일을 어려워하는 나에게 오히려 책한 권은 매번 새로운 시작이라는 설렘을 준다. 이처럼 책을 통해 무언가를 하는 것이 천직이라 여길 만큼 나에게 꼭 맞는 적성과 흥미, 삶을 뒷받침해 주는 경제력과 자존감까지 한 번에 여러 가지를 만족시켜 주는 나의 직업이 진정한 '내 인생 최고의 선물'은 아닐까?

지금은 멋진 20대로 성장한 두 딸이 든든하고 때론 위로가 된다. 하지만 과거에는 딸들이 하루하루 커가는 순간이 너무 예쁘고, 하루가 다르게 크는 모습이 아까워 시간이 아예 멈추길 바랐던 적이 많았다. 물론 아이들의 성장을 붙잡을 수는 없었지만 말이다.

딸들이 크는 모습이 마냥 아까워 시간을 멈추고 싶었던 철부지 엄마는, 그 시절에만 가지고 있는 학생들의 순수함과 호기심, 장난기가 영원하길 바라는 철없는 선생님이 되었다. 물론 학생들은 나의 바람과는 다르게 무섭게 자라며 더 큰 사람으로 성장하고 있다. 하지만 이제는 아이들이 크는 시간이 마냥 아깝게만 느껴지지는 않는다.

20년이란 시간 동안 수많은 아이의 성장을 함께해 왔다. 갓 초등학교에 입학해 자신의 몸만 한 가방을 메고 키는 올망졸망 커다란 화분 크기만 한 아이들이 학교로 걸어가던 모습이 눈에 선한데, 어느새 중학교 교복을 입고 학원에 들어와 빳빳한 새 교복을 자랑한다. 교복이 익숙해졌다 싶을 때면 어느새 학교를 졸업하고, 운전면허를 따거나 주민등록증을 발급받았다며 들뜬 모습을 보여주곤 한다.

시간의 흐름에 따라 멋지게 10대를 거쳐 20대가 된 아이들이 지나가다 생각나 사 왔다며 건네는 따뜻한 커피 한 잔, 그 안에 담긴 소소한 대화는 철없는 선생님에게 또 다른 깨달음과 보람을 주며 나 역시도 성장했기에 이제는 결코 아이들의 자람이 속상하지만은 않다.

'덕업일치', 국어사전에서 검색하면 자기가 열성적으로 좋아하는 분야의 일을 직업으로 삼았다는 뜻을 확인할 수 있다. 늘 찬란하게 웃는 아이들과 언제나 새로움을 선사하는 책에 둘러싸여 이야기를 나누고 함께 성장하는 일이 나의 직업이라는 것, 그 누구보다 일하는 것을 즐기는 것. 책과 함께 일하는 게 너무도 행복한 것. 아이들도 좋아하고 책을 통해 새로운 걸 보는 것 또한 좋아하고 그 일이 나의 직업이라는 것. 이게 바로 '덕업일치'를 이룬 나의 모습이다.

책의 재미에 눈을 뜨며 아이들을 가르치기 시작했던 30대, 아이들과 함께하며 쌓은 노하우를 마음껏 발휘했던 40대를 거쳤다. 그리고 지금은 연륜과 노련함이 돋보이는 50대를 즐겁게 걸어가고 있다.

100세 시대의 절반을 지나고 있다. 남은 절반의 시간에도 아마 나는 계속 배움을 전하며 생활할 것이다. 더 나아가 직업을 통해 사람들과 어울려 함께 배우고 익히는 삶을 살 수 있다는 것, 일을 통해 성취감을 느낀다는 것, 일하며 얻은 경제력이 삶의 터전을 꾸릴 수 있는 바탕이 되어 준다는 것 등 '덕업일치'가 내게 준 영향은 무수히 많다. 나는 일과 함께 성공과 가까워지고 있다.

무엇보다 다른 누구의 이름이 아닌 온전한 '나'의 이름으로 불릴 수 있다는 것. 진정한 나로 사는 것이 '덕업일치'가 나에게 준 최고의 선물이다. 일하며 내가 살아 있음을 느낄 때마다 '책과 함께하는 나의 일이 나의 천직이다'라는 확신에 항상 감사하다. 좋아하는 일을 '나의 직업'으로 삼고 있는 '덕업일치'. 내 생애 최고의 선물은 '나의 직업'인 것 같다. 아니 '최고의 선물'이라고 선언한다.

책의 생태계 BOOKOLOGY 전자신문사 대표. 국어독서논술원장. 입시컨설팅. 학습코칭.

하늘에서 내려온 선물

오순옥

"엄마! 남자 친구가 생겼어요. 소개하고 싶어요."

둘째 딸이 가져온 소식에 마음이 설렜다. 이 순간을 얼마나 기다렸던가. 우리는 결혼 생각이 없어 보이는 두 딸 때문에 걱정이 많았다. 나는 연경이에게 "어떤 친구니? 어느 회사에 다니는지? 둘이 어떻게 만난 건데? 부모님은 어떤 분이고?" 등등 궁금증을 참지 못하고 이것저것 물어보았다.

내가 선보는 것 마냥 설레던 첫 만남의 날이 왔다. 집 근처 식당에서 딸의 남자 친구를 만났을 때 첫인상이 마음에 들었다. 활짝 웃으면서 꾸벅 절하는 청년은 듬직한 장신의 체격과 착한 눈빛이 인상적이었다. 나는 그에게 부모님에 대해, 직업이며, 앞으로의 계획 등에 대해 물어보았다. 청년은 내 질문에 하나하나 성심성의껏 대답하면서 손수건으로 연신 땀을 닦았다. 그 모습이 안타까워서 "어려운 자리지요? 마음 편히 하세요" 하는 걱정 섞인 나의 말에 그는 "아닙니다, 어머님, 제가 긴장하면 땀이 많이 나요" 하고 웃으며 대답했다.

청년이 딸과 성격이 비슷하여 긍정적으로 보이는 한편, 자기감정을 중시하는 성향이 많아 보였다. '둘이 잘 어울려 살 수는 있을까?' 하는 염려 때문인지 몇 가지 단점이 눈에 들어왔다. 체중이며 소비 습관 등이다. 그때 한 지인의 말이 떠올랐다.

"사위의 직장이 마음에 들지 않아 반대했다가 5년간 딸과 사위를 보지 못했어요."

'내가 지금 무슨 걱정을 하는 걸까? 서로 사랑하고, 건강하며, 직장이 있고, 부모님이 건강하시다면 그것으로도 넘치도록 충분하지 않은가?' 이렇게 생각하니 불안과 걱정이 봄바람에 눈 녹듯 사르르 사라졌다. 오히려 어른을 존중하는 그의 태도가 듬직했다. 그 후, 순조롭게 결혼 준비가 진행되어 결혼식 날짜가 확정되었다.

결혼 준비는 모험과도 같았다. 딸의 바쁜 일정으로 신혼집의 인테리어며 혼수 준비는 내 몫이 되었다. 우리 부부는 이곳저곳을 돌며 혼수 제품을 마련했다. 결혼식 날에는 축가와 축사를 양가 부친들이 함께하기로 했다. 나훈아의 '사랑'을 개사하여 두 아이의 이름을 넣어 노래 연습을 했다. 노래 연습을 하는 남편의 눈에 눈물이 그렁그렁했다. 나이가 들어 감정이 풍부해진 것인지, 가사가 가슴 깊이 와닿은 것인지, 그의 눈물에 나도 모르게 마음이 찡해졌다.

결혼식 당일 축사하는 남편은 진정하려고 애쓰면서 떨리는 목소리를 감추지 못했다. 그의 말 한마디, 한마디에서 진심이 느껴졌고, 하객들도 눈시울을 붉혔다. 하지만 축가를 부를 때는 달랐다. 남편은 연습 때의 눈물 대신 미소를 머금고, 아름답게 개사한 노래를 마음을 다해 불렀다. 중후하면서도 따뜻한 그의 노랫소리가 결혼식 분위기를 한껏 풍성하게 했다.

우리 집에 새로운 변화가 시작되었다. 예쁜 딸들만 사는 집안에 등장한 사위는 하늘에서 내려온 천사였다. 그는 항상 밝은 미소로 우리

가족에게 사랑과 배려를 전했다. 맛있는 음식을 가져오는 것은 물론, 따뜻한 인사로 우리의 하루를 물었다. 아들이 생긴 남편은 사위와 이야기하는 것을 즐거워하고, 함께 장기를 두고 등산도 했다. 남편은 사위와 함께하는 일상이 새롭고 즐겁다고 한다.

장모라는 새로운 역할이 생겼다. 사위가 오는 날이면 부지런히 청소하고, 그가 좋아하는 음식을 준비한다. 요리에 자신이 없는 나는 사위를 위해 요리책과 유튜브를 뒤져 새로운 메뉴에 도전한다. 흥이 많고 다정다감한 사위로 인해 가족이 더 가까워졌다. 그의 전화 한 통은 언제나 우리 집에 행복의 메시지를 전한다.

"어머님, 장어를 구워 먹으려고 준비했으니 가져갈게요. 금방 도착할 겁니다."

그의 목소리는 언제 들어도 반갑고, 우리 가족에게 큰 기쁨이다.

이제나저제나 기다리던 우리 가정에 어느 날 갑자기 찾아온 사위, 그가 가져온 긍정적이고 따끈따끈한 에너지와 사랑 덕분에 우리 가족은 이전보다 더 사랑 넘치는 관계를 만들어가고 있다. 사위가 우리에게 가져다 준 변화와 행복은 우리 삶의 큰 축복이다. 사위 사랑은 장모라는 말을 이제야 알 것 같다. 예쁜 사위 덕분에 오늘도 우리 집에는 웃음이 끊이지 않는다.

미코커뮤니케이션 대표, 저서: 《천생연분 평생웬수》외 10여 권

세 번의 선물

오정애

'내 인생 최고의 선물이라….' 돌이켜보니 그런 선물을 받은 적이 있다. 그것도 연거푸 세 번이나. 40대 중반에 119에 실려 갔다. 단순한 두통이라고 여겼던 증상은 참을 수 없는 고통으로 이어졌다. 검사 결과는 뇌출혈이었고, 잠시 출혈이 멈춘 상태라고 했다. 하지만 24시간 이내에 다시 출혈이 있을 것이고 서둘러 수술하지 않으면 생명이 위험하다고 했다.

그로부터 4년 후, 이비인후과에서의 MRI 검사 결과에서 뇌종양청신경 종양이라는 진단을 받았다. 다행히 악성은 아니지만, 뇌의 중앙에 있는 이 종양을 제거해야 한다고 했다. 다만 수술 후에는 완전히 청력을 잃을 수도 있다고 덧붙였다.

다시 3년여가 지났을 무렵, 단순한 감기로 생각하여 병원에 가지 않고 버티다 멈추지 않는 심한 오한에 다시 구급차에 실려가게 되었다. 급성 신우염을 방치하여 패혈증까지 진행되었고, 혈압이 위험 상태까지 떨어져 응급 중환자실 신세를 지게 되었다.

뇌출혈, 뇌종양, 패혈증…. 누구에게나 일어날 수 있는 평범한 병은 아니다. 특히 뇌종양이라면서 아무렇지도 않게 다시 뇌를 열어야 한다는 이비인후과 의사의 말에는 한숨이 나왔다. 우연이지만 세 번 다 같은 병원에서 수술받고 입원했다. 결과는 아직 살아 있다는 것이다. 대학생 때 맹장염으로 입원한 것 외에는 건강으로 인해 크게 걱정할 일이 없었다. 그런데 예상치 않게 연달아 일어난 위급 상황은 나의 건강에 빨간불이 켜진 거라는 생각이 들게 했다. '왜 나에게 이런 일들이 일어나는 것일까?' 하고 나 자신을 다시 돌아보았다.

소심한 성격이었던 나는 요령이 없다는 말을 자주 들었다. 성실하고 노력하는 편이지만 결과가 만족스럽지 않다고 느낄 때가 많았다. 농담도 못 하고 별로 웃지도 않았다. 걱정이 많은 성격이다 보니 자주 스트레스를 받았다. 수술실에 들어가기 전에 이런 생각이 스쳤다. '수술 끝난 후 어쩌면 최악의 상황을 맞을 수도 있고, 운 좋게 살아남아도 어딘가 장애가 남을 수도 있겠구나.' 지금까지의 나의 걱정과 스트레스가 무의미했다. 내일 죽을 수도 있다는 것을 모른 채 말이다.

세 번의 발병과 입원, 치료 과정은 이러했다. 첫 번째는 지주막하 출혈이었다. 처음부터 100% 출혈이 있었다면 그 자리에서 사망했다고 한다. 다행히 잠시 출혈이 멈춘 상태에서 병원에 도착했고, 수술은 성공적이었다. 기억력이 심하게 떨어진 증상 이외의 부작용은 없었다. 두 번째는 신경외과 진료에서 종양 크기가 1.8cm라는 말을 들었다. 2cm 이하라면 개두술을 하지 않고 감마나이프라는 방사선 치료를 시도해 볼 수 있다는 것이었다. 수술 후 5년간 크기가 자라지 않으면 완치라고 했다. 5년간 지켜본 결과 부위가 커지지 않았다. 세 번째인 급성 신우염은 치료의 타이밍을 놓쳐서 패혈증 초기까지 갔다. 내려가는 혈압이 잡히지 않았고 의식을 잃었다. 죽어가는 환자를 담당하려는 의사는 나타나지 않았다. 급한 대로 혈압을 올리는 굵은 바늘을 목에 꽂고 중환자실에 들어갔다. 일주일이 지나 혈압은 정상으로 돌아왔다.

아이러니하게도 세 번 모두 급박한 상황으로 병원에 왔지만, 경과는 놀라울 정도로 잘 회복되었다. 이런 상황을 기뻐해야 할지 슬퍼해야 할지 복잡한 기분이었다. '불행 중 다행'이라는 것이 이 경우를 말하는 것일지도 모른다. 아무튼 이러한 세 번의 경험으로 나의 인생관은 180도 바뀌었다. '비관적이고 심한 스트레스를 받아왔던 나를 바꾸지 않으면 나는 같은 경험을 반복할지도 모른다. 내일을 모른다. 오늘을 후회 없이 즐겁고 행복하게 살아야겠다'고.

바쁘게 하던 일을 최소한으로 정리하면서 내가 하고 싶은 일을 우선으로 하기로 했다. 한일 세미나에 참석하고 하이쿠俳句라는 일본 시 모임, 재즈 등 취미 생활에 몰두하기도 했다. 힐링이 되어서인지 더이상 스트레스를 받지 않게 되었다. 내가 충족되고 채워져 가는 기분도 들었다. 처음으로 나를 위한 시간으로 살아간 듯했다.

그로부터 5년이 지나면서 코로나 시기를 겪게 되었다. 의도치 않게 인간관계는 차단되었고, 코로나에 걸리면서 심한 후유증과 우울증을 겪었다. 6개월과 3개월에 걸친 두 번의 심한 우울증으로 식욕부진, 의욕 상실이 왔다. 온통 부정적인 생각으로 가득 차고, '이런 힘든 마음에서 벗어나고 싶다'라는 정신 상태까지 이르렀다. 연예인들의 자살을 남의 일처럼 생각했는데, 누구나 겪을 수 있는 일이었다. '신경정신과의 도움을 받아야 하나'라는 생각이 들 정도로 이 상황을 빠져나가기가 어려웠다. 끝도 없이 어두운 터널을 지나가는 기분이었다.

문득 세 번의 죽을 고비를 넘기면서 살고자 했던 지난 일들이 떠올랐다. 그토록 살고자 했던 나와, 일시적이긴 했지만 우울증으로 잠시나마 극단적인 생각까지 했다는 나 자신의 이중성이 모순덩어리처럼 느

껴졌다. '구사일생으로 살아난 내가 죽음을 생각하다니. 말도 안 돼!'

나의 문제는 무엇일까? 내가 해결할 수 없는 문제에 집착하고 내게 온 행운에 감사할 줄 모르는 것은 아닐까? 전에 겪은 질병이 신체적인 문제였다면 이번에는 정신적인 것이었다. 외적인 치료가 아닌 정신적인 치유가 필요했다. 우연히 본 유튜브의 유명한 정신과 의사는 자신의 환자에게 "내려놓고 감사하면 된다"라고 했다. 그는 사랑하는 아내와 일찍 사별하고 세 번의 암을 경험했다. 죽고 싶다는 생각이 들 정도로 우울증을 겪기도 했다.

앞으로도 해결하기 어려운 힘든 일이 생길지도 모르겠다. 건강이 다시 나빠질 수도 있다. 제일 중요한 것은 나를 돌아보고 바꾸는 것이라는 생각이 들었다. 입, 퇴원을 반복했지만, 나보다 더 아프고 힘든 환자들을 잊고 있었다. 부정적이었던 마인드를 바꾸고, 나에게 기적처럼 주어졌던 감사한 것을 더 많이 생각하기로 했다. 힘든 일이 닥칠 때마다 내가 경험한 세 번의 '불행 중 다행'을 나에게 주어진 '세 번의 선물'이라고 되새기면서.

한국디지털문인협회 회원, 서울하이쿠모임 회원, 일본어 코디네이터

천상의 선물 天上의 膳物

오태동

　내 인생 최고의 선물은 무엇일까? 여러 가지 생각이 오간다. 그러나 그중 무엇보다도 내 인생에 멋진 집, 즉 일가—家를 이루게 한 그것을 꼽지 않을 수 없다. 그것은 하늘이 점지해 주신 '천상의 선물天上의 膳物', 바로 '내 가족'이다.
　그 첫 주춧돌을 놓은 것은 바로 사랑하는 아내를 만난 것이다. 우리는 대학 캠퍼스에서 만난 커플이다. 2학년 여름방학에 어느 날 점심시간에 교내 학생식당에서 미래의 아내를 우연히 만났다. 그 후 4학년 졸업반까지 사랑을 이어갔으며 마침내 행복한 결혼에 골인했다. 이제 결혼 44년 차, 수십 개 성상을 지나 애틋한 사랑의 씨앗이 한 가정을 꾸며 두 아들을 낳고 일가—家를 이루었다. 어느덧 울울창창 큰 나무가 되어 만개한 꽃과 열매를 달게 된 것이다.
　두 번째 내 인생의 최고 선물은 두 아들이다. 하늘이 점지해 주셔서 대를 잇고 일가를 이룰 두 기둥을 세워 주신 것이다. 3년 터울로 우리 부부에게 두 아들을 점지해 주신 큰 선물에 우리는 하나님께 감사했다. 그러나 나는 미욱한 남편으로 해산 날 산고를 겪는 아내 곁을 지켜 주지 못했다. 큰아들을 낳을 때에는 병역 의무로 군문에 있었고, 둘째 아들 낳을 때는 장기 해외 출장으로 해산 날 아침 홍콩에서 귀국행 비행기를 타고 있었다. 도착 즉시 바로 산부인과로 달려가 둘째 아들을 안아보았을 때의 벅찬 감격은 여전히 생생하다. 그러나 나의 두 아들 해산 날 곁을 지켜 주지 못한 지아비의 불충은 아내의 평생 타박거리가 되었다.

그 후 두 아들은 튼튼하게 잘 자라 주었다. 큰아들은 안양고에서 연세대에 진학해 국제관계학과 사회학을 전공했다. 4학년 때 국가고시 관세사 시험에 합격해 졸업 후에 세종 법무법인 대표관세사로 봉직하다가 삼성전자 아시아 통관 물류 관세 책임자로 스카우트되었다. 싱가포르 주재 삼성전자 아시아 지역 15개국을 총괄하는 수출 전선 대표 관세사로 봉직하게 된 것이다.

그 후 이제 전 직원이 5만여 명이나 되는 글로벌 기업에 스카우트되었다. 미국의 역사 깊은 세계적인 첨단 의료기기 장비MediTech 제조 생산 공급업체인 스트라이커스Strykers 아시아 지역 수출입 통관 관세 APAC Trade Compliance Manager 책임자로 부임했다. 본사 팀에 속해서 중국, 일본, 한국, 인도 등 아시아 전역을 맡아 싱가포르에서 근무하고 있다.

둘째 아들은 고 1학년 때 어린 나이에 호주로 유학을 보냈고, 맥쿼리대학과 시드니대학원 석사과정을 졸업했다. 그리고 현재 인도네시아에서 물류 운송 유통 로지스틱스Logistics 기업을 창업해서 국제적인 사업가가 되었다.

사랑하는 두 아들아, 고맙다! 다들 잘 자라 주고 이제 세계에 우뚝 서는 글로벌 전문가로서 활약하고 있으니 말이다. 이제 세계인의 꿈과 희망을 갖도록 키워온 두 아들도 다 40대가 되었다. 앞으로도 세계

인류의 복지와 행복을 위해 더욱 힘을 다해 봉사해 주기를 소망한다.

세계 일가世界一家를 이루는 일에는 미래를 내다보는 혜안과 많은 노력과 정성이 필요해 보인다. 나는 두 아들에게 세계를 향한 비전을 어릴 때부터 늘 심어 주었다. 세계를 향한 안목과 저들이 살아가야 할 미래 세상에 대해 이야기를 해줬고, 개척자로 지구촌을 향한 꿈과 비전을 심어 줬다. 두 아들은 나의 부탁을 들어 주어 험한 세계를 향해 힘차게 나아갔다.

이 세상에 태어나 한평생 과업으로 가문의 일가一家를 굳건히 세운다는 것은, 조상의 핏줄을 받은 후손 된 도리의 첫째가 아닐 수 없다. 친가 쪽으로는 한글학자 최현배 박사의 피가 흐르고, 외가 쪽으로는 전국 삼강오륜 최고 효자 반열에 올라 성균관으로부터 '단지혈 효자비'를 하사받은 외할아버지가 계시다.

가문의 역사와 전통을 이어가야 할 후손의 책임은 결코 가볍지 않다. 먼저 땅을 굳게 다지고 튼튼한 주춧돌과 대들보를 놓고 너른 지붕을 상량하기 위해서는 우람한 기둥 네 개가 세워져야 할 것이다. 튼튼한 기둥 네 개를 마저 놓기 위해 두 아들 역시 아빠를 닮아서 일찍 연애결혼으로 지혜롭고 아름다운 천상선물 배우자와 결혼했다. 하여 나의 세 번째 최고 선물은 우리 집안에 시집온 두 며느리다. 이국만리 해외에서 한 가정을 이루어 지혜롭고 행복하게 살아가며 늘 양가 부모에게 효도를 다하는 모습에 감사하는 마음이다.

나의 인생 네 번째 최고 선물은 뭐니 뭐니 해도 대를 잇는 이쁜 손주들의 탄생이었다. 첫 손녀가 벌써 열 세 살로 싱가포르 중학교 입학을 앞두고 있고, 동갑내기 둘째와 셋째 손녀가 싱가포르와 인도네시아 초등학교에 입학했다. 그리고 4년 전에 드디어 꿈에 그리던 손자가 태어났다. 인도네시아 둘째 아들 가정에 고추 단 손주가 태어난 것이다. 얼마나 선미남인지 장차 K팝 아이돌그룹 스타는 떼놓은 당상이라고 할매 할배는 생각한다.

우리 세계가족은 늘 수시로 서로 간의 영상통화로 할매 할배의 진한 가족 사랑을 전하지만, 매년 다니던 할매 할배 방문길이 3년간 코로나로 막혀 지난해에 비로소 싱가포르와 인도네시아 두 아들네 집을 방문했다. 무려 40일간 방문해 손주들을 마음껏 안아보고 할매 할배의 못다 한 사랑을 나눴다.

이제 손주들도 하루가 다르게 커간다. 첫 손녀는 싱가포르 유명 초등학교 6학년으로 다국적 학생 그룹에서 몇 년째 학급회장과 유명 합창단 리더로 활약하고 있다. 영어, 중국어, 한국어 3개 국어에 유창하고 학업 성적 또한 최상위 그룹에 속해 있다. 내년 치열한 중학교 입시 경쟁에서 명문 학교에 가기 위해 밤낮으로 애쓰는 모습이 얼마나 안쓰럽고 대견한지 모르겠다.

우리 세계가족 일가一家는 이제 열 명의 대가족으로 불어났다. 아내가 주춧돌을 놓고 두 아들과 두 며느리가 네 개의 기둥을 세우고, 내가 비바람을 막아줄 튼튼한 너른 지붕을 덮고, 네 명의 손주, 손녀 셋에 손자 하나가 힘차게 뛰어논다. 우리 부부가 오매불망 꿈꾸던 '오씨 일가吳氏一家' 지구촌 가정을 오손도손 이루어 미래를 향해 힘차게 항해하고 있는 것이다.

아들 다섯을 두고 올해 91세를 맞으신 나의 외가 제주도 왕할머니께도 우리 일가一家는 하늘이 주신 천상선물天上膳物이다. 여전히 정정하신 어머니는 매일 아침저녁으로 해외 아들과 손주들의 이름을 일일이 부르시며 제단 앞에서 천주님께 기도를 올리신다. 참으로 감사하고 행복한 일이 아닐 수 없다.

두 아들은 "아버지, 손녀 손자들 시집 장가갈 때까지, 그리고 증손주 볼 때까지 부디 건강하게 살아계셔 주세요"라고 부탁한다. 나도 그러한 행복한 소망을 가지고 하루하루를 '종심소욕불유구從心所欲不踰矩'의 평정 하심下心으로 건강하고 충실하게 살아가고 있으나, 우리 미래의 앞날을 그 누가 알리오.

나는 이리 생각한다. '내 인생 최고의 선물'을 이미 다 받고 누려온 삶을 살았으니 이제는 여한이 없다고. 첫 선물로 사랑하는 아내, 둘째 선물로 두 아들, 셋째 선물로 지혜로운 두 며느리, 마지막 넷째 선물로 손주 넷을 받아 '吳氏一家' 지구촌 가족으로 우뚝 섰으니, 더 무엇을 바라리요! 부모 주신 생명을 이어 후손에게 잘 전해줬으니 이 이상 무엇을 더 바라리오. '천상선물일가天上膳物一家'를 다 이뤘으니 '불역낙호不亦樂呼아'로다!

미래학자, 경영학 박사, 시인, 수필가.
AI Convergence Lab & Age Lab 대표, 전) 숙명여대 미래경영대학원 교수

나에게 듬직한 인연의 나무들

Tin Zar Myo 띤자묘(가운)

사람은 혼자 살 수 없다. 태어날 때부터 죽을 때까지 수많은 인연을 만나며 그들과 같이 어울려 살아야 한다. 선물 같은 좋은 인연은 힘이 되고 행복을 주는 반면, 나쁜 인연을 만나면 괴롭고 힘든 시간을 보내게 된다. 나에게도 그런 인연들이 있다.

아버지가 먼저 세상을 떠나셔서 엄마 혼자 우리 6남매를 키우셨다. 그러다 50살이 넘은 엄마는 일하기가 어려운 상황이 되었다. 그때 대학원생이었던 큰언니가 우리 가족을 먹여 살리기 위해 자퇴하고 취직하여 가장이 되었다.

처음엔 인턴으로 취직하니 월급은 적은데 야근은 많아 무척 힘들어했다. 그런데도 언니는 불평불만 없이 일했고 주말이나 일찍 퇴근하는 날은 집안일까지 다했다. 화도 안 내고 힘들다고 징징거린 적도 없다. 내 인생에서 이렇게 훌륭하고 정직하고 겸손하고 마음이 넓고 인내심이 강한 사람을 본 적이 없다.

언니는 마흔 살이 넘었는데도 아직 결혼도 안 하고 오직 우리 남매만 바라보고 인생을 희생하며 살고 있다. 20대 초반부터 지금까지 가장 역할을 하며 우리 남매를 보살펴 준 것이다. 나에게 큰언니는 엄마이기도 하고 아빠이기도 하다. 내가 유일하게 의지할 수 있는 지금의 나를 있게 해 준 고마운 사람이다. 큰언니가 없었으면 나는 지금처럼 잘 성장할 수 없을 것이다. 나에게 큰언니는 하늘에서 주신 내가 가지고 있는 그 어떤 것보다 더 귀중한 선물이다. 아마 나에게서 아버지를 너무 빨리 뺏어가서 미안한 마음으로 언니를 준 것 같다.

나에겐 다른 복은 모르겠는데 가족과 친구 복은 있는 것 같다. 온 가족의 사랑을 받으면서 자랄 뿐만 아니라 친구의 사랑도 받고 있다. 물론 아버지의 빈자리가 몹시 커서 아직도 사이좋게 지내는 아빠와 딸의 모습을 보면 부럽고 아쉽다. 그러나 이뻐해 주신 가족 덕분에 견딜 수 있었다. 또한 친한 친구들 지인들도 많이 있는데 그중에서 나에 대해 잘 알고 내가 힘들 때 격려해 주고 위로해 주고 조언해 주고 힘이 되어 준 내가 아끼는 친구가 있다.

어렸을 때 집의 형편이 안 좋은 것을 뻔히 알고 있는 나는 엄마와 언니에게 뭐 사달라고 조르지 못했다. 미안함이 습관이 되어 나는 친구들이 생일에 뭐 갖고 싶냐고 물어봤을 때 "이거 갖고 싶어, 이거 사 줘"라는 말을 내 입으로 할 수가 없다. 그래서 내 맘에 안 드는 선물을 받은 적이 많았다. 나는 어릴 때 생일 파티도 한두 번밖에 못 해서 케이크를 잘라본 적이 거의 없었다. 촛불을 불고 케이크 자르는 게 큰 꿈이었다. 그런 꿈을 품고 살다가 어느 날 나의 20번째 생일에 대학 동창이 깜짝 선물로 케이크를 선물해 주었다. 어렸을 때부터 간절히 원했던 그 꿈이 이루어져 울컥했다. 절대 잊을 수 없는 최고의 생일이었다. 나에게 이런 진정한 친구가 있다니 그동안 인생을 잘 살았다는 뿌듯함을 느꼈다. 그 친구는 생일 케이크뿐만 아니라 예쁜 드레스도 사 주었다.

사랑은 주는 만큼 나에게 돌아오는 것 같다. 나는 지금까지 만났던 어떤 인연이든 미움과 질투심 없이 진정한 마음으로 대했다. 항상 바라는 것 없이 내가 도와줄 수 있는 일이라면 최선을 다했다. 그런 내 진심이 친구의 마음에 닿아 이렇게 사랑받고 있는 것 같다. 그러나 아무리 내가 긍정적으로 봐주고 잘 챙겨 줘도 나에게는 똑같은 마음으로 대해 줄 수 없는 사람도 있었다. 나를 힘들게 하고 울게 만든 인연들이다.

나는 피부가 까만 편이라서 사촌 오빠들과 초·중·고 동창들이 장난을 치며 놀렸었다. 피부가 까맣다고 별명을 만들어 부르기도 하고, 하얀 옷을 입을 때는 나는 안 보이고 옷만 보인다며 마구 놀렸다. 중학생 때까지는 아무렇지 않고 나를 사랑해서 놀린다고 생각했다. 고등학생 때는 예뻐지고 싶은 사춘기 때니까 이런 말들을 들으면 들을수록 외모에 대한 자신감이 떨어지고 '나는 왜 이렇게 태어난 걸까?' 자책도 하며 피부를 하얗게 만들고 싶어졌다.

지금까지 나의 인생을 되돌아보면 외모를 평가하며 나를 힘들게 한 사람들 빼고는 대부분 나에게 힘이 되어 준 좋은 인연들과 만났다. 거짓, 미움, 질투심 없이 타인을 대하면 타인도 나를 그렇게 대해 주기 마련이다.

2년 전 새롭게 만난 인연이 있다. 그 인연으로 인해 조금씩 자신감이 생겼다. 희망글쓰기대학에서 한국어를 공부하면서 만난 친구와 선생님들이 "가운이는 귀엽고 예쁘다"라는 말을 자주 해 주었다. 덕분에 나는 처음으로 외모에 대한 자신감이 생기게 되었다. 따스한 말 한마디는 그 어떤 비싼 선물보다 나를 기쁘게 해 주는 소중한 선물이 된다.

아빠의 빈 자리를 채워 준 언니와 처음 생일 케이크를 선물해 준 대학 친구, 그리고 희망글쓰기대학에서 만난 선생님은 나에게 선물 같은 인연들이다. 내가 좀 더 큰 나무가 된다면 앞으로 새롭게 맺어지는 인연들에 나눔과 베풂을 함께할 수 있는 그늘이 되고 싶다.

미얀마 몽유와 사가잉 거주, 대학 휴학 중, 한국디지털문인협회 희망글쓰기 4대학 회원

4부

우종희 점의 미학美學
원동업 생이 생에 생을
유숙영 아버지의 우산
유영석 추억의 찐빵
유용린 내 인생 최고의 선물 10가지
윤재철 일상의 선물, 선물의 일상
윤정걸 지나간 일들을 잊으라니요
이상우 추 경감의 지포 라이터
이성숙 엄마, 내 아기 나처럼 키워줘
이옥희 오래도록 기억되는 선물
이일장 세상이 나에게 준 선물
이정원 아련한 그리움 속 아버지의 잔상
이정화 꿈 같은 라디오 선물
Khattar khin 칵따킨 너 변했어, 아주 많이

점의 미학美學

우종희

아침맞이는 하루 시작의 기쁨이다. 밝은 미소로 재잘거리며 아침에 등교하는 아이들을 바라본다. "안녕하세요?" 크게 인사하는 아이, 촉촉한 머리를 말리지 못하고 롤을 달고 오는 아이, 고개 숙이고 무거운 발걸음으로 천천히 걸어오는 아이….

천여 명이 넘는 규모가 큰 학교, 다양한 가정환경에서 자라난 중학생과의 첫 만남은 기대만큼이나 긴장감도 크다. 새봄을 알리는 3월은 입학 시즌, 설렘을 안고 강당 가득 들어찬 아이들은 반짝이는 눈으로 서로 바라본다. 선생님과 학부모는 아이들의 힘찬 출발을 축하해 주고 있다. 피터 레이놀즈의 '점'을 영상으로 보여주며 '낯설지 않은 행복'에 대하여 이야기를 풀어가는 학교장 취임 인사에 학생·교사·학부모는 기대에 찬 눈으로 바라본다.

"어떤 것이라도 좋으니 한번 시작해 보렴. 그냥 네가 하고 싶은 대로 해 봐. 그냥 점이라도 찍어 보렴. 자, 이제 네 이름을 쓰렴."

얼마 후 금테 액자에 '베티'라 쓰인 점 그림이 전시되었답니다.

"흥, 나는 그것보다 더 잘 그릴 수 있어"라고 말하고 베티는 점을 그리기 시작했어요. 큰 점, 작은 점, 다양한 색깔의 타원형….

베티가 그린 점은 인기가 좋았어요.

"나도 누나처럼 잘 그렸으면 좋겠어."

"너도 할 수 있어. 자, 너도 그려봐."

"자, 이제 네 이름을 쓰렴."

- 그림동화 피터 레이놀즈 '점'의 일부

"무한한 가능성은 거창한 것이 아니라 바로 '점'으로부터 시작됩니다. 하고 싶은 것 하고자 하는 것을 선생님과 학부모, 선배와 후배가 하나 되어 어우렁더우렁 서로 도와가며 만들어가는 '점의 미학' 이것이 바로 제가 꿈꾸는 '낯설지 않은 행복학교'랍니다."

취임 후 몇 달 안 되어 주위에 신축 아파트가 들어서게 되었다. 학교 신관을 증축하면서 겪는 공사에 따른 어려움과 사춘기 중학생들이 겪는 갈등 상황을 우리 아이들도 겪기 시작하며 매일 소용돌이 속에서 회의와 만남의 연속이었다.

비가 억수 같이 쏟아진 후 맑게 갠 어느 날, 학생이 달려와서 말했다.

"선생님, 운동장에 싱크홀이 생겼어요"

주변 아파트와 학교는 공사판이고 운동장에 싱크홀까지…. 비상대책팀을 긴급 소집하여 학생 보호와 수업을 위한 대책 마련하고 관계 기관 및 전문가와 문제를 해결해 가던 과정이 생생하다. 운동장 대신 지역사회 체육공원에서 학부모와 함께하는 한마음 체육대회를 하며 신나게 환호성 지르던 그날을 잊을 수 없다.

이렇게 시작한 '낯설지 않은 행복학교'라는 비전을 공유하면서 교육

공동체가 모두가 주인이 되어 아이디어를 공유하고 함께 어려움을 극복했던 ㅇㅇ중학교에서의 4년이 지금 돌아보면 큰 선물이며 감사의 기간이라 생각된다.

선생님들이나 학부모 모두 교육의 동반자로서 전문가가 되어 문제를 해결해 가는 '점의 미학', "너도 할 수 있어" 바로 이것이다. 서로가 서로를 존중하고 잠재력을 키워가도록 하는 환경 만들기로 '위기를 기회'로 만들었다. 좋은 교육 환경 만들기와 교과 융합 체험활동에 아이들이 스스로 참여하도록 응원해 주고, 토론하고 실천하는 데 함께해 주었다. 좋은 부모 되기, 따스한 가정 같은 학교 만들기로 폭력 없는 학교, 꿈·끼 갤러리와 상상마루·글향기 도서관에서 독서를 통한 생각의 실타래를 마음껏 꽃피워 나갔다. 연적지에서 생태 감수성을 키우며 자율적인 동아리 학생 자치활동은 우리 모두에게 신바람 나는 학교, 오고 싶은 학교로 만들어 주었다. 이렇게 좋은 환경에서 마음껏 활동하던 학생들은 대학생이 되어서도 그때 그 시절을 그리워하며 경쟁이 아니라 화합으로 멋지게 생활한다고 말하곤 한다.

이 '낯설지 않은 행복학교'의 정신적 기저는 방지가 시어머니로부터 시작되었다. 교장 연수를 받던 중에 위독하신 어머니 문안을 드리러 가니 "미카엘라야, 날씨도 더운데 고생한다. 집에 가서 시원한 열무김치에 밥 먹고 바삭바삭한 모시이불에서 자고 가렴" 하신다. 당신의 생명이 촌각을 다투는 그 순간에도 며느리를 생각하는 따스한 우리 어머니, '가족이 서로 질서를 지키도록 하면서도 하고자 하는 것을 펼치도록 격려하며 언제나 따스한 사랑을 실천하신 분'이다. 장례미사 때 신부님의 말씀 "낯설지 않은 행복을 평생 실천하신 분"이라는 말씀이 씨앗이 되어 학교 경영의 지표가 되었다.

은퇴 후 우리 부부는 생애기행을 하며 어머니 고향 합덕을 찾았다. 들녘에 반짝이는 빛과 함께 푸르르고 누르스름한 벼 이삭이 고개를 들고 있었다. 남편은 소년이 되어 어린 시절 외삼촌 댁에 놀러 가면 엿도 고아 주시고 옥수수 등 맛난 것들을 많이 만들어 주었고 썰매 타며 즐겁게 지내던 이야기를 쉼 없이 말한다. 우리 부부는 어머니 산소를 찾아 어머니 친정에서 촬영한 영상과 사진을 보여드리며 귀한 말씀을 선물로 주신 어머니와 깊은 대화를 나누어 본다.

어머니는 "혼자만 잘살면 누구는 못 살아? 함께 잘 살아야 잘 사는 거지" 하며 베풀고 살라 하시며 나눔을 실천하셨다. 이 말씀이 마음에 울림으로 남아 우리 부부는 은퇴 후 봉사를 하고 있는지도 모른다.

합덕읍 도리를 휘돌아가니 합덕성당 표지가 보인다. 천주교 '버그내 순례길', 이곳은 몇 년 전에 다녀갔는데도 시어머니 친정은 처음이다. 받는 것에 익숙한 우리들, 자라면서 어머니 고향을 어머니의 그리움을 얼마나 생각하고 살았던가! 아래로 내려가니 합덕제가 수만 송이 연꽃으로 물들어 장관을 이루고 있다. 합덕제에는 30여 종 연꽃 10만 송이가 꽃망울을 터뜨리기 시작했다. 연꽃밭 사이로 산책로가 있어 걷기만 해도 힐링하는 기분이다.

합덕제의 연꽃은 신기하게도 우리 시어머니를 닮았다. 안부 전화가 뜸하면 "전화 좀 해라"가 아닌 "며늘아, 나는 네 목소리를 들으면 기분이 좋아, 네 전화 목소리 좋더라"라고 말씀하시던, 합덕제의 연꽃을 닮으신 넉넉한 어머니의 음성이 들리는 듯하다. 연꽃 한 송이 한 송이가 모여 아름다운 조화를 이루는 '점의 미학'을 오늘도 선물로 받았다.

전) 학교장, 한국디지털문인협회 회원, 독서·여행 블로거, 공저:《DMZ 평화의 길을 걷다·1》

생이 생에 생을

원동업

천둥벌거숭이로 세상에 태어날 때, 자궁 속은 편안했어. 눈 감고 웅크려만 있어도 배부르지, 따뜻하지. 그러다 누가 민 건지 빨아낸 건지, 쑥 몸이 빠지지 뭐야? 이게 뭐야? 피는 칠갑을 했지, 소리소리 시끄럽지, 내 엉덩이를 찰싹 때리질 않나. 그것도 거꾸로 들고 말이지. 바락바락 나는 울었지. 그런데 양수처럼 따뜻한 물로, 말갛게 씻어 주더니, 까실한 수건으로 닦아, 호 입김을 불어 주더라고. 그러더니 젊은 여인의 품에 안겨 주지 않겠어? 세상이 내겐 첫 선물이었어.

달음질쳤지만, 형을 잡을 순 없었어. 마음은 형 등에 붙었는데, 발이 재게 안 놀려져. 넘어졌어. 아프진 않은데, 무릎이 새빨간 거야. 윤석중 선생님이 시 '꽃밭'에서 말씀하셨잖아. "우는 아가야 보니라. 그건 피가 아니란다. 그저 빨간 꽃잎이로구나." 아니었어. 피였다고. 지금도 내 무르팍엔 그때의 상처가 남아 있고.

친구들과 바위산을 오르내렸어. 형은 재주 좋게도 돌 틈의 수정을 깨서 내 손바닥에 올려 주곤 했어. 어젠 엄마한테 되게 혼났는데, 날 꿀밤 주지도 않고 말이야. 동생들도 순했어. 딱지치기, 구슬치기로 딴 걸 나눠도 주고. 앞서거니 뒤서거니 나온 4형제들은 지금껏 다투지 않고 자랐어. 모이면 황소라도 잡을 거 같아. 아빠, 엄마! 우린 속 썩인 적 없지? 아니야? 세 명의 다른 나를 선물로 주신 것, 고마워요.

어릴 적 일요일 날이 생각나. 아버진 바리깡과 가위, 보자기와 집게를 꺼내곤 하셨어. 마당에 있던 노란 소파에 우릴 차례대로 앉히셨지. 작은 집 그 앞마당은 아버지가 천장에 투명 슬레이트를 친 곳이었어. 비가 와도 눈이 와도 젖지 않았지. 햇살 조명 아래서, 머리를 깎아 주셨어. 가끔 살을 씹기도 했지만…. 청소 일을 했던 아버지의 작은 몸 내음을 우리는 가까이서 맡았지.

머리까지 다 감으면 아점이야, 부엌선 치지지지직 소리가 났어. 번철 위 콩식용유가 한껏 뜨거울 때, 채 썬 호박과 청양고추를 넣은 밀가루 반죽이 떨어지면 그 소리가 나. 맛난 향이 퍼졌어. 접시에 넘치도록 담겼던 그 따뜻함이 목구멍을 넘어가곤 했어. 매일매일 기어이 우리는 배를 채웠고, 자랐지.

집에서, 아버지는 못을 쳤어. 부엌 위에 다락을 만들고, 벽을 털어 평수를 넓혔어. 지하도 작은 복권 가게에서 '정년'을 맞았던 엄마는 바닥 낮은 부엌과 야외 수돗가와 옥상과 작은 방들을 부지런히 옮겨 다녔어. 평생 두 분에겐 없던 게 있었어. 아버지에겐 결근이, 어머니에겐 밥을 차리지 않은 저녁이…. 한 번도 말이지. 그 뒷모습이 아마 형제들을 평생 먹고 살게 해 준 힘이었을 거야.

집 밖 세상은 만만치 않았어. 대학은 냉정하게 날 내치더라고. 그녀들이 날 몇 번이나 비껴간 것처럼. 세상의 시간표대로 군대도 갔어. 군화는 정강이도 까고, 눈썹 위에도 생채기를 냈어. 병영은 언제나 추웠어. 오스카 와일드가 썼던, 저주받은 거인의 정원 같았어. 혹한기 훈련에서 숙영 텐트에 누우면, 곧 얼음 인간이 따라 들어와 내 안 0미터 지점에 눕곤 했어. 위병소만 나서면 어디든, 언제든 봄날 같았던 건, 요상한 일이야. 거길 견뎌낸 건, 내가 개조된 때문이겠지. 거긴 인간을 군인으로 변형시키는 곳이니까. 나쁜 일만은 아니었어. 세상에서 거절되고, 해지될 때마다 나는 곧바로 섰지. "네, 이병 원동엽!" 이름은 변해도, 아픔만은 익숙해지지 않았지만 말이야.

사제 인간이 됐을 때, 때때로 떼로 죽음의 소식이 들려왔어. 대구에서 한강에서 강남 한복판에서 바다에서 하늘에서 산에서. 낮이고 밤이고 새벽이고 가리질 않고. 운이 겨우 날 비켜 갔을 뿐, 어쩌면 내가 그들일 수도 있었어.

덜덜 이빨이 떨리는 그 세상에 내 아이들이 태어났어. 아버지 세대보다 세상은 더 편리하고 풍요로워졌지. 근데 아이들은 덜 태어났어. 인생이 달콤한 초콜릿 상자만은 아니란 걸, 더 많은 사람이 깨달았나 봐. 그런 세상 중에서 난 살림과 육아를 맡게 됐어. 예상했던 일은 아니었지만, 세상엔 예측했던 일들만 일어나진 않으니까.

아이들이 내 발등을 밟고 올라오려 기를 쓰고 있었어. 한 놈은 등에 업고, 한 놈은 안았지. 보드랍고 따뜻하고, 약한 조무래기들. 백지 같구나. 내가 이렇게도 저렇게도 조형할 수 있는 물레 위의 진흙 같구나. 책임감이 뻑뻑 증기를 뱉어내대? 제대로 아빠가 돼야지! 그때 난 들었어. "사랑한다!" 들은 적 없던 아버지 마음의 소리를.

아이들을 앞세워 걸을 때, 세상은 열렸어. 집 어디고, 사람 누구고, 아이들에게 눈 맞추어 주었지. 아이 발걸음에 맞추어 걸었어. 아이 시선 닿는 곳에 눈길을 줬지. 개미들 행렬을 끝까지 지켜보았어. 새소리를 찾아서 나뭇가지들에 눈이 멈췄어. 그림책을 읽고, 노래를 불렀지. 내 유년엔 없던 일. 아이들은 해와 물을 마시는 식물처럼 세상을 흡

수했어. 거긴 거침과 욕망과 냉소도 섞여 있었어. 아이들은 내 뜻대로만 자랄 수는 없었어. 세상이 그런 곳이란 걸, 아이가 아니었다면 몰랐을 거야.

아이들을 키운다는 건, 집과 마을과 자연을 알아가는 일이기도 했어. 음식 만들고, 청소하고 수리하고, 계절마다 옷과 이불을 바꾸는 일. 그건 뫼비우스의 띠같이 반복되지만, 자연도 그렇던걸? 아이의 친구 엄마 아빠와 친구가 되는 것. 집이나 학교나 교회나 회사 아닌 세계, 마을과 이웃도 있었어. 커가는 아이에게 필요한 세상이었어. 살림을 앓았다면 포착될 수 없었던 세계일 거야.

성인 남자가 '아줌마'들의 영역에 갔을 때, 그건 경계의 세계, 틈새의 시간. 천둥과 번개가 만들어지는 충돌의 세계. 거기서 난 깨었고, 그 빛으로 잠깐 보았지. 아가의 성장은 지구 탄생, 종의 변화를 압축해 보여주는구나. 내가 살아냈었지만 몰랐던 세계를 드디어 보았어. 멋진 풍경, 멋진 시간이었어. 생이 생에 주는 생의 선물. 아, 이것이면 충분하던걸!

기자, 작가, 감독, 기획자. 돌멩이국 대표. 성수동에서 스튜디오 '3개의 풍경' 운영 중

아버지의 우산

유숙영

어느 날 아버지께서 아이들과 같이 쓰라며 우산 한 자루를 내밀었다. 마침 비가 내리고 있어 긴 우산을 분실했던 참에 선뜻 받아 들었다. 그러나 우산 상태가 썩 좋지 않았다. 천은 기워졌고 우산살은 잘 다물어지지 않았다. 고장 난 우산은 고쳐 봐야 오래 쓰지 못하고 금방 또 망가진다. 요즘같이 흔한 세상에 우산을 수선해서 쓰다니…. 아버지는 늘 강동구청 소식지를 꼼꼼히 살펴보고 우산 수선 날짜와 장소를 찾아 나섰다.

친정엄마는 소쿠리 가득 최상품 당근, 사과, 귤, 양파, 생강을 넣어 아빠의 음료를 만들고 있었다. 나를 보자 압축기를 살살 흔들어가며, "사람도 기계도 살살 다뤄가며 써야 하니 이러니저러니 해도 느이 아버지가 자식보다 낫다"라고 하셨다. 10년 동안 암 수술을 두 번 한 아버지는 어머니의 보살핌으로 다행히 건재하시다. 그러나 언제 또 아버지가 나에게 주신 우산처럼 고장 나 쓰러질지 몰라 늘 마음이 놓이지 않는다.

아버지는 우리에게 최소한의 규칙만 제시했고 스스로 방법을 찾도록 기다려 주고, 어디든 아이들과 함께 다녔다. 집안에 어떤 문제가 생길 때마다 일일이 우리에게 의견을 물어봤다. 결정은 아버지 마음대로 할 거면서 의견은 왜 물어보는 것인지 이해되지 않았다. 엄마는 어느 날부터 아버지가 본인 말은 전혀 듣지 않는다며 내 말은 곧잘 들으니, 아버지를 설득해달라 부탁했다. 나는 양쪽 이야기를 듣고 조율하기 위해 합당하다고 생각되는 쪽의 입장에 좀 힘을 실어 주었다. 그럴 때마다 어머니와 아버지 목소리는 점점 커졌다. 나는 두 분 사이를 오가며 마치 오작교 역할을 하듯 모범 시민처럼 중재자가 되었다.

아버지는 우리에게 스무 살이 되면 각자 알아서 경제적으로 독립하라 했다. 고등학교 이후 학비 지원은 하지 않겠다고 선언하더니 환갑이 되면 본인 인생을 살겠다고 했다. 어머니 어깨는 더 무거워졌다. 우리는 육 남매이니 셋씩 두 그룹으로 나누어 집안일을 분담했다. 1그룹은 아버지가 경운기 사고로 척추를 다치고 갈비뼈가 부러지고 두 손가락이 절단되었을 때 엄마를 도와 몇 년간 농사를 지었고, 서울로 이사한 후 집안 살림도 분업해서 도왔다. 나는 성인이 된 후 2그룹인 동생들에게 용돈을 주며 집안일을 시켰다. 다섯째인 남동생은 밥 당번이었다. 남동생이 밥을 할 때까지 모두 밥을 굶었기 때문에 동생은 압박감을 못 이기고 라면이라도 끓였다. 넷째 여동생은 내가 돈으로 본인을 부려 먹는다며 소리 질렀다. 여동생은 어릴 적 상처로 인해 부모의 의무와 자신의 권리를 주장하며 차별에 맞섰고, 우리 집은 오랜 냉전으로 몸살을 앓았다.

경제적인 독립을 위해 스무 살부터 나는 돈을 벌어야 했다. 생각지 못한 변수에 계획보다 늦은 대학 입학으로 전공인 컴퓨터공학은 어렵고 지루했다. 반면 교양과목은 재미가 있었기에 4년을 견딜 수 있었다. 현재는 늦깎이 양육이 내 전공과목이지만 여전히 어렵고 지루하다. 조급한 마음에 엔진이 과열돼 번아웃도 경험했다. 완급을 조절하기 위해 교양과목의 수를 늘려가고 있다. 사회화 과정에 필요한 도덕을 아이들에게 일일이 설명해 주고 이해시키기란 쉽지 않다. 예를 들어 손가락이 아픈 엄마인 나를 위해 큰딸, 작은딸, 막내아들이 차례로 설거지를 약속했다. 하지만 작은딸이 차례를 지키지 않고 귀찮다며 자신은 건너뛰라고 했다. 큰딸과 막내아들은 규칙이 지켜지지 않는다며 덩달아 반기를 들었다. 나는 부모의 의무를 다하기 위해 아픈 손가락으로 설거지하고 밥을 했다. 덕분에 쉼이 필요한 손가락은 아직도 낫지 않고 있다.

큰딸은 규칙이 계속 바뀐다고 불평불만을 하면서 본인들이 실험체냐 따진다. 둘째 딸은 내가 매번 큰딸과 막내아들에게 속는다고 말한다. 어떻게 매번 속을 수가 있냐고 분통을 터뜨린다. 아이들이 보내는 언어적, 비언어적 신호를 해석하기 위해 집중하려고 노력하지만, 쉽지 않다. 좋은 부모가 되는 방법을 배워가는 중이라고 말한다. 현재 다양한 가족의 모습을 관찰하고 적용해 보고 시행착오를 거쳐 우리에게 맞는 가족 문화를 찾아가는 중이다.

어느 날 오후에 병원 진료를 마치고 아이들을 데리고 서점에 갔었다. 비가 온 탓인지 지하 서점 안 카페는 만원이었다. 밖으로 나 있는 1층 단골 카페로 올라갔는데 평소 한가한 카페 안이 그날따라 어르신들로 가득했다. 삼삼오오 모여 앉은 사이를 비집고 자리를 잡고 앉는데 옆자리 빨간 모자를 쓴 노인이 대뜸 나에게 애국자냐 물었다. "애국자요? 요즘 시기에 아이가 셋이나 있으니, 애국자가 맞네요." 대꾸하는 나를 보며 자신은 이제 팔순이라 말했다. 우리 아버지와 비슷한 할아버지다. 그러곤 조언을 하나 하겠다며 아이들을 위해 이를 악물고 버티라는 것이다.

아버지가 우리에게 그러셨듯이, "그래 한번 해봐라"라는 말과 어머니의 "그랬구나"라는 말이 나의 닫힌 눈을 뜨게 하고 귀를 열어 주었다. 덕분에 나는 정신을 가다듬고 부모님에게서 받은 온전한 사랑과 믿음을 우리 아이들에게 되돌려 주려 노력한다.

아버지가 준 우산을 들고 다니다 결국 우산살에 손가락이 찔렸다. 그런데 막내를 등원시키고 돌아오는 길에 우연히 아버지를 만났다. 아버지는 "숙영아, 요즘 플라스틱 살로 된 우산이 나왔는데 좋다고 하더라. 너도 한번 사서 써 봐"라고 하셨다. 순간 오랫동안 웅크렸던 아버지의 오래된 고집이 꺾인 우산살처럼 힘없이 접혔다. 팔십 평생 낡은 우산살을 고쳐 쓰며 살아온 아버지의 뒷모습이 쓸쓸하게 모퉁이를 걸어갔다.

눈물을 글썽이다 하늘을 보니 철새 무리가 도심 하늘을 날고 있었다. 철새 무리는 V자 모양 편대 비행으로 우두머리가 지휘하는 대로 지그재그로 원을 그리다 몇 바퀴 돌더니 이내 사라졌다. 철새 무리의 대장 같던 아버지가 항암 치료를 하면서 몸도 마음도 지치고 쇠약하시다. 손주들 핑계로 육 남매를 불러 밥을 사 주며 자식들 근황을 살펴보신다. 나에게 당신 형제들 근황도 자주 살펴달라며 유언처럼 말씀하신다.

이제 아버지의 낡은 우산은 더 이상 펼쳐지지 않는다. 나는 오래전부터 그래온 아버지니까 당연한 거로만 생각했었다. 새 우산을 쓰고 활짝 웃는 아버지의 모습을 상상하니 마음이 아프다. 진작에 튼실한 새

우산 하나 선물해 드리지 못한 자신이 너무도 부끄럽다. 아버지의 남은 시간이 조마조마하다.

시산꽃 동아리 회원, 한국디지털문인협회 회원

추억의 찐빵

유영석

　2년 전 어느 겨울, 안양에 지인을 만나러 갔다. 영하 10도의 매서운 추위가 살을 에는 듯한 날이었다. 길을 걷던 중 모퉁이에 있는 찐빵 가게가 눈에 들어왔다. 문득 어린 시절 부모님의 따뜻한 미소가 떠오르며 발걸음이 멈췄다. 찐빵은 사랑과 추억이 담긴 특별한 선물이다.
　솥 찜기 안에서 진하게 피어오르는 찐빵 향기가 코끝을 감쌌다. 김이 손님들 머리 위로 흩뿌려지며 정감 어린 냄새를 풍겼다. 뜨거운 수증기가 흐르는 찜통 안 받침대 위에 얹어진 찐빵은 탐스러웠다. 솥뚜껑을 열고 웃으며 찐빵을 담아 주는 이의 손길은 사랑의 선물이고 받는 이의 손길은 감사의 마음이지 않았을까.
　찐빵은 우리나라의 전통적인 겨울철 대표 간식이다. 작은 찐빵 한 조각에는 다양한 재료와 정성이 담긴다. 찐빵을 잘 만들기 위해서는 반죽의 숙성 시간, 둥근 모양 잡기, 팥소의 질과 양, 찌는 시간과 온도 등 조리 기술과 손재주가 필요하다. 찐빵은 단순히 간식을 넘어 아이디어와 독창성이 빛나는 작품이다. 그 맛과 모양은 우리에게 추억과 감성을 자극한다.
　아버지의 고향인 함경도 북청은 물장수들이 많았다. 아버지는 1·4

후퇴 때 정든 고향을 떠나 남한으로 내려오셨다. 신학교를 나와 목회 활동을 하시다가 간호사인 어머니와 1955년에 인연을 맺었다. 성격이 올곧은 아버지는 어떤 연유였는지 교회를 떠나 가난한 삶을 선택했다. 어린 시절 아버지는 홍제동 문화촌 161번 버스 종점 근처 허름한 판잣집 앞 리어카에서 찐빵을 팔았다. 리어카 안에는 찐빵과 차를 만드는 기구들이 놓여 있었고, 그 천장 지붕 아래에는 '찐빵, 계란빵, 온차'라는 이름표를 단 천들이 바람에 나부끼며 버스에서 내리는 행인들을 유혹했다.

새벽 5시면 어김없이 불을 켜고 일하시는 부모님은 천생연분이었다. 반죽의 상태는 찐빵의 맛을 좌우한다. 반죽하시는 아버지의 능수능란한 손재주는 마법과도 같았다. 손은 순백색으로 물들었고, 옷은 하얀 눈을 맞은 듯 얼룩졌다. 팥소를 만들 때는 팥을 계속 저어야 한다. 한눈이라도 팔면 금세 눌어붙기 때문이다. 어머니는 팥, 설탕, 소금을 섞어 팥소를 만들어 반죽에 넣으셨다. 강직하고 신념이 강한 아버지로 인해 삶은 늘 팍팍했지만, 어머니는 모든 것을 안으로 품으셨다.

부모님은 손님들을 밝은 미소로 맞이했고 진심 어린 눈빛으로 마음을 나누었다. 단순히 찐빵을 파는 것이 아니라 희망의 씨앗을 뿌리고자 했다. 찐빵 리어카에서 퍼지는 그 온기는 작은 마을을 가득 채우며 사람들의 호기심을 자극했다. 찐빵 리어카는 서민들의 고된 일상을 녹여 주는 위로와 사랑이 숨어 있었다. 이웃과 서로 소통하며 공감하는 힐링의 공간이지 않았을까.

부모님이 손수 만드신 찐빵은 혼이 담긴 예술품이었고 가족에게는 한 줄기 희망이었다. 나는 커서 비로소 알았다. 오랫동안 빵 만들기 작업을 하면 어깨와 손목에 견디기 힘든 통증이 온다는 것을…. 그렇지만 아버지는 한 번도 힘들다는 표정을 하지 않으셨다. 아버지의 손과 팔은 유달리 두꺼웠다. 어린 시절 나는 함경도 출신은 다 그런 줄 알았다. 찐빵 만들기, 냉차 장사, 경비 등 힘들고 어려운 일을 하면서 그렇게 두꺼운 손과 팔을 가지셨다는 사실을 어른이 되어서야 깨달았다. 왜 자식들은 늘 부모님의 사랑을 늦게 깨닫고 후회하는 걸까. 송강 정철의 시조 '훈민가訓民歌'의 "부모님 살아생전에 섬겨 모시는 일을 다 하여라"라는 구절은 마치 나를 위해 쓴 듯하다.

아버지는 빵을 팔고 밤늦게 집으로 돌아오는 리어카에 어린 남동생을 태웠다. 여동생은 어머니의 품에 안겨 잠시 가난을 잊었다. 항상 밝게 웃으며 리어카를 몰던 아버지의 음성이 여전히 귓가에서 울려 퍼진다. "영석아, 아빠 손 꼭 잡아!" 철부지 남동생의 재롱은 우리 가족의 하루치 피로를 말끔히 씻어 주었다. 달과 별은 부자와 가난을 가리지 않았다. 달동네 집으로 향할 때 초롱초롱 빛나는 별은 친구가 되어 주었고, 휘영청 밝은 달은 어둠을 밝히며 희망의 빛을 비추어 주었다. 가난은 우리 가족에게 화목의 통로였다.

우연의 일치일까? 초등학교 때 친구들이 내게 붙여준 별명은 '찐빵'이었다. 얼굴이 찐빵처럼 동글동글했기 때문이다. 그 별명은 단순한 외모를 넘어 친구들과 순수한 우정의 상징이자 나의 자부심이었다. 친구들이 별명을 부르며 놀려대도 끄떡없이 잘 어울려 지냈다. 부모님으로부터 웃음 DNA를 물려받으면서 어린 시절의 행복한 기억들이 찐빵의 형상으로 지금껏 나를 감싸 주었다. 찌그러진 달보다 휘영청 밝은 보름달이 좋지 않은가. 찐빵은 나누어 먹는 따뜻함이 배어 있고 삶의 지혜를 담고 있다.

환경은 불우했지만, 아버지는 감성이 풍성하고 늘 긍정적이셨다. 주말에는 미소를 머금은 채 실로폰이나 피리를 연주하셨다. 지금 생각해도 판잣집 풍경치고는 너무 이채로웠다. 아버지는 아일랜드 민요인 '아! 목동아Danny Boy'를 즐겨 부르셨다. 북한에 남아 있는 가족을 그리워하며 남한 가족의 삶의 애환을 달래셨던 것 같다. 이 노래는 19세기 중엽부터 아일랜드 북부의 런던데리Londonderry주에서 불린 민요로서 '전쟁에 참여하기 위해 집을 떠나는 아들에 대한 연로한 어머니의 사랑과 그리움, 아픔'을 표현한다.

"아 목동들의 피리 소리는 산골짝마다 울려 나오고, 여름은 가고 꽃은 떨어지니 너도 가고 또 나도 가야지…."

이 애절한 노랫말에 부모님의 모습이 떠오른다. 지금도 아버지의 연주와 노래를 마음으로 들으면 그리움이 더욱 깊어진다.

아버지는 든든한 기둥이었고 어머니는 견디고 피는 꽃과 같았다. 평생 성실을 외치며 게으름을 멀리하셨고 자식들에게 긍정의 힘을 불어 넣어 주셨으니. 폐포파립弊枹破笠, 초라한 차림새의 환경 속에서 부모님의 따뜻한 미소와 찐빵 향기, 그 추억은 세상 어떤 것과도 바꿀 수 없는 보물이요 내 인생 최고의 선물이다.

이 세상 모든 부모님의 미소는 모나리자 보다 더 아름답다. 그 안에 담긴 사랑이 어찌 모나리자에 비하랴. 엊그제 동장군이 조용히 자취를 감추었다. 아지랑이 피어오르는 봄날, 부모님의 환한 미소가 햇살을 타고 천상에서 내려오는 듯하다.

한국디지털문인협회 회원, 피앤피경영연구원 원장, 한신대학교 특임교수, 공학 박사,
저서: 《바다를 꿈꾸는 개구리》

내 인생 최고의 선물 10가지

유용린

　내 인생 최고의 선물은 무엇인지에 대해 잠시 생각해 본다. 어쩌면 지금까지의 내 인생 여정에서 찾아야 할 듯싶지만, 한편으로는 전혀 예상하지 못한 뜻밖의 선물이 아직 남아 있을 거라 기대하고 있는지도 모른다. 그런 마음으로 내 인생 최고의 선물을 생각나는 대로 몇 가지 적어본다.

첫 번째 선물: 운명적인 만남
　인생의 본질은 우리가 살면서 만들어가는 수많은 연결과 유대감, 그리고 인생의 맛을 함께 나누는 여정 속에서 공유하는 경험에 있다. 우리에게 부여하는 수많은 선물 중에서 운명적인 만남은 도전으로 가득 차 있는 인생의 여정에서 예상치 못하게 겪을 수 있는 어려움을 나 혼자가 아니라 함께 헤쳐 나갈 수 있게 해 준다. 그렇게 엮어진 지지적인 관계는 또 다른 역경에 정면으로 맞설 수 있게 해 주는 회복력을 제공하기도 한다. 이처럼 진정한 관계의 힘은 함께 어려움을 극복할 때 드러나듯이 내 인생 최고의 첫 번째 선물은 유형의 사물이나 찰나의 순간이 아니라 지속적인 연결을 유지하면서 존재의 다양한 맛을 맛볼 수

있게 해 주는 운명적인 만남이다.

두 번째 선물: 아내

　내 인생의 두 번째 선물은 당연히 아내이다. 인생이라는 거대한 태피스트리Tapestry 속에서 소유를 넘어 시간과 공간의 경계를 초월하여 연결된 내가 받은 최고의 선물이다. 이 놀라운 선물의 진정한 본질은 두 영혼의 공유된 경험과 과거, 현재, 미래로 이어지며 내 인생의 가장 소중하고 귀중한 가치를 만든다는 데 있다. 나의 날줄과 아내의 씨줄이 절묘하게 엮여 인생의 풍성함과 사랑의 깊이를 더하는 패턴을 만들어 낸다. 기쁨의 순간이든 역경의 순간이든, 아내와 함께 내 인생의 여행을 한다는 것은 단순한 부부로서의 관계를 넘어 교감과 행복을 가져다 준다. 이런 아내와의 만남은 내 인생 두 번째 선물로 진정한 관계 속에서 서로를 위해 존재하는 아주 기본적인 마음부터 시작된다.

세 번째 선물: 딸과 아들

　첫째 딸애가 어느새 34살이라는 나이가 되어 8월에 결혼한다. 딸을 시집보내는 아빠의 마음이 조금씩 느껴지고는 있으나 아직 실감 나지 않는다. 둘째와 셋째 모두 학교 졸업 후 제 밥벌이는 하고 있어 다소 부담은 줄었고, 다행히 용돈을 달라고 손 벌리지 않는 아빠의 모습으로 남아 있어 다행이다. 몰래 준비한 나의 환갑 생일날 이벤트는 지금 다시 생각해도 짠할 정도로 고맙다. 둘이 시작해 정신없는 세월이 흘러 다시 둘만 남게 되겠지만, 우리의 분신이 제 할 일을 해내는 존재로서 인정받으며 제대로 인생의 맛과 멋을 느끼며 살기를 기대한다. 아빠 엄마 닮아서 이따금 똑 부러진 말을 해서 약간은 걱정되기도 하지만 그래도 좋다. 우리의 분신인 딸 하나와 아들 둘을 세 번째 내 인생 최고의 선물로 정해 본다.

네 번째 선물: 업

32년간의 회사 생활을 마치고 인생의 이모작을 시작한 지 어느새 3년 차가 되었다. 연료 분사 장치의 일인자로서 지켜온 엔지니어와 Lean Consultant, 그리고 전략기획으로 이어지는 과정에서 나의 모자와 옷이 하나하나 늘어갔다. 선택한 업이 천직이 되도록 수많은 시행착오를 거쳤지만 돌이켜보면 한 장, 한 장 겹쳐 쌓은 이력의 증거이다. 넓은 업무의 스펙트럼 때문인지는 몰라도 지금은 좌우를 넘나들 만큼 내공의 소유자가 되었다. 먹고 살기 위한 업이 아니라 좋아하고 인생을 걸고 즐길 수 있을 만큼의 업, 그를 넘어 세상에 기여하는 업을 가지라고 강의한다. 선택을 후회 없게 만들고 오히려 즐기는 업을 네 번째 내 인생 최고의 선물로 정해 본다.

다섯 번째 선물: 경험

내 인생 최고의 선물은 나름대로의 경험을 통해 얻은 여러 가지가 있을 수 있다. 그때마다 쌓인 경험이 내 인생의 큰 그림을 그리게 해 주고 나와 함께하는 사람들에게 퍼즐 조각을 나눠주면 인생의 살맛이 더해진다. 성공의 설렘부터 깊은 실패의 슬픔까지 의미 있는 관계를 통해 우리는 모든 경험의 스펙트럼을 맛볼 수 있다. 그 관계 속에서 공유된 웃음, 눈물, 취약한 순간은 피상적인 것을 초월하여 우리 인생의 영원한 문제의 핵심을 파고드는 질문으로 남는다. 그래서 내 인생의 다양한 경험을 다섯 번째 내 인생 최고의 선물이라 말하고자 한다.

여섯 번째 선물: 코칭

2015년부터 퇴직 준비를 하다가 최종 선택한 길이 코칭이었다. 얼떨결에 따라가 배운 기초과정을 시작으로 인증자격을 취득한 후 지금은 코치더코치와 멘토코칭뿐만아니라 FT자격, 심사위원, 슈퍼바이저

와 자격 어쎄서로서의 역할까지 하고 있다. 코칭 입문서까지 저술할 만큼 성장한 가을의 남자로거의 모든 코치 자격을 가을에 취득해서 내 스스로 붙인 애칭 활동하는 내 모습을 보면 절로 웃음이 나온다. 국제코치자격과정 양성을 위한 인증 준비를 하면서 또한 코칭 번역서를 준비하면서 조금씩 성장해 가는 내 모습 또한 기대된다. 나름 지킬 건 지키며 코치로서의 삶을 살아가는 수퍼바이저 코치인 나를 내 인생의 여섯 번째 선물로 정해 본다.

일곱 번째 선물: 작가

독서 MBA에 참석하면서 조심스레 키우고 두들링 아트Doodling Art 속에 그려 놓은 나만의 목표를 5년 만에 이루는 날, 그 벅차오르는 감정을 숨길 수 없었다. "이제 나도 작가다"라는 말로 마무리한 책장을 닫으며 작가라는 타이틀도 얻었다. 직접 출판을 하겠다는 또 하나의 목표는 작년에 그 첫 번째 책인 《코치되어 코칭하기》를 출판하면서 말로는 다 표현하기 어려운 기쁨과 성취감을 가졌다. 몇 군데 오타가 발견되긴 했지만, 세네카에 찍힌 지공재기지식을 공유하고 재능을 기부하는 사람들의 모임의 로고를 보면 너무나 자랑스럽다. 인터넷 검색창에 입력하면 제법 기사와 이미지가 보일 만큼 성장한 작가로서의 나를 내 인생 최고의 일곱 번째 선물로 정해 본다.

여덟 번째 선물: 배움과 나눔

상생과 배움으로 이어가는 인생의 여정은 나 자신의 발견과 개인적 성장의 여정이기도 하다. 아이디어, 관점, 경험의 교환을 통해 지속적인 학습 과정을 거치고 함께 도전하는 도반들과 서로의 성장에 기여한다. 책장에 빼곡히 꽂힌 자격증을 보며 그동안 쉴 새 없이 달려온 배움의 열정을 칭찬해 본다. 자동차공학전문대학원에서의 강의는 어느덧

13년차가 되었고 한 학기에 세 과목을 강의하고 있다. 가끔씩 전국 방방곡곡을 돌며 다양한 계층을 대상으로 한 특강과 짧은 여행을 즐기는 재미까지 느끼는 여유를 부리기도 한다. 오며 가며 즐기는 드라이브의 맛 또한 빼놓을 수 없는 선물이다. 어느새 계기판의 마일리지가 355,000km 넘어간 나의 네 번째 차인 그랜드카니발 하이리무진에게도 감사한다. 오늘도 일정표를 채우고 있는 배움과 나눔을 여덟 번째 내 인생 최고의 선물이라 말하고자 한다.

아홉 번째 선물: 대표

2022년부터 개인사업체와 법인사업체의 대표를 맡고 있다. 기대만큼의 수입은 없지만, 나름의 경영을 하는 내 모습에 스스로 어깨를 두드린다. 일인 다역의 무게감도 있지만, 그 모두가 성장의 밑거름이 될 거라는 믿음으로 남아 있는 에너지를 쏟는다. 대표의 명함은 또 따른 의미를 지닌다. 함께하는 멤버들을 케어하는 마음도 있어야 하기 때문이다. 작더라도 함께하려는 마음과 적더라도 챙겨 주려는 마음 말이다. 그 기준에 100% 맞춤은 아니겠지만 진정성 있는 모습을 보여주려 노력하고 있다. 이젠 비상만이 남아 있다. 하나둘씩 쌓여가는 명함만큼이나 기대감이 커지는 대표로서 성장하는 나를 아홉 번째 내 인생 최고의 선물로 정해 본다.

열 번째 내 인생 최고의 선물: 나

다시 한번 내 인생 최고의 선물은 무엇일까 생각해 보니 내 인생에 빛과 희망을 주는 것, 내가 가장 감사하고 소중히 여기는 것, 그리고 정말 가치 있고 보람 있게 여겨 지금도 내 마음속에 간직하고 있는 것이 아닐까 하는 생각이 든다. 내가 사랑하는 가족과 친구, 건강한 몸과 마음, 즐거운 취미와 일, 그리고 무엇보다도 이 세상에 나만의 특별한 소명을 받아 태어난 나 자신이 내 인생 최고의 선물이라고 말하고 싶다.

여러분의 인생 최고의 선물은 무엇이라고 생각하시나요? 이런 질문들을 스스로 던져보면 여러분만의 인생 최고의 선물을 찾을 수 있을 것입니다. 잊지 말아야 할 것은 그 귀한 인생 최고의 선물을 잃어버리지 않도록 꼭꼭 싸서 잘 두어야 한다는 것입니다. 다만 너무 잘 숨겨 놓으면 찾기 어려우니 주의하시고요.

한국기업코칭협회 대표이사, 국민대학교 산학협력단 전임연구교수, 국제코칭연맹 코리아 챕터 기획위원장

일상의 선물, 선물의 일상

윤재철

일상을 돌이켜보면 '삶은 선물이다'라는 생각이 든다. 소소한 일상적 삶의 선물을 세기 어려울 정도로 많이 받은 것 같다. 과연 무엇이 나에게 최고의 선물인가는 중요하지 않을 수 있다. 선물 하나하나가 소중하고 가치 있기 때문이다.

우선 여기저기 다닌 여행이 가장 먼저 떠오르는 선물이다. 생각해 보니 여행하는 경험이 나에게는 천국이다. 혼자는 가기 어려운 곳을 여행사가 안내해 주고, 식사와 잠자리를 제공해 준다. 비행기는 10km 고도에서 시속 800km 속도로 새처럼 가볍게 날아간다. 공동 목적을 가진 사람들과 가고 싶은 나라에 여행 다녀오는 것이 나에게는 좋은 선물이 아닐까.

지방과 나라마다의 차이를 느끼고, 견문을 넓히려 많이 보고 느끼는 여행을 더 많이 다니려고 노력한다. 바닷가 석양 노을을 더 자주 구경하고, 대자연의 아름다움을 느끼고 새로운 것을 볼 기회를 가능한 한 많이 갖기 위해 기회가 될 때마다 멀리 떠나는 것은 나에게 스스로 주는 선물이다.

고맙게도 종교를 가지고 있어서 어렵고 힘든 일도 가급적 긍정적으로 해석하고 참고 견디는 습성을 길렀던 것도 선물이다. 또한 살면서 힘들 때면 도움을 주는 사람들이 있었던 것은 값진 선물이었다. 퇴직 후 가족 부양의 경제적 책임과 목표지향적인 삶을 벗어나 의무적인 일은 줄었고, 하고 싶은 일을 하면서 즐기며 사는 것도 중요한 선물이다.

젊은 나이에는 소유의 삶을 추구했지만, 나이가 들면서 점차 정신적 행복을 찾고 있다. 남는 시간이 많아서 책도 읽고, 명상도 하고, 클래식 음악도 자주 접한다. 가끔은 남에게 줄 것은 없는지 살펴본다. 가급적 물질을 버리고 줄여야 정신적 자유가 더 많이 올 것 같아서다. 시간을 내서 내면을 보다 깊이 들여다보며 인생의 마무리를 생각하고, 삶의 가치를 생각하면서 좋아하거나 하고 싶은 분야에 관심을 두며 산다. 시간이 나면 도서관이나 책과 친하게 지내고, AI와 챗GPT, 스마트폰을 배우는 데도 힘쓴다.

생각해 보니 받았던 선물 중 어느 날 갑자기 해방된 고질병도 있다. 목 디스크로 16년을 고생하다 스트레칭을 한 달 했더니 씻은듯이 나았다. 오래전 유학생 신분일 때 무료인 영국 의료 제도를 이용해 20여 년간 시도 때도 없이 흘리던 코피를 간단한 시술로 깨끗이 나았다.

어느 날 아침, 내가 받은 선물을 떠올려 보았다. 잠을 잘 자고 일어난 것, 어제 친구들과 즐겁게 운동을 한 것, 검소한 가운데 경제적 어려움 없이 생활하는 것, 가족들과 함께 사는 것, 그런대로 건강한 것, 읽을 책이 있다는 것, 오늘도 할 일이 있다는 것이 모두 고마운 선물이라 생각되었다. 내 인생 최고의 선물은 의식주가 해결되고 친구와 대화를 나누거나 여행을 함께하는 이런 소소한 것들이지 않을까.

개인적으로는 반려견이 주는 선물도 소중하다. 사랑을 주고, 때로는 외로움과 스트레스로부터 해방시켜 준다. 우리 가족의 일상에 활기와 즐거움을 불어넣어 주고, 꼬리를 흔들며 다가와 웃음과 행복감을 준다. 내가 밥 먹고 있을 때 허벅지에 턱을 대고 있거나, 발로 발등을 지그시 누르거나, 다리 사이에 들어와 있거나, 눈을 마주쳐서 먹을 것을 바라는 간절한 눈빛을 보낼 때 먹던 것도 나누어 먹는다.

긍정적으로 생각하면 내 인생의 선물은 많다. 누군가는 보고 듣고 말하고 생각하고 걷는 것에 어려움을 겪는 사람이 있다는 것을 생각하면 평범한 내 인생도 늘 감사할 따름이다.

그런데 역설적이게도 내가 받은 선물 중에서 가장 소중한 것은 눈에 보이지 않는 그 무엇일 것이다. 사랑 같은 것처럼 내가 느끼지 못하고 지나치는 많은 선물이 내 주변에 있다는 생각이 든다. 예를 들어 내가 어렸을 때 선진국의 가톨릭 신부들과 미국 평화봉사단이 와서 사랑을 나누어 주었다. 이태석 신부1962~2010처럼 아프리카 수단의 선교 사제로 파견되어 어려운 사람들을 돕는 경우도 그러하다.

따라 할 수 있는 좋은 스승도 최고의 선물이다. 퇴직 후 어느 날 나이가 들수록 모임에 적극적으로 참여하라고 충고해 준 나의 멘토에게 늘 고맙게 생각한다. 그 충고에 따라 적극적으로 여러 모임에 참여하고 있다. 사람들은 남과 연대를 맺으면서 산다. 사랑하는 사람도 필요하고, 때때로 함께 놀아줄 사람도 있어야 한다. 같은 가치관이나 목표를 가진 사람들과 함께한다는 것이 나를 풍요롭게 하고 행복을 느끼게 한다. 글공부를 늦게 시작했다. 글쓰기가 노년기 취미 활동이 될 것이라는 예감이 조금씩 든다.

책 읽기 습관은 소중한 선물임에 틀림이 없다. 다른 사람의 생각과 경험을 읽고, 느끼고, 생각해 보는 시간이다. 책은 여행뿐만 아니라 사회 전반에 대하여 여러 시각으로 설명하고 해석해 줌으로써, 얽히고설

킨 복잡한 세계에 대한 간접경험과 지식을 준다. 퇴직이라는 불안 때문에 가까이했던 책이 나의 갈 길을 인도해 주고 있다.

여러 책의 내용이 서로 연결도 되고, 때로는 반복됨을 느낀다. 예를 들면 법정 스님의 책을 읽다 보면, 톨스토이의 책에서 보았던 느낌이 있다. 사랑이라든가, 간결한 삶, 청빈 같은 내용이다. 우리에게 도움이 되는 것은 이 책 저 책에서 반복적으로 기술되어 있는 보석 같은 지혜들이다.

죽음이 가까울수록 아낌없이 주는 낙엽처럼 살고 싶다. 내가 받은 사랑과 자비, 지혜와 은총을 깊이 깨닫고 가능한 것은 되돌려 주고 감사히 떠날 수 있기를 스스로 다짐해 본다. 낙엽은 물을 흡수해 서서히 방출함으로써, 다른 식물이 필요한 물을 공급한다. 낙엽 아래에는 수많은 벌레가 서식하고, 마침내는 거름이 되어 자연의 순환에 순응한다. 인간들이 더 잘살아 보려고 발버둥칠 때, 낙엽은 다른 존재들을 위해 나름의 역할을 한다. 흙으로 돌아가는 시간까지 작은 생명체들의 보금자리 역할을 한다.

삶은 죽음과 함께 사라지고 말지만, 오늘을 즐기면서 살아야겠다. 삶이 주는 매 순간의 선물을 누려야겠다. 긍정적으로 바라보면 모든 것이 선물이다. 보이지 않아서 모르고 지나갈 뿐 선물은 항상 있다. 감사할 일이 많다.

성균관대 연구교수, 광주전남연구원 초빙연구위원, 행정학 박사

지나간 일들을 잊으라니요

윤정걸

까까머리 어린아이가 동산을 타고 내린 나지막한 들녘에 앉아 있었다. 호랑이 장가가는 비게릴라성 호우가 내린 후라서 초목들은 눈부시게 푸르고, 저 멀리 무지개가 떴다. 아이는 모든 것이 신기하게 보여서 해 넘어가는 것도 까맣게 잊고 있었다. 멀리서 내 이름을 부르는 소리가 들렸다. 외할머니는 나를 찾아 여기저기 다녔는지 반가워 활짝 웃으면서 나를 안아 주셨다. 주어진 운명을 인정하고 체념과 달관에 익숙했던 할머니는 문명의 위선을 경험하지 못한 순수한 자연인이었다. 자신의 행복은 안중에도 없이 식솔과 자식을 위한 사랑이 남달리 지극했다.

무슨 연유로 4형제 중 막내인 내가 할머니 집으로 보내졌는지는 지금도 모른다. 이야기해 주는 이도, 내가 물은 적도 없었다. 다만 어렴풋이 해 질 녘쯤에 어느 기차역에서 등에 업힌 나를 할머니와 사촌 형에게 던져 주고는 부리나케 사라지는 어머니의 잔영이 남아 있다. 그날 사촌 형이 사 준 잡채와 돼지고기가 들어 있는 왕만두가 너무 맛있어서 지금도 기억이 난다. 할머니는 나를 안고 우두커니 바라보고만 계셨다. 할머니는 평생 고기와 생선을 드시지 못했다.

할머니가 사는 곳은 소우주였고 천국이었다. 초가집 한 채와 별채가 있는 넓은 대지의 앞뜰에는 옥수수, 무, 배추, 수박, 감나무가, 뒤뜰에는 대나무밭이 빽빽이 들어차 있었고. 큰 밤나무 아래에는 닭장이 있었다. 집 앞에는 동산이 있었고, 그 사이에는 맑은 샘물이 마르지 않는 동네 우물이 있었다.

내가 자는 방에는 어미 닭이 알을 품고 있었고, 부화한 노란 병아리와 같이 지냈다. 울타리에는 개나리를 심었는데 꽃필 무렵이면 병아리들이 어미 품에서 머리만 내민 모습이 지금도 그립다. 감수성이 풍부하고 이성보다 감성을 우선하며 호불호가 강한 나의 성격은 관심 있는 분야엔 깊게 빠져드는 데다가 하고픈 일은 꼭 하는 성격이었다.

할머니는 내가 원하면 꾀꼬리 새끼도 잡아다 주고, 익지 않은 풋밤도 따다 주고, 두더지까지 잡아 주셨다. 심지어는 전신주에 붙어 있는 왕거미를 치마저고리를 입고 올라가 손으로 잡아 병 속에 넣어 주셨다. 지금도 너무 미안하다. 어떤 역정도, 그 흔한 볼기짝도 맞아본 기억이 없다.

어느덧 여덟 살이 되어갈 때 나를 깨끗이 씻기고 입혔다. 상고머리로 이발도 했고, 할머니도 한복을 꺼내 입으셨다. 나를 아버지에게 보내야 한다고 하셨다. 학교에 다녀야 했던 것이다.

1968년 2월 말경 유년기를 보낸 곳을 떠나던 날이 생생한 기억으로 남아 있다. 시외버스를 타기 위해 제법 먼 길을 걸어야 했는데 매섭고 차가운 바람이 불었다. 비탈진 자갈밭에는 말라비틀어진 목화가 드문드문 매달려 있었다. 둘이서 걸어갈 수 없는 좁은 사잇길을 뒤따라 걸을 때 할머니의 옷고름과 치맛자락이 을씨년스러운 바람에 몸부림치며 휘날리고 있었다. 마치 드라마틱한 나의 미래를 예견이라도 하듯이…. 상상해 보라! 천진무구의 어린 생명이 사행하듯 휘어진 척박한 목화밭 사이를 따라 걷는 마치 꿈길 같은 비극의 노스텔지아를….

할머니는 "세월 가기는 10월의 바람결 같고 우리네 인생은 뜬구름 같다"라는 말씀을 가끔 했는데 용케도 아직 기억하고 있다. 할머니는 지금 이 세상에 안 계시다. 소인은 지구가 자전하는 소리와 어머님의 큰 사랑을 모른다 했는데 초로의 나이가 되어보니 이제야 알겠다.

공자 왈, '浮生空自忙부생공자망'이라 했는데 역시나 살아보면 인생사 모든 것이 허허롭고 부질없는 것들이다. 할머니는 무위자연 속에서 나를 마음껏 뛰놀게 하고 아름다운 추억을 최고의 선물을 남겨 주신 것이다. 지치고 혼란스러울 때는 지금도 그곳으로 가서 놀다가 온다. 꿈길에서….

아우라 음악학원장, 책글쓰기 1대학 회원, 한국디지털문인협회 회원, 전) 일본고베 MODE. MAK社 서울지점장

추 경감의 지포 라이터

이상우

내가 60여 년간 쓴 소설은 400여 편이다. 그중 역사소설 10여 편을 빼면 모두 추리 장·단편이다. 추리소설에는 거의 90% 탐정 역할을 하는 추 경감이 주인공으로 등장한다. 역사소설에는 추 경감이 타임머신이 없어서 등장하지 않는다.

이름이 없이 그냥 추 경감으로만 통하는 필자의 탐정은 허술하고 마음씨 고운 이웃집 아저씨 같은 인상을 주는 서울지방경찰청 강력계 경찰관이다. 계급은 물론 경감이다. 동안童顔에 늘 해맑은 웃음을 띠고 있으며, 잔주름투성이인 그의 이마는 쉰이 넘은 나이를 말해 준다.

추 경감의 본명은 추병태다. 연흥 추씨 36대손이고 고향은 평안북도 정주다. 추 경감은 돌아가신 아버지가 시인 김소월과 함께 서당에 다녔다고 자랑삼아 말하지만, 증언할 사람은 아무도 없다. 중시조인 추적이 명심보감의 편저자라고 자랑하기도 한다.

오래전에는 추 경감의 활약을 높이 평가한 연흥 추씨 종친회에서 필자한테 감사 사절을 보내오기도 했다. 연흥 추씨 종친회에서는 새로운 나의 추리소설이 발표될 때마다 "우리 종친 추 경감이 또 새로운 활약을 합니다. 종친들 꼭 한 권씩 사서 보세요" 하고 사발통문을 돌린다고 한다.

　순진무구해 보이고 말솜씨도 서툴고 어리숙한 아저씨 추 경감은 겉보기와는 달리 날카로운 추리력과 뛰어난 수사 감각을 지닌 명탐정이다. 추 경감은 강북의 변두리 25평 서민 아파트에서 외동딸 나미와 함께 산다. 추 경감은 언제나 불이 켜지지 않는 고물 지포 라이터를 자신의 상징처럼 가지고 다닌다. 사건의 추리가 막힐 때는 몇 번이나 고물 라이터를 철커덕거린다. 옆에서 보기 딱한 강 형사가 불을 켜대면 심술궂게 훅 불어서 꺼버린다. 물론 담배에 불을 붙여 피우는 경우는 거의 없다.
　새로 출간된 나의 추리소설이 독자들로부터 별로 반응이 좋지 않아 우울해져 있을 때였다. 예쁘게 포장된 우편물이 사무실에 도착했다. 발신인은 전혀 모르는 사람이었다. 뜯어보니 뜻밖에도 지포 라이터가 간단한 편지와 함께 들어 있었다.
　"작가님, 이번 소설도 책방에 나오자마자 달려가서 샀습니다. 단숨에 다 읽고 추 경감을 돕고 싶었습니다. 지포 라이터 새것을 사서 보내니 추 경감에게 선물로 주세요. 그리고 힘내라고 하세요."
　어느 애독자가 보낸 글을 읽고 나니 추 경감이 아니라 내가 정신이 확 들었다. 그래서 더 열심히 써야겠다고 생각했다.
　추 경감은 왜 지포 라이터를 즐겨 가지고 다녔을까. 세계의 명탐정은 대개 괴팍한 습관이 있다. 셜록 홈스는 헤비 스모커이고, 미스 마플은 안락의자에 앉아야 추리가 된다고 한다. 나도 명탐정 흉내를 좀 내보려고 고물 지포 라이터를 추 경감한테 주었다.

지포 라이터는 라이터 족보상으로는 명문 라이터다. 1932년 미국 펜실베이니아에서 조지 블레이스델 이라는 사람이 제작했다. 이 신제품은 다른 라이터보다 장점이 많았다. 한 손으로 쥐고 켤 수가 있고, 직사각형 모양이 안정감을 준다. 덮개가 바람막이가 되어 야외에서도 쉽게 켤 수가 있다. 세계 최고가품은 18K로 만든 것으로 약 1천6백만 원 정도 간다고 한다.

1942년 제2차 세계대전 중 지포는 미군 납품에만 주력했다. 전쟁으로 금속이 부족해 일반 판매가 어려웠던 탓이다. 이로 인해 지포 라이터는 참혹한 전쟁터에서 군인문화의 상징으로 떠올랐다. 전쟁터에서 군인들은 죽음의 공포를 없애기 위해 담배를 곧잘 피워 문다. 그때마다 지포는 이들과 생사고락을 함께했다.

베트남전이 한창이던 1965년, 밀림에서 교전 중이던 안드레즈 미 육군 중사가 적의 총탄을 가슴에 맞고 쓰러졌다. 하지만 피가 한 방울도 나지 않았다. 윗도리 주머니에 넣어둔 지포 라이터가 막아준 덕분이었다. 또 하나 놀라운 일은 총에 맞아 찌그러진 지포가 여전히 작동됐다는 사실이다.

"나는 죽어서 천국에 가리라 믿어 의심치 않는다. 내 생애를 지옥에서 보냈으니까."

한국전쟁 당시 미군 병사가 소지하고 있었던 라이터에 쓰였다고 알려진 구절이다. 원문은 영어로 새겨져 있었다.

세계 160개국에서 애용되고 있는 지포, 한국서 상영된 영화 '서울의 봄'에서 장군들이 지포 라이터로 담뱃불을 켜는 장면이 나와 화제가 되기도 했다. 나의 애독자가 보낸 잊을 수 없는 선물 지포 라이터는 오늘도 내 책상 위에 무언가 골똘히 추리하며 놓여 있다.

한국디지털문인협회, 한국추리작가협회 이사장, 국민일보, 한국일보, 서울신문 등에서 편집국장, 대표이사, 회장 등 역임. 저서:《세종대왕 이도》,《신의 불꽃》등 역사 및 추리소설 400여 편.

엄마, 내 아기 나처럼 키워줘

明眞 이성숙

큰애, 하윤이 고등학교 때다. 학교에서 돌아온 애가 가방을 내려놓으면서 하는 말이, 엄마, 내가 이담에 아기 낳으면 나처럼 키워줘, 한다. 나는 함박웃음을 터뜨리며 무슨 일 있었는지 물었다. 엄마, 학교 끝나고 집에 오는 애가 나밖에 없어. 방과 후 집에 가는 하윤이를 친구들이 부러워하더란다.

하윤이는 어릴 때부터 책 읽기를 좋아한 아이였다. 그래서인지 공부도 늘 전교 상위권에 있었다. 하윤이 한 사람만은 아니었겠지만 대부분 한국 고교생의 하루가 방과 후 학원으로 가거나 과외 선생님을 만나는 일정으로 짜여 있던 시절이었다. 요즘 아이들도 그러는지는 모르겠다 하윤이는 영어 학원 가는 대신 집에서 영어책을 읽고 동네 피아노 교습하는 선생님 댁에 가서 피아노를 잠깐씩 배우고 왔다. 내가 권유해서 해금을 하나 더 배웠는데, 하윤이가 과외를 한 것이라곤 거짓말 같지만 그게 전부다.

해금을 배우도록 한 데는 내심 이유가 있었다. 아들에게만 집착하는 할머니와 부모님 밑에서 나는 후남이로 자랐다. 그리고 아들 없이 딸만 둘을 두었다. 나는 내 딸들이 후남이로 살길 원치 않았고, 세상은 빠른 속도로 글로벌화 했다. 다행히 아이들은 순하고 착실해서 공부든 예능이든 곧잘 했다. 세계 속 한국인으로 자라기 위해서는 어떤 역량이 필요할까. 그래서 생각해 낸 것이 해금이었다. 한국적일 것, 휴대할 수 있을 것. 이 두 조건을 충족하는 악기가 해금이었다. 이 무렵 하윤이는 해금으로 뭣이든 연주할 수 있었다. 그러다 기회가 왔다. 전국적으로 미국 교환학생 모집 광고가 났다. 지원하기 위해 영어 시험을 치렀고, 하윤이는 최고 점수를 받아 장학생이 되었다. 사립고교는 등록금이 비싸다. 공립학교는 등록금 없이 1년 유학할 수 있었다. 그렇게 하윤이는 시카고의 한적한 시골 공립고등학교에서 10개월을 보냈다. 개교기념일 행사 때다. 내가 미리 준비해 준 한복을 입고 하윤이가 해금을 연주했다. '도라지타령'과 '아리랑'을 연주하고 박수를 받은 하윤이는 앙코르를 자처했다고 한다. 앙코르곡은 미국 국가 연주. 갑자기 강당 바닥에 앉아 있던 학생들이 모두 일어서서 하윤이의 해금 연주에 맞춰 국가를 합창하는 진풍경이 연출되었다. 연주가 끝나자 박수는 물론 모자를 던지는 애까지, 장내가 흥분으로 술렁거렸다. 지역 신문에도 하윤이 기사가 크게 실렸다.

10개월 교환학생 기간을 멋지게 보내고 온 하윤이가 다시 다니던 고등학교에 복학했다. 평소에도 과외를 받지 않았던 하윤이였으므로, 입시를 향해 빠르게 진도가 나간 모교의 교과목 스케줄을 따라가느라 한동안 애를 먹었다. 수학 과학 등 이과 학생이 선택하는 과목은 현저히 진도 차이가 났다. 내가 학원이나 과외 선생님을 찾아보는 동안 스스로 학습에 길든 하윤이는 교과서를 차근차근 넘겨보기 시작했다. 며칠 후 하윤이는 자신의 진로를 정리했다. 입시 때까지 이과 과목을 모두 소화하기에는 시간이 모자랄 거 같아. 재수한다면 모를까. 국제통상이

나 법대라면 문과 과목만 소화하면 되니까 학원 안 가도 될 거 같아. 하윤이의 어릴 때 꿈은 국제통상전문가였다 하윤이는 그때부터 학교에서 돌아오면 혼자서 공백이 된 부분을 보충하기 시작했다. 어려운 부분은 학교 선생님들을 찾아다니며 메워 나갔다.

고교 2학년 2학기를 바쁘게 마친 하윤이가 여유 있게 3학년이 되었다. 독서량이 또래 아이들과 비교할 수 없이 많았던 하윤이는 3학년이 되어서도 상위 성적을 유지했다. 하윤이는 자기가 공부 잘하는 이유를, 스스로 행복한 이유를 엄마의 교육 때문이라 생각하고 있었다. 엄마 나랑 함께 책 읽어 줘서 고마워. 엄마, 영어도 모르면서웃음 나한테 영어책 읽어 줘서 고마워. 남들이 피아노 학원 다니면서 지루해할 때 긴 안목으로 내가 해금 배울 수 있게 해 줘서 고마워. 태권도 가르쳐 줘서 고마워. 다음에 내 아기도 엄마가 나처럼 키워줘.

자식한테 고맙단 말 듣는 부모가 얼마나 될까. 딸에게 들은 그 말, 내 인생 최고의 선물이다. 지금 하윤이는 아기 엄마로, 변호사로 미국에 산다. 그녀는 미국 젊은 변호사 상에 이어 최고 변호사 상까지 휩쓸며 뜨거운 한국인으로, 한국인의 위상을 높이고 있다.

아포리즘 에세이스트, 소설가, 언론인. 브런치 작가, 여행작가, 《인식의 깊이, 삶의 너비》 외 3권의 산문집과 평전(공저). 월간 《쿨투라》, 주간 《위클리 저널》에 유럽 여행기 연재 중

오래도록 기억되는 선물

이옥희

　선물을 주고받는 일은 삶에서 아름다운 모습이다. 어떤 형태로든 가족과 이웃 사람과의 관계에 있어서 감사함을 전하는 일은 생각만으로도 가슴이 가득 차고 설레는 일이다. 작은 선물이라도 익숙하게 자신의 성의와 감사함을 표현하는 사람이 있는가 하면 선물하는 일이 어쩐지 고민되고, 선물을 고르는 일을 불편하게 생각하는 사람도 있을 것이다.

　작은 것에도 감사하며 습관처럼 마음을 주고받는 일이 익숙한 사람에게는 별일이 아닐 것이다, 그러나 어떤 선물을 할까 공연히 위축되고 움츠러드는 사람은 누군가와 선물을 주고받는 기회를 별로 가져보지 못한 채 살아온 탓일 수도 있을 것이다.

　선물이라는 것이 아름답게 포장된 선물 꾸러미일 수도 있고, 마음으로 나눈 선물도 얼마든지 있을 것이다. 마음으로 나눈 선물은 휘발되지 않고 오래도록 잔잔한 기쁨을 주고 삶에 활력을 주는 것 같다.

　선물이라는 단어를 생각하면 떠오르는 글귀가 있다.

　"희망이란 고개를 높이 들고 밤하늘에서 자신만의 별을 발견하는 사람에게 주는 선물이다."

"슬픔은 창의력을 필요로 하는 사람에게는 선물과도 같다."

"용서는 언뜻 보면 그 사람에게 주는 선물 같지만, 용서는 나에게 주는 선물이다."

"선물이라는 단어가 희망과 슬픔과 용서에 적용되어 위로를 주는 것 같다."

우리는 하루하루가 소중한 선물임을 얼마나 느끼고 살아가는 것일까? 공기, 물, 하늘, 구름, 지금 주어진 것 모두가 선물이고 축복이다. 사람은 사회적 동물이기에 날마다 교감하며 살아가고, 그 교감 또한 작고 큰 선물이다. 가족 간에, 친구 간에, 선후배 간에 또는 사람과 사람 간에 오가며 나눈 모든 것들이 선물이라고 생각한다.

내 인생에 있어서 가장 소중한 선물은 무엇이었을까? 내가 받은 선물 중에 으뜸으로 여겨지는 두 가지가 있다. 그 하나는 50년 전에 어머니가 주신 민소라 껍데기에 글을 써서 주신 생일 선물이다.

고등학교 때 자취를 했는데 내 생일에 어머니가 쌀과 김치를 준비해서 내 자취방에 오셨다. 어머니는 생일 때마다 띄어쓰기에서 해방된 글로 편지를 써 주시곤 했는데, 그날은 부식을 가지고 직접 오셔서 민소라 껍데기에 글을 써 주신 것이다. 민소라 껍데기를 꼬막이라고 표현하셨다. "꼬막아, 우리 딸 친구 되어 주어라. 말도 하려무나"라고 써서 앉은뱅이책상에 놓고 가셨다.

그 민소라 껍데기는 지금까지 부적처럼 항상 내 가까이에 있다. 시간이 흐르니 글씨가 희미해지는 것 같아서 무색의 매니큐어를 발라놓아 더 이상 글자의 먹빛이 희미해지지 않도록 했다.

세월이 많이 흘러 어머니도 돌아가셨다. 민소라 껍데기에 남겨진 어머니의 글씨와 고등학생 딸에게 향했던 어머니의 마음이 가슴 절절하게 느껴지곤 한다. 민소라 껍데기에 마음을 표현하셨던 어머니의 지혜로운 선물 방법을 배우고 싶다. 어머니의 선물이 어떤 명품보다도 더 소중하게 생각된다.

평소 선물에 대한 가치를 금액의 많고 적음에 두지 않고 선물을 준비한 사람의 마음, 선물을 받을 사람에 관한 생각과 배려, 그 마음과 정성에 방점을 둔다. 정성 어린 선물은 우리의 가슴속 깊이 소중하게 간직되고 그 느낌이 발효되어 풍성해지면 더없이 멋진 선물이 될 것이다.

나의 두 번째 선물은 내 이름이 새겨진 원고지이다.

사업장이 집합건물에 있었고 열정적으로 사업을 하던 15년 전, 옆 사업장에 HR 담당자로 전직 여성잡지 편집장이 입사했다. 가끔 마주치면 인사하는 사이였다.

어느 날 책을 한 권 선물하려고 예전에 문방구에서 팔던, 빨간 줄이 처진 원고지에다 마음이 담긴 글을 써서 그 편집장에게 주었다. 그 편집장은 책과 내가 쓴 손편지를 보고 감동했다며 글을 써보라며 원고지 시안을 가지고 와서 어떤 것을 선택할 것인가를 물었다. 빨간색, 파란색, 검은색 줄의 세 가지 시안이었다. 여성지 편집 일을 맡고 있을 때 인쇄소를 거래했고 그 거래처를 알고 있는데, 내가 평생 쓸 원고지를 선물하겠다며 시안을 내밀며 좋아하는 글도 한 줄 준비하라는 것이다.

나는 '심청사달心淸事達, 마음이 맑으면 모든 일이 순조롭다'라는 글을 써 주었다. 파란색 선이 그어진 원고지 하단에 그 글을 넣고 내 이름이 영문으로 인쇄된 평생 쓸 수 있는 분량의 원고지를 선물 받은 것이다.

내 인생의 소중한 선물이란 주제를 받고서 선물에 대해서 더 진중하게 생각해 보았다. 선물은 받은 사람이 그 선물을 어떻게 사용하는가에 따라 오래도록 기억되는 것이다. 생활 속에서 감사함을 느끼고 생활과 함께 의미 있게 접목되는 것이 중요할 것 같다.

민소라 껍데기 새겨진 어머니의 글은 내 삶을 지탱하는 어머니의 사랑이었다면, 선물 받은 원고지는 내가 직원이나 지인들에게 손편지를 써서 소통하고 일기를 쓰게 하는, 내 삶에 있어서 가장 소중하고 강력한 활용 도구가 되었다.

엘제이테크㈜ 대표이사, 멘탈코칭사회적협동조합 이사장, 경영학 박사.

세상이 나에게 준 선물

이일장

    1970년대 한국은 폭발적인 경제 성장기였다. 사회 전반이 아직 안정되지 않아 개인의 삶은 녹록지 않았다. 보릿고개의 애환을 안고 자란 촌놈이 서울 소재 대학에 진학해서 어려운 학창 시절을 보냈다. 입주 과외 가정교사를 하며 고학생으로 지냈다. 보통 학년 초에 입주하여 1년 정도 학생을 지도했다. 과외받은 학생이 상급학교에 올라가면 다음 해는 다른 입주 과외 집을 찾아야 하는 떠돌이 신세였다.
    입주 과외를 원한다는 신문광고란에 공지하고 일자리를 구하거나 지인의 소개로 연결되어야 가능했다. 몇 개월이 지나도 과외 자리가 구해지지 않았다. 처음에는 곧 해결되리라 막연히 기대했으나 허사였다. 잡생각이 많아져 밤마다 쉽사리 잠을 이룰 수 없었다.
    고통은 1974년 늦은 봄부터 시작되었다. 이른바 불면증이었다. 이후 반평생 불면증에 시달렸다. 입주 과외가 끊기고 동가식서가숙東家食西家宿하며 고통받는 삶을 살아야 했다. 미래에 대한 불안과 스트레스 때문에 생긴 병이었다. 천형처럼 영혼을 짓눌렀다. 잠잘 곳조차 없었다.
    넓은 서울에서 몸 하나 기거하며 공부할 데가 없음이 견딜 수 없는 자괴감으로 다가왔다. 삶을 포기하고 싶은 충동마저 일었다. 그때는 세상을 원망했다. 요즘엔 병원에서 치료할 수 있지만, 당시 가난한 대학생 시절이라 병원 진료는 언감생심이었다.

우연히 술을 마시기 시작했다. 주로 소주였다. 가격도 저렴하고 도수도 약했다. 술에 약한 체질이라 조금만 마셔도 취기가 올랐다. 복잡한 일상을 잠시 잊는 데 효과가 있었다. 처음에는 한 잔 마시면 잠이 들더니 날이 갈수록 주량이 늘었다. 문제가 생기기 시작했다. 결국 술을 마시지 않으면 잠을 쉽게 잘 수 없었다. 심각한 병이었다. 세상 사는 사소한 일상이 모두 스트레스로 다가오면서 잠 못 이루는 밤의 연속이었다.

소량의 음주는 수면에 도움 되었으나 장복하는 습관이 오히려 깊은 잠을 방해하고 혈액순환에 문제를 일으켰다. 음주 수면이 계속되어 반복적인 혈액순환 장애가 생기면 자신의 세포를 보호하기 위해 자가면역 체계가 특정 부위를 공격한다고 한다.

불행하게도 또 다른 복병까지 겹쳤다. 안구 주변의 피부를 공격해 콜라겐 성분이 침착되어 피부가 두꺼워지는 '경피증'이라는 질병을 앓게 되었다. 현대의학이 지금도 원인을 찾아내지 못하고 있는 병이다. 심한 스트레스가 원인이 아닌가 추정하고 있을 뿐이다. 믿어지지 않는 이야기지만 경피증 진단은 퇴직 후에야 알았다. 어리석게도 반평생을 병과 씨름하면서 살았던 셈이다.

습관성 수면 부족은 대학교를 졸업하고 직장생활하는 데에도 지장을 주었다. 긴장된 근무를 마치고 저녁이 되면 피곤했다. 약간의 음주로 잠을 청하곤 했다. 새벽에 잠을 설치며 깨는 버릇이 생겼다. 늘 수면 부족으로 안구가 건조하고 아침이면 눈이 아팠다. 피곤하고 의욕

마저 상실되었다.

그럴수록 더욱 열심히 생활해야겠다는 마음이 들었다. 어린 시절부터 몸에 밴 삶의 방편이었다. 이 정도 일로 꾀를 피우는 것은 사치라고 생각했다. 내게 닥친 역경들이 소극적인 성격을 변화시켰다. 인간관계 개선에도 큰 힘이 되었다.

중국 주재원으로 근무할 때의 일이었다. 한번은 대형 빌딩을 관리하는 중국 직원들을 한국 식당에 초대했다. 한국식 뷔페를 제공하며 약간의 음주를 곁들였다. 중국인들은 주량으로 사람을 평가하는 경우가 있다. 나도 그 시험대에 올랐다. 도수가 50도나 되는 백주를 한 잔씩 50여 명의 직원에게서 받아먹어야 했다.

'백주를 거부하면 중국인에게 지는 것이다'라고 생각했다. 한 잔만 마셔도 취하는 독한 술이었다. 술이 아무리 취해도 그들에게 지지 않으려는 오기가 생겼다. 그 후 중국인과 회사일 하는데 순조롭게 풀렸다. 어찌 보면 미련한 짓처럼 보여도 어려울 때는 정신력으로 극복할 수 있다는 자신감도 생겼다. 술의 힘이 아니었을까.

우리가 살아온 1970년대는 대부분이 어렵게 살았음을 나중에 애비가 되어서야 알았다. 6남매 장남인 나는 병을 달고 살아도 치료할 엄두조차 내지 못했다. 직장생활을 잘하며 별다른 걱정이 없을 때도 특이 체질인지 이따금 불면증이 불청객처럼 찾아왔다.

감사하게도 지금은 거의 완치되었다. 이따금 고질병처럼 찾아오는 불청객을 대비하며 살기 때문이다. 운동을 지속하자 차츰 불면증이 해소되었다. 우리 몸을 보호하는 인체 방어 시스템에 대해서도 조금씩 깨달았다. 우리 몸은 매일 바이러스와 세균과 싸우고 있음을 안 지금은 병에서도 한시름 놓고 자유롭다.

자가면역 체계는 인체에 '친숙한 것과 낯선 것, 반가운 것과 위험한 것'을 빠르고 정확하게 구분한다. 외부의 침입으로부터 우리를 지키기 위해서다. 정작 우리는 인식하지 못하고 있지만, 침입자에 즉각적으로 반응하는 선천성 면역 체계와 각각의 침입자에 따라 다르게 대응하는 후천성 면역 체계가 매일매일 분주하게 일하고 있다. 이런 인체 방어 시스템이 제대로 돌아가지 않는다면 단 하루도 제대로 살아갈 수 없으리라.

현재 많은 자가면역 질환자들은 좌절 속에서 불안해하며 힘들게 살고 있다. 자가면역 질환의 특성상 몸속 어느 조직이라도 손상을 주어 희귀난치성 질환에 걸린 사람들이 많다. 면역 시스템과 장내 신경 시스템의 불안정으로 근심 걱정과 불안감이 심리적 기저에 깔려 있다. 질환자들은 항상 자신의 미래에 대해 회의적인 시각을 갖고 하루하루를 근근이 버티며 살고 있다. 그런 점에서 나는 긍정의 힘으로 버티며 걷기 등으로 몸을 단련하고 있다.

요즘도 이따금 불면증 증세가 나타난다. 극복하기 위해 노력한다. 스트레스를 최대한 줄이며 침입자에 적극적 전투태세로 대비하고 있다. 하지만 불면증의 고통은 지금까지 엄청난 트라우마로 남아 있다. 가끔 악몽을 꾸며 잠을 설칠 때가 있다. 그럴 때마다 건강에 치밀한 대처를 하지 못한 지난날이 후회스럽기도 하다.

반면 어려움을 극복할 에너지가 되기도 했다. 역경은 우리를 변화시킨다. 내 앞에 걸림돌이 있기에 각성할 기회가 된다. 불면증 극복의 예가 그렇다. 고통을 이겨내면 또 다른 희열이 온다. 숙면하고 아침에 일어나면 세상을 다 얻은 듯 행복감에 휩싸인다.

다시 받은 기회인 오늘, 삶의 의욕이 샘솟는다. 목소리도 활기차고 발걸음도 힘차다. 숙면을 위해선 적당히 피곤해야 한다. 10년 전부터 둘레길 걷기를 시작했다. 이름이 알려진 둘레길을 주말마다 다녔다. 옛사람들이 땔나무 하러 다니던 비렁길, 순백의 윤슬이 출렁거리면 첫사랑의 설렘처럼 다가오는 짙푸른 바다, 맑은 물 흐르는 소리가 정겨운 계곡, 걷기는 자연 치유와 함께 행복감까지 안겨 주었다.

비 온 뒤 지천으로 피어난 몽골 초원의 야생화, 검푸른 하늘의 수많은 별을 보며 게르에서 보낸 하룻밤은 한 줄기 추억이 되었다. 걷기는 두 다리와 신발만 있으면 가능하다. 집 근처 공원이나 산을 걸어보시라. 향긋한 풀 냄새 공기를 맡으며 햇빛을 받으면 스트레스가 줄어든다. 매일 1만 보 이상 맨발로 걸으면 노곤해진다. 잠도 잘 자고 기분도 상쾌해진다. 걷기로 인해 삶의 희망이 되었다. 세상에서 받은 불면증과 걷기 운동은 하나님이 준 한아름의 선물임이 틀림없다.

전) 현대오토넷 대표이사. 저서:《멈춰서서 뒤돌아보니》

아련한 그리움 속 아버지의 잔상

이정원

　전기도 안 들어오는 두메산골 집 마루에 앉아 하늘과 맞닿은 앞산을 바라보며 산꼭대기 끝에서 바로 하늘나라로 연결되는 줄로만 알았다. 나는 꿈이 뭔지 세상이 얼마나 넓은지도 모른 채 계절 따라 동무들하고 놀이하며 마냥 천진난만했다.

　책이라곤 교과서와 교회의 교리문답 책, 성경, 찬송가가 전부였다. 마을 안 작은 교회가 우리들의 놀이터이자 문화를 접할 수 있는 유일한 공간이었다. 주일학교에서 동요를 배우고, 동화와 레크리에이션 시간에 대한 기대로 매주 설레기도 했다. 농한기에는 저녁마다 가정 예배를 드렸다. 지금도 그때 주로 불렀던 찬송가를 듣거나 부를 때면 쩌렁쩌렁하고 힘찼던 아버지의 찬송 소리가 생각나 어찌나 눈물이 많이 나는지 주체할 수 없을 정도이다.

　고모네, 작은댁이 한 동네라서 매월 음력 초하루 아침에 집집이 맛있는 아침상을 준비해 모두 모여 식사하는 가족 행사를 아버지가 주도했다. 성탄절엔 교인들이 우리 집에서 함께 떡국을 먹었고 부흥회 초청 목사님과 행상들도 우리 집에서 묵었는데 흥미진진한 이야기보따리를 푸는 상인 덕분에 저녁 시간이 즐거웠다. 아버지는 따뜻한 인간관계와 형제 간의 우애를 중시했고, 집안의 장남과 교회의 장로로서 책임감이나 통솔력이 남달랐다. 집안에 적막이 흐를 때는 아버지가 중심이 되어 이룬 가정과 친척, 이웃 간의 화목과 정겨움이 넘쳤던 그 시절이 더 그리워진다.

십 남매 중 일곱 번째로 집안에서 별 존재감이 없던 나는 내성적인 아이였지만, 주변 사람들과 사물에 대한 관심이 많아서 친척들의 생일이나 띠, 찬송가의 장 번호, 성경 구절, 성경 속 인물과 역사에 빠삭했다. 가을걷이 후 보리 파종까지 끝낸 아버지는 초등학교 5학년인 나를 전주로 전학시켰다. 삼촌과 오빠들의 학업을 위해 전주에 집을 장만해 두신 것이다.

우물 안 개구리 산골 소녀가 아버지 덕분으로 전주에서 초등학교를 마친 후 기독교 학교인 기전여중에 입학하면서 시야가 넓어졌다고나 할까. 여중에서는 매년 1주일 부흥회, 방학 중 성적 우수자 지도자 훈련, 추수감사제, 학급별 찬양대회 등 특별한 프로그램들을 운영했다. 미국 학교 탐방을 다녀온 교장 선생님이 그 실태를 학생들에게 상세히 전해 줘서 폭넓은 지식과 정보를 얻는 데 충분했다.

중학교 첫 시험인 3월말고사 성적이 생각보다 잘 나왔는데 그게 동기 부여가 돼서 공부에 대한 의욕이 더 생겼다. 중학교 공부를 하면서 '아는 즐거움'을 실컷 누렸던 것 같다. 중학교 때 학습한 내용이 살아가는 데 중요한 기초 지식이라는 생각에서 교직 생활 중 학생들에게 중학교 3년 과정의 중요성을 늘 주지하기도 했다.

아버지는 배움은 짧았지만 언변, 필체, 삶의 지혜나 판단력, 외모 등에서 우월해 신언서판을 모두 갖춘 분이셨다. 그런 아버지의 가르침과 선택으로 내 인생이 바뀐 것 같다. 크게 이루고 싶은 것도 없고 치열하게 산 적이 없는 내가 시골에 머물렀다면 손 빠르고 부지런한 데다가 끈기가 있으니 농사일 잘하는 시골 아낙네로 살았을 것이다. 전주에서 학교에 다니다 보니 쉽게 여고에 들어갔고 사범대 졸업 이후엔 바로 중학교 국어 교사로 발령받아 34년 동안 무탈하게 중등교사로 근무한 것 같다.

아버지는 5남 2녀의 장남으로 부모님 봉양, 형제자매들의 결혼과 제금, 두 삼촌의 대학 공부까지 책임졌다. 교회에선 재정 및 설교를 맡았고 학교 기성회장과 부면장으로 지역 일까지, 게다가 5남 5녀를 양육했으니 얼마나 고되고 힘드셨을까. 대학 4학년 땐 군 복무 후 복학한 두 오빠와 남동생까지 대학생 4명의 등록금을 마련했으니 부담이 더 컸을 것이다. 육십 평생 마음의 짐과 스트레스가 많이 쌓였던지 62세 봄날, 옥상에서 뇌졸중으로 쓰러지셨다. 그 후유증으로 걸음걸이, 손 쓰는 것이 불안정하고 말도 어눌하게 되니 나들이나 통원 치료조차 꺼리셨다. 자존심이 강했던 아버지는 그 모습을 남들에게 보여주기 싫으셨을 것이다.

그해 여름방학 때 우리 형제들 물놀이에 함께한 게 마지막 외출이었고, 교회도 못 나가 소파에 앉아 혼자 예배드리곤 했다. 그 당시 20대 후반인 나와 동생 셋은 아버지 간병은 언니·오빠들 몫으로 여겨 소극적으로 대처했다. 좀 더 큰 병원으로 모셔 수술받고 꾸준히 재활 치료를 했더라면 충분히 회복됐을 텐데 무심했던 것에 대한 죄책감과 회한으로 가슴이 먹먹하다. 이 나이가 돼서야 아버지의 짐과 그 무게의 힘듦을 되돌아보며 형제들끼리 아버지의 희생과 열정이 깃든 삶을 이야기하며 안타까워한다.

가족, 친지들의 방문 명세를 일기처럼 기록하던 낡은 노트, 손 닿기 쉬운 곳에 놓아둔 아버지의 간식 바구니와 베지밀 상자, 성경 찬송가,

가죽이 늘어진 소파…. 아버지의 외로움과 상실감이 깃든 흔적들이다.

예감했던 걸까. 지금도 그해 10월 마지막 날의 우울했던 시간을 잊을 수 없다. 이유 모를 우울감으로 온종일 힘들었는데 늦은 밤, 10월 달력을 뜯자마자 아버지의 별세 소식을 들었다. 집에서 편안하게 눈감으셨다고 했다. 82세로 우리 곁을 떠나셨다.

형제가 많아 세세한 가정교육이나 관심을 받고 자라지 못했지만 대가족, 마을 공동체, 교회라는 환경 속에서 서로 어우러져 화목하게 지내는 걸 체득해 친구 관계나 직장생활에서 잘 적응하며 살아온 것 같고, 형제간에도 다투거나 서로 내세우는 일 없이 잘 지낸다. 나는 아버지의 꼼꼼함, 건강하고 좋은 체질, 정리하는 습관을 물려받았다. 음식이나 잠자리, 여행 등 환경의 변화에 적응을 잘해 불편함 없이 사는 것 같아 부모님께 감사하다. 주어진 일에는 최선을 다했지만, 큰 뜻 품어 사회에 유익한 일을 펼치지 못한 것, 적극적인 봉사활동이나 취미 생활로 자기 계발에 소홀한 것, 자녀들 교육에 소극적이었던 것, 기독교적 신앙심을 잇지 못한 것 등 아버지의 열의와 바람에 대해 보답하지 못해서 후회하고 반성한다.

지금도 진안 선산에 성묘하러 갈 때마다 그 옛날 새벽 버스 타러 면 소재지까지 걸어가던 산 고개를 보면 아버지의 모습이 풍경화처럼 아른거린다. 짐을 지게에 메고 가던 집안일 도와주던 아저씨, 아버지를 졸졸 따라가는 내 모습과 함께. 아련한 그리움 속 우리 아버지…. 20년이 지난 지금도 한 생애를 든든한 가장으로 모자람 없이 지탱하려 애썼던 아버지의 시간이 내 기억의 터널을 지나고 있다.

전직 중등교사.

꿈 같은 라디오 선물

이정화

아버지에게 라디오를 사달라고 몇 개월을 울면서 매달렸다. 결국, 아버지로부터 '니비코 라디오'를 선물로 받게 되었다. 기억으로 1962~1963년 무렵 초등학교 시절이니 정말 꿈같은 선물이었다. 지금의 아이들이 부모를 졸라 최신형 핸드폰이나 노트북을 받는 것 이상으로 훨씬 사치스러운 일이었다. 그러므로 더욱 꿈같은 일이었다.

태어나고 자란 곳은 소백산맥 줄기에 추풍령 산기슭의 아주 조용하고 평온한 집성촌 마을이었다. 주변이 거의 친척 집이고 마을 사람들 간에 정이 돈독했다. 명절에는 한집에 모여 식사를 했고, 이런 분위기 속에서 자랐다. 특별히 맛있는 음식이 나오면 나누어 먹는 건 당연한 일이고, 동네 마을은 그냥 한 가족이었다.

어릴 적에는 TV나 라디오가 집집마다 있는 것이 아니었다. 아니 없었다. 6·25 전쟁 중에 태어난 세대의 사람으로 기억되는 어린 시절은 전쟁의 상처로 아무것도 없는 가난한 시골 마을, 농촌에서 자랐다. 전기, 수도, 도로라는 단어가 뭔지도 몰랐고 친구들과 오솔길을 걸어 산속 길을 따라 학교라는 곳까지 매일 2km나 되는 길을 걸어 다녔다. 초롱불 밑에서 공부했고 우물을 파서 물을 길어 마셨다. 초등학생당시 국민학생이었지만 학교를 다녀온 후에는 항상 일손이 모자란 농촌 생활이기에 이를 도와야 했다. 당시 집에는 숙식을 제공받고 기거하며 일손을 돕는 일꾼이 2명 있었지만, 고양이 손이라도 빌려야 할 만큼 항상 일손은 부족했다. 소 키우기 담당이었는지 아니면 소를 잘 다루어 특별히 발탁된 것인지 야산에 방목하여 두고 저녁 즈음에 소를 찾아 집에 돌아오는 일을 많이 했다.

그래도 아이들은 아이들답게 정신없이 놀기도 했다. 아이들에게 놀이라고는 땟구정물 가득하고 콧물 찔찔 흘리는 시골 친구들과 종이를 접어 만든 딱지치기, 구슬 따먹기, 자치기, 연날리기 그리고 날 새는 줄 모르는 숨바꼭질이었는데 정말로 재미있게 놀았다.

초등학교 5학년 어느 날 마을의 길목 중 높은 곳에 설치되어 있던 확성기우리는 스삐까라고 불렀던 것 같다에서 어린이를 위한 라디오 방송이 흘러나왔다. 마을 너머 저 어디서 누군가가 다정하게 읽어 주는 동화와도 같고, 배우들이 뛰어다니는 연극과도 같고, 노래장과도 같았다. 더군다나 시골아이 뇌를 한없이 주물럭거려 주는 지식의 향연이란…. 무한한 지식의 바다에서 풍덩풍덩 헤엄치는 것만 같고, 심장이 쿵쾅쿵쾅 뛰며 가슴이 짜릿한 느낌이 들어 아주 행복했다. 매일 오후 5시, 꿈속 같은 시간은 되풀이되었다.

어떻게 알게 되었는지 소리는 확성기가 아닌 '라디오'라는 멋진 기계에서 나오는 것이라 했다. 나는 라디오가 너무너무 가지고 싶었다. 라디오가 있다면 매일 유익하고 재미있는 방송을 들을 수 있고, 덕분에 왠지 아주 멋진 어른으로 자랄 수 있다는 생각이 들었다. 철없이 부모님에게 사달라고 울고불고 매달렸다. 아마 식음을 전폐했을지도 모른다. 처음 사달라고 매달릴 때는 아버지는 구할 방법을 찾지 못해서 난처해하셨다. 어머니는 어떻게 하든지 구해 보라고 하셨고, 그러던 중에 이곳저곳 다 알아보고 라디오를 구할 방법을 찾으신 것이다.

막내아들을 위한 지극한 사랑으로 아버지는 경상도 시골 마을에서 삼촌이 살고 계시는 경기도 파주까지 완행열차와 버스를 번갈아 타면서 일본제인 '니비코 라디오'를 구해 오셨다. 당시 미군 부대에서 구한 제품이라고 하셨다. 라디오가 얼마나 반가웠는지 넙죽 큰절을 올리고 몇 날 며칠을 라디오를 끌어안고 이불 속에서 함께 잠을 잤다. 라디오가 더욱 좋았던 것은 솔직히 말하자면 또래 친구들보다-사실 마을 통틀어-엄청난 신제품을 가지고 있는 우쭐함에도 있었다. 이 소식은 친척들에게 퍼지고 곧 마을 전체에도 퍼졌다. 보물 '니비코 라디오'는 깨끗한 음량과 좋은 성능으로 친구들과 마을 사람들의 친구가 되었다.

국내에서 라디오가 나온 것은 몇 년 후의 일이다. 금성사 라디오가 처음으로 생산된 것이 1964년경이고, 이후도 가격 때문에 시골 마을 동장 집에 공동으로 사용할 1대씩 나라에서 무상으로 공급한 게 전부였다. 시골에서 어린 시절을 보낸 분들은 잘 기억할 것이다. 마을에 공급된 라디오를 듣기 위해 마을 사람들은 한자리에 모이게 되었다. 라디오가 있는 곳이 마을 사랑방이다. '장소팔 고춘자 만담'을 듣고 깔깔거리며 함께 즐거워하던 마을 어른들의 모습이 아직도 생각이 난다.

불과 60년 후인 오늘을 돌아본다. TV는 말할 것도 없고 손안에 핸드폰이라는 작은 개인용 TV를 가지고 다닌다. 라디오를 처음 가졌던 내 나이보다 더 어린 내 손자 손녀는 벌써 자기의 핸드폰도 가지고 있고, 태블릿PC를 이용해 학습하고 있다.

이승만 대통령이 자유민주주의 틀 안에 국가를 세우고, 박정희 대통령의 경제개발 계획과 추진으로 대한민국은 엄청난 발전을 해왔다. 초등학교 시절의 생활 환경을 기억해 보면 농촌의 대부분이 봄 찔레꽃 필 무렵에는 지난해 농사지은 쌀, 보리 재고가 거의 바닥나서 배불리 식사하는 경우가 드물었다. 그러나 돌아보면 내가 성장하고 살아온 시간 내내 한국은 고도 성장기였고 급변하는 시대의 한가운데였다. 1인당 GDP도 1950년대 약 130달러에서 2023년 3만3천 달러, 인구도 2천만 명에서 5천만 명이 되었고, 도시 인구 비율은 20%에서 80%로 사회 구조가 완전히 바뀌었다.

글쓰기 수업에서 '선물'이라는 단어로 글을 써보라고 했을 때 바로 떠오른 생각은 어린 시절 '니비코 라디오'였다. 철없던 막내아들은 당시의 라디오의 가치를 어찌 알았겠는가. 마냥 조르기만 했던 아이에게 아버지는 무한한 사랑으로 천 리 길도 마다하지 않고 구해 오셨다. 글을 쓰는 지금 미안함과 감사함이 파도처럼 가슴을 쓸고 지나가고 있다.

라디오는 보물 1호로 중학교, 고등학교까지 함께했던 기억이 난다. 그러나 서울 유학 생활을 하면서일까 아니면 이제 그보다 더 성능이 좋은 어떤 기계에 홀딱 반해 보물을 잃어버렸는가. 라디오가 나에게서 떠난 지는 오래되었다. 오래된 추억과 보물이라는 것은 결국 곁에 두지 못하고 가슴에서 꺼내어 찾아보는 것인가 보다.

아버지, 정말 감사합니다.

삼성SDI 근무, 셀리드 이사

너 변했어, 아주 많이

:

Khattar khin 캇따킨

    나는 미얀마의 서쪽 외딴 마을에서 태어났다. 평범한 일상생활에서 특별한 것도 없이 오랫동안 나태함에 젖어 있던 탓에 그 작은 마을에서 빠져나올 방법을 찾고 있었다. 그것은 새로운 변화를 찾는 것이다. 주변에서 새롭게 변화하는 사람들을 보면서 부러움이 생겼다.

    아침에 일찍 일어나서 학교에 가고 저녁에 무거운 몸으로 집에 왔다. 추위가 뼛속까지 스며드는 겨울밤에는 아버지의 라디오 소리가 심심찮게 귀에 들어왔다. 지금도 추운 날 밤에는 아버지의 라디오에서 흐르던 노랫소리가 귓전을 맴돈다.

    나는 언제부터 노래를 좋아하게 되었는지 모른다. 공부하면서 밤마다 라디오를 듣는 습관이 생기고 노래 가사 속에서 인생의 의미를 찾게 되었다. 노래를 들으면서 작은 마을에서 더 넓은 곳으로 가고 싶은 마음이 점점 커졌다. 그러던 어느 날 어머니의 남동생 즉 삼촌이 집으로 찾아와서 나에게 책 한 권을 주셨다. 그 책은 《황혼의 붉은 구름》이라는 역사소설이다.

    그 책을 읽고 나서 내가 살고 있는 이 세상은 얼마나 넓고 넓은지, 배워야 할 것들이 얼마나 많은지 깨닫게 되었다. 그 뒤에도 삼촌은 책을 계속 선물해 주셨다. 삼촌이 사 준 소설책들, 그리고 아버지의 라디오에서 흘러나오는 노래들은 점점 나의 우주가 되어 상상의 날개를 펼쳐 주었다. 나도 소설 속에 나오는 주인공들처럼 대단하고 똑똑한 사람이 되고 싶었다. 특히 역사, 문화, 문학 등 관심이 많아졌고, 역사학자가 되고 싶었다. 대학교에 역사를 배워 역사에 대한 지식을 젊은 사람들에게 공유해 주는 사람이 되고 싶었다. 문학은 무얼 의미하는지, 문화와 문학예술은 한때 한 나라의 목숨과도 같았다는 중요하다는 사실을 알았다.

"책 읽는 사람은 책 읽지 않은 사람보다 지식과 지혜가 많다"라는 말을 삼촌한테 여러 번 들었다. 삼촌 덕분에 나의 작은 지혜로 알 수가 없는 것들은 책을 통해 얻었다. 그때는 삼촌의 말씀이 무얼 의미하는지 잘 몰랐지만, 이제는 알 것 같다.

어렸을 때 나는 동네 애들과 잘 어울려 놀지도 못한 아이였다. 내가 쓴 글과 소설을 아버지, 어머니, 삼촌, 친구들에게 보여주려고 애쓰는 것만으로 놀고 싶은 마음을 잊어버리고 책을 읽고 글을 쓰면서 혼자 지냈다.

대학교에 가면 더 좋은 기회가 올 거라 믿던 나에게 양곤대학의 대단하고 큰 도서관이 기다리고 있었다. 너무 행복했다. 수많은 책 사이에 앉아서 좋아하는 소설을 읽는 감정을 어떤 단어로 표현해야 할까.

책장 앞에 서서 뭘 읽을지 고민하는 일을 늘 즐겼다. 역사를 배워가면서 한편으로 소설가가 되고 싶다는 꿈도 점점 커졌다. 내 생각, 감정들을 세상을 알려 주고 싶었다. 노력만 하면 무엇이든 다 될 수 있다고 믿는 나는 독자들이 인정해 주는 소설가로서 살아가고 싶었다. 이제는 역사를 올바르게 알리는 사람이 되고, 독자들이 인정해 주는 소설가가 되었다.

　대부분 사람은 현재의 자기 모습에 만족하지 못하겠지만, 나는 지금의 내 모습에 만족한다. 그렇다고 내가 완벽한 사람은 아니다. 부족하고 필요한 점들이 많지만, 현실에 최선을 다하고 부정적인 생각을 갖지 않고 긍정적으로 살아가고 있기 때문이다.

　얼마 전에는 어렸을 때부터 사랑하는 친구를 만나 대화를 많이 나눴다. 친구와 만든 추억의 에피소드가 많지만, 그중 하나는 고등학생 때 있었던 일이다. 언젠가 친구는 나를 기다리지 않고 학교에서 집으로 혼자 돌아갔다. 늘 같이 걷던 길에 혼자 걸으니 슬펐고 화가 났다. 다음 날 점심시간에 친구가 반찬을 나누어 주고 있었다. 우리 사이에 아무 일도 없는 듯. 나는 친구의 얼굴을 쳐다보고 말했다. "이젠 우리 친구가 아니야." 친구는 영문도 모르고 "왜? 무슨 일이 있어?"라고 반문했지만, 나는 아무 대답도 안 했다.

　그 뒤 일주일이 지나도록 친구에게 연락을 안 했지만, 친구를 보고 싶은 마음이 자꾸 들었다. 그러던 어느 날 친구가 먼저 말을 꺼냈다. "미안해, 너 뭣 때문에 화난 건지 알고 있었지만 모르는 척한 거야. 집에 혼자 갔던 그 일이 너한테 그만큼 대단한 일이었다는 걸 전혀 몰랐어. 그날 남동생이 나무 위에서 떨어졌다는 소식에 급히 집으로 뛰어간 거야."

　친구 말을 듣고 나는 한동안 아무 말도 못 했다. 혼자만의 생각으로 오해했고 화를 내고 있었지만, 친구는 나와 계속 대화하려 애를 썼던 것이었다. 친구한테 어떤 일이 있었는지 물어볼 생각조차 하지 않았다. 혼자서만 내 우주가 깨져버린 듯 그렇게 함부로 말을 내뱉은 자신이 부끄러웠다.

아버지가 늘 "함부로 누군가를 미워하지 말라"고 하시던 뜻을 확실하게 알게 되었다. 누군가를 미워하며 그 사람을 저주하는 마음이 오히려 자기를 더 괴롭게 만든다. 이젠 함부로 누군가를 미워하지 않으려 한다. 친구랑 긴 시간 동안 대화를 나누고 헤어지려는데 갑자기 친구가 돌아보며 말했다.

"너 변했어. 아주 많이."

"그래? 실은 나 그때부터 변화하려 했거든."

나는 빙그레 웃으며 손을 흔들어 주었다. 한동안 친구의 사정을 모르면서 편견에 사로잡혀 이해하지 않으려 했던 이기적인 자신이 부끄러웠다.

미얀마 양곤 거주, 소설가, 한국디지털문인협회 희망글쓰기 4대학 회원

5부

이형하 최고의 선물, 사수
임명자 고통도 익으면 꽃이 된다
장동익 손녀의 웃음, 피어나는 행복의 정원
전윤채 꽃세상
정선모 세 마디 말씀
조정숙 봄에 부르는 희망가
차경아 비 오는 날의 데이트
최덕기 손이 시린 날에
최원현 선물
한상림 미얀마 대모代母
한 헌 함께여서 더욱 특별했던 3,422m 등정
홍경석 내 삶은 누가 뭐래도 당신 하나요
황의윤 '추억'이라 쓰고 '선물'이라 읽는다
Kay Thwe Aung 깨이 뜨웨 아웅(지혜) '나'라는 꽃을 피우게 한 아빠의 응원

최고의 선물, 사수

이형하

사회생활의 시작은 초조함과 두려움, 미래의 희망과 꿈을 여는 과정이었다. 연수 생활을 마치고 부서 배치 후 근무복과 비품을 지급받았다. 사무실에서는 책상이 맨 앞쪽에 있는 탓에 내 뒷머리는 상사들의 눈요기가 되었다.

처음 업무를 지도하고 가르쳐 주는 사람을 '사수'라고 한다. 내 인생 최고의 선물 이야기는 사수를 통해 지식과 지혜를 배웠던 잊을 수 없는 경험이다. 업무 자세, 전문 지식, 그리고 인격까지 배울 기회는 모든 새내기가 꿈꾸는 이상적인 첫걸음이다. 요즘엔 멘토라고 한다. 멘토는 직장생활의 많은 부분에서 길잡이 역할을 하며, 성장과 발전에 있어 큰 도움을 준다.

멘토가 주는 지식과 지혜는 단순히 업무에 관련된 기술적인 부분을 넘어서 직장 내외에서 인간관계, 직업 윤리, 문제 해결 능력 등 인생의 많은 영역에 걸쳐 적용될 수 있다. 이런 경험은 개인적인 성장뿐만 아니라, 향후 다른 이들에게 긍정적인 영향을 주며 리더로 성장하는 데에도 큰 길잡이가 된다.

누런 봉투에 직접 사인펜으로 금액을 쓴 월급은 현금과 동전 하나하나까지 차이가 나지 않았다. 월급날에는 시내 음식점 사장이나 술집 마담들이 회사에 와서 한 달 동안 밀린 외상값을 받아 갔다. 월급날이 장날이었다. 꼴랑 14만 원이었지만 소중하고 자랑스러웠다.

그날은 선배들의 카드놀이가 필수 코스였다. 사수는 10만 원을 내게서 빌려갔고, 다음 날 출근하자마자 2만 원을 얹어서 갚았다. 하룻밤에 20% 이자를 받으니 기분이 쏠쏠했다. 왜 내 돈을 빌려가냐고 물으면 '끗발이 잘 선다'라고 하니 싫지는 않았다.

휴식 시간에는 지난밤 승전고를 울렸던 순간을 입에 침까지 튀기며 자랑스럽게 이야기를 했다. 카드 게임의 프로급이었다. 매월 한 번 정도는 회식했는데 독신자들 몸보신시킨다고 삼겹살을 먹었다. 노래 한 곡씩 돌아가며 불러야 회식이 끝난다. 노래방 기기가 없을 때이니 간혹 가사를 잊어 민망한 적도 한두 번이 아니었다.

사수는 노래를 한 번도 부르지 않았다. 부서장도 아예 시키지 않은 것을 보면 음치임이 틀림없으리라 생각했다. 그러나 담배는 계속 물고 있어서 마음속으로 담배 천 대의 사수라고 불렀다.

내가 고향에서 결혼하게 되었는데 먼 곳까지 와서 축하해 주기도 했다. 업무 환경과 직장의 터프한 분위기에 안정이 되지 않아 하반기 공채 시험을 위해 일과가 끝나면 공부를 했다. 이직 준비를 하고 있다는 소문을 들었는지 하루는 조용히 휴게실로 부르더니 장시간 조언과 훈계를 했다.

"아무리 좋은 직장에서 근무한다고 해도 제약 조건은 다 있게 마련이다. 지금은 힘든 과정일지라도 함께 희망만 가지고 가자"라고 나의 마음을 달래려 애썼다. 시험 일자가 다가오자 바닷가로 데리고 갔다. 시험을 못 보게 트릭을 쓴 것임을 알아챘지만, 모른 척하고 따라나서 하루를 즐겁게 보냈고 이직은 그렇게 물거품이 되었다.

어느 날, 중요한 프로젝트를 맡게 되어 압박감에 잠을 이루지 못할 정도로 고민이 많았다. 선배는 나의 그런 모습에 자신의 경험을 바탕으로 조언을 아끼지 않았다. 더욱이 내가 실수할 때마다 타이르듯이 올바른 길로 인도해 주었고, 때로는 엄격하게 때로는 따뜻하게 지지해 주었다.

가장 기억에 남는 순간은 프로젝트 마감일이 다가왔을 때였다. 나는 거의 포기 상태에 빠져 있었지만, 선배는 그런 나에게 격려와 용기를 심어 주었다. 밤을 새워가며 나와 함께 작업을 마쳤다. 덕분에 프로젝트는 성공적으로 마무리되어 회사로부터 큰 포상을 받았다.

그 순간, 나는 선배의 진정한 의미를 깨달았다. 단순히 연차가 많은 상사가 아니라, 어려움 속에서도 빛나는 사람, 다른 사람을 위해 자신을 희생할 줄 아는 사람이었다. 선배 덕분에 직장생활의 진정한 가치와 동료애를 배웠다.

사수는 부장으로 진급하여 본사로 올라가 서로 헤어지게 되었다. 간혹 공장에 출장 오면 나에게 다가와 직장과 가정생활의 조언을 아끼지 않았다. 그는 임원이 되었고, 나도 본사로 이동하게 되어 다시 만나 막역한 형, 동생 사이로 지냈다.

토요일이 반 공휴일인 시절이었다. 금요일 퇴근 무렵, 내일은 골프채를 가져오라고 했다. 12시 무렵 무조건 차에 나를 태우더니 경기도 이천의 한 골프장으로 데려갔다. 어리벙벙한 상태에서 처음 머리를 올리게 되었다. 사수는 86타, 나는 106타를 쳤는데 20타를 따라잡는데 3년 정도 걸리니 꾸준히 연습하여 6개월 이내에 따라잡으라고 했다.

3개월 레슨을 받고 내가 초대하여 10타로 줄였다. 1년 후 5타까지 따라가다 선배가 싱글 수준까지 올라가니 더이상 따라가지 못하고 포기하고 말았다. 나도 열심히 연습했지만, 사수는 더 열심히 한 탓이겠지 생각했다.

토요일이면 으레 퍼블릭 골프장으로 가서 운동하고 헤어졌다. 지독한 연습벌레였다. 내기에는 지는 법이 없었고, 배려나 자상함도 대단했다. 하나를 붙들면 끝장을 보는 성격이라서 심리학자 말콤 글래드웰의 《아웃라이어》에 나오는 '1만 시간의 법칙'이 떠올랐다. 누구나 하루 3시간씩 10년을 노력하면 천재가 된다고 한다. 사수를 두고 한 이야기인 것 같다.

회사 내 신규 사업이 진행되고, 사수는 계열사로 전출되었다. 많은 시행착오와 어려움 속에 고생하던 차 그 후 회사를 사직하고 지방에서 사업체를 운영했다. 나도 임원이 되어 같은 지방에서 근무하게 되었다. 매일 저녁 같이 식사하고 골프 연습장에서 코치를 받고 숙소로 돌아왔다. 얼마 후 나는 계열사로 전출되어 다른 지방에서 종종 안부만 묻는 사이가 되었다.

어느 날 사수의 갑작스러운 부음 소식을 듣고 넋을 잃고 말았다. 저녁에 혼자 TV를 시청하다 심근경색으로 쓰러져 별나라로 홀연히 떠났다. 서울에 있는 형수가 전화를 여러 번 해도 받지 않아 아침에 직원이 찾아갔더니 선배는 말이 없고 TV만 켜져 있었다고 했다. 간밤에 한마디 말도 없이 쓰러진 듯했다.

장례식장에 단숨에 달려가서 사수의 얼굴을 마지막으로 대하고 국화꽃 한 송이를 영정에 놓고 왔다. 떨어지지 않는 발걸음을 옮기려니 사수의 얼굴이 떠올라 한동안 주저앉아 눈물을 삼켜야 했다.

사수의 고향은 안동이었다. 어느 날 고향에 다녀온 뒤 선물용 도자기 모양의 안동소주 세트를 나에게 준 적이 있었다. 언젠가 좋은 날 소주를 나누려고 했는데 황망히 떠나버린 사수가 얄밉다. 십여 년도 더 지난 이별주를 사수 없이 혼자 마시려니 마음 둘 데가 없고 형의 생각으로 힘이 든다.

"그리운 형! 담배를 끊으라고 조수가 그렇게 애원하지 않았나요? 그놈의 지긋지긋한 담배가 형을 데려갔어요"라고 절규한다. 시간이 흘러 나도 선배처럼 후배들에게 도움을 주는 사람이 되고자 했다. 선배와의 만남은 격한 감동을 주었고, 선물이 되었다. 그 힘이 나의 성장에 큰 원동력이 되었다. 선배와의 추억은 영원히 내 마음속에 새겨져 있다.

"형이 신입사원 시절 가르쳐 준 지식과 인격이 씨앗이 되어 이 조수도 산전수전을 거쳐 이곳까지 오게 되었답니다. 끊임없이 밀려드는 어려움에도, 신규 프로젝트를 정확하고도 디테일하게 기획하여 성공적으로 추진했던, 돈으로도 살 수 없었던 훌륭한 자산을 나에게 남겨 주었습니다. 형은 꾸밈이 없는 진실한 선배, 화려하지 않아도 빛이 나는 사수, 세상에 하나밖에 없는 나의 유일한 형이었습니다. 포장도 하지 않은 채 내게 온 인생의 최고의 선물이었습니다."

경영컨설턴트로 활동 중, 전) 현대차 그룹 부사장, 선일다이파스 부회장

고통도 익으면 꽃이 된다

임명자

　도자기를 빚다 보면 처음 의도한 대로 되지 않아 불만일 때가 있다. 초벌구이가 끝나고 다시 가마에 들어가 1,000도 가까이 열이 가해지면서, 또 다른 모습으로 태어나는 도자기들을 보면 마음이 스르르 바뀐다.
　뜨거운 열을 견뎌내고 나온 자기磁器들은 처음 의도한 것들보다 훨씬 멋진 모습으로 당당히 얼굴을 내민다. 흙을 주무를 때, 그날의 날씨와 기분과 힘의 균형에 따라 빚어지는 모습은 사람과 사람 사이에서 겪는 갈등 같다
　주무르고 빚고 열을 가하고, 처음의 의도와는 상관없이 주위 여건에 따라 변화되는 도자기들처럼, 사랑의 파장도 늘 부드럽기만 한 것이 아니라 색의 변화, 모양의 변화 등 여러 모습으로도 겪게 된다.
　의도치 않아도 인연이 있는 사람들은 미우나 고우나 모두가 나에게 선지식이 되곤 한다. 미운 사람 쳐다보기도 싫다 해도 가만히 들여다보면 실은 그와 내가 닮은 꼴로 빚어진 모습이라서 그렇기도 하다. 고운 인연도 가끔은 고운 그 자리를 벗어나 미운 자리로 이동하기도 한다.

이렇듯 관계들은 굴절을 겪는다

현자들의 수많은 가르침을 머릿속에 입력해도 그저 지식이 될 뿐, 실제로 눈앞이 캄캄하고 숨막히는 문제가 나타날 때면 그 지식은 아무 소용이 없어지곤 한다. 내 삶에서 수없는 순간들이 고통이 되어 쉽게 지워지지 않는 유화처럼 깔리곤 했다. 결국은 여러 겹의 덧칠로 검은색이 되는 그림이었다.

힘들고 지쳐 길도 보이질 않아 죽음이라는 검은 그림자가 주위에 어른거리고, 그 어둠을 이기지 못해 피 흘리기를 반복했다. 고통에 지지 않으려 애쓸수록 더 깊이 빠져들곤 했다. 그때 밝아지고 싶다는 처절함으로 또다시 몸부림쳤다. 다행히 그 빛을 만나 어둠을 걷어낼 수 있었다.

절실할 때 찾아와 준 생의 빛은 나를 정면으로 바로 볼 수 있는 힘, '마음 공부'라는 값진 시간의 선물이었다 처절하게 녹여내고 담금질하니 너와 내가 다르지 않음을 아는 지혜, 세상의 어떤 것도 귀하지 않음이 없다는, 세상 모든 것이 나를 나로 서 있게 만드는 귀한 사랑이 되었다. 지혜가 점점 밝아져 왔다. 비로소 세상 모두가 이미 꽃이었음을 깨달았다.

고운 너도, 미운 나도.

내 곁에 다른 모습으로 나타나 힘들게 했던 관계와 시간, 그들 때문에 아팠다고 소리쳤던 것들이 본질적으로 처음부터 고통이라는 문제가 아니라는 것을 알게 되었다.

그것은 오직 '나'라는 열기 힘든 철문의 에고로부터 발현된 관념이었다. 좁고 빈약한 내 마음자리가 보일 뿐이었다. 부끄러움은 결국 내 몫이었다. 하루에도 수없이 태어나고 사라지는 비본질적인 번뇌들을 본질로 바로 보게 되는, 이런 지혜가 갖추어지는 형태와 시간, 불가마에 들어가 말갛게 다른 얼굴로 나타나 아름다운 모양의 도자기가 되는 과정처럼 마음 공부는 내게 생명과도 같은 선물이었다.

귀한 선물을 받아 안아 고통을 제대로 익히게 되니 내 안에선 무수한 아름다운 꽃이 핀다. 눈부시게 세상이 환하다.

시인, 1990년 등단, 시집 《따스한 날의 아침》, 포토에세이 《그해 소풍》, 《라틴 그 원색의 땅에 입 맞추다》 외 다수

손녀의 웃음, 피어나는 행복의 정원

장동익

둘째 아들 호경이와 며느리 윤제는 1년가량 로맨스 끝에 2013년 1월에 결혼했다. 윤제가 호경이보다 9살 연하로 결혼할 때 25살이었다. 우리 부부는 은근히 손주 보기를 기대하고 있었지만, 몇 년 동안 소식이 없었다. 2016년 하반기 어느 날 둘째가 전화했다. "어머니, 윤제가 아이 가졌어요." 아내와 함께 큰소리로 "야호"를 외쳤다. 2017년 4월, 애타게 기다리던 외동 손녀가 태어났다.

손녀 은재가 2살이 되면서 우리 가정은 더욱 풍요로워졌다. 은재가 유치원 입학하기 전까지는 한두 달에 한 번꼴로, 유치원 입학하고 나서도 1년에 5~6번 우리 대부도 집으로 와서 2~3일씩 지냈다. 대부도 집은 주택 앞 남쪽 방향으로 150여 평의 정원이 있고, 주택의 동쪽에 10여 평의 텃밭이 있다. 우리 부부가 2016년 1월에 대부도로 이사했을 때는 정원 잔디 주변에 심어놓은 나무에 피는 개나리, 철쭉, 배롱나무, 자목련 등의 꽃을 제외하고는 꽃이 별로 없었다. 아내도 꽃을 무척 좋아했지만 역시 손녀보다는 우선순위에서 밀린다. 손녀와 아내를 위해 2018년부터 각종 꽃씨를 구하여 정원 둘레의 나무들 사이에 심기 시작했다.

은재는 함께 꽃씨를 심어 정원을 가꾸면서 자연과 소통하는 경험을 쌓았다. 5월에는 분홍색과 노란색 달맞이꽃, 7월 중순부터는 백일홍이 만발한다. 꽃나무들과 2018년부터 심은 꽃씨들은 4월의 개나리와 철쭉으로 시작하여 10월의 백일홍과 국화를 끝으로 각종 꽃이 정원 주변을 채운다. 은재의 웃음소리와 함께 꽃들이 1년 동안 피고 지고, 빛나고 사라지는 것을 보며 우리는 가족과 친지들과 소중한 순간을 만들어가고 있다.

2019년에는 은재를 위해 정원을 더욱 화려하게 꾸미기로 했다. 대형 텐트, 16명이 함께할 수 있는 테이블과 의자 세트, 큰 텐트 주위를 밝혀 줄 20개의 LED 등, 대형 우산과 함께 6인용 야외 테이블 세트, 바비큐 세트. 정원 4면을 밝혀 줄 18개의 태양전지 LED 등, 야외창고 등 각종 정원 가구를 설치했다. 방방이, 해먹, 3m×2m 조립식 수영장도 설치했다. 2021년에는 3년 차 된 대형 텐트의 천이 햇빛에 바라고 바람에 일부 찢어져서 텐트는 치워버렸다. 그 자리에 여닫이 모기장이 있는 대형 까만색 철제 가제보를 동네 이웃들의 도움을 받아 설치했다. 몸은 피곤했지만 이보다 더 큰 즐거움이 없었다. 날씨 좋고 꽃이 만발하는 5월과 10월은 은재뿐 아니라 친지들을 위해 바비큐 파티하는 최적의 시기가 되었다.

작은 천사, 손녀는 우리 집의 행복한 주인공이다. 한번 오면 집에 돌아가고 싶어 하지 않는다. 아침을 먹고 나면 바로 정원에 나가 방방이부터 탄다. 정원에서 바비큐 파티를 즐기며 특별한 순간을 맛본다. 과일과 채소를 따면서 어린이의 순수한 행복을 누린다. 할머니와 정원에서는 '무궁화 꽃이 피었습니다' 놀이와 집안에서는 숨바꼭질을 즐긴다. 할머니를 껌딱지처럼 붙어 다닌다. 6살이 되어서는 나와도 즐길

거리가 생겼다. 전동 장난감 스포츠카 2대로 경주를 하거나 산수 문제와 한글 및 한자 익히기를 함께한다. 겨울에는 해먹과 방방이를 집 안에 들여놓는다.

"자식보다 손주가 더 예쁘다", "손주는 눈에 넣어도 아프지 않다"라는 세간의 말을 들으면서도 크나큰 감흥은 없었다. 그저 손주를 보면 얼마나 좋을까 하는 희망이 컸을 뿐이다. 첫 손녀를 처음으로 안았을 때의 감동은 지금 무어라 표현하기 어렵다. 자라는 모습을 보면 볼수록 예뻐서 어찌할 바를 모르는 감정을 감출 수 없다. 은재를 볼 때마다 남은 인생 노력하여 더 좋은 세상으로 만들어야 한다는 의무감도 커진다. 인간의 삶이란 결국 후손의 무궁한 번성과 번영을 위해 살아가는 것이 아닐까?

손녀와 함께하는 순간들은 언제나 특별하고 즐거웠다. 은재의 순수한 행복과 웃음은 정원에 피어난 꽃들처럼 우리 가정을 빛나게 해 주었다. 함께 보낸 시간은 언제나 소중하고, 정원은 가족의 사랑과 기쁨으로 가득하게 피어난다. 은재는 내 인생 최고의 선물이다.

한국디지털문인협회 자문위원, 디지털책글쓰기코칭협회 고문, 세종로국정포럼 교수협회 회장, 스마트워킹협의회, 감사나눔연구원 디지털연구소장

꽃세상

:

전윤채

 언제부터인가 이런 의문이 들었다. 인간은 왜 이런 형상을 하고, 행복과 불행을 번갈아가며 경험하면서 살아가고 있는 것일까? 철마다 피어나는 저 꽃들은, 저 풀들은, 저 새들은, 저 동물들은 왜 저런 형상을 하고, 자연과 우리는 함께 살아가고 있는 것일까? 오랫동안 이런 의문들로 인해 삶의 진정한 기쁨을 찾을 수가 없었다. 누구를 만나서 어떤 대화를 나누어도 그저 스쳐 지나가는 바람결 같은 것이었다.

 그러던 어느 날 유튜브에서 정법강의_{정법법문}를 검색해서 듣기 시작했다. 평생 단 한 번도 들어보지 못한 세상에 대한 궁금증을 하나하나 풀어 주시는데 누워서 가볍게 듣다가 정신이 번쩍 들어 그대로 자리에서 일어나 앉았다. 거대하고 거대한 말씀이지 않은가.

 세상을 일깨우기 위해 피를 토하듯 하시는 한 말씀, 한 말씀은 인류를 위한 것임을 직감했다. 강의를 들을 때마다 그동안 엉켜 있던 의문의 실마리들이 한 올, 한 올 풀리면서 한 강의를 다 듣고 나면 어느새 그 의문이 풀리는 마지막 지점에 도달해 있는 놀라움을 느꼈다. 오랫동안 묶여 있던 나의 영혼이 새로운 에너지로 생기가 돌아 힘을 얻기 시작했다.

정법강의를 들은 지 올해 8년 차가 된다. 인간 세상을 위해 바른 말씀을 아름답고 향기로운 꽃으로 아낌없이 뿌려 주시니 어찌 평화스럽고 맑은 꽃세상이 피어나지 않겠는가. 살면서 이토록 깊은 감동을 받아 본 적이 없었기에 이 기쁨을 무엇에도 비추어 말할 수가 없다. 물론 듣는 모든 사람이 나처럼 감동할 수는 없을 것이다. 모든 사람이 저마다 고유하지 않은가.

사람들을 만나 대화를 한참 나누고 나면 내 이야기가 타당하다고 생각되는지 도대체 무슨 공부를 하느냐고 묻기도 한다. 정법 공부를 하고 있다고 하면 이번에는 무슨 종교냐고 묻는다. 신앙 종교가 아니라 생활 속에 일어나는 일들을 바르게 풀어가는 공부라고 설명하면 맞는 말인 것 같으면서도 아직 들어보지 않은 미지의 강의에 대해 나름대로 추측하는 그들의 표정이 재미있어 웃음이 나오기도 한다.

'정법'이란 용어를 종교계에서 오랫동안 사용해 오다 보니 무심결에 지금 알고 있는 종교처럼 생각할 수 있다. 정법을 한자로 풀어보면 '바를 정正' 자에 '법 법法' 자로 '바른 법', 즉 '바른 법칙'이라는 뜻이다. 정법이란 생활 속에서 어떻게 살아가는 것이 바른 것인지에 대한, 우리도 모르는 사이에 운용되고 있는 자연의 법칙을 알려 주는 생활도 공부다. 기본적인 제도권 교육을 마친 우리 젊은이들이 사회에 나올 때 사회를 바르게 알고 바른 방법으로 접근하는 것이 얼마나 중요한 것인지를 일깨워 준다.

바르게 살아가는 방법의 핵심은 '자연의 법칙이다'라고 정법강의에서 밝히고 있다. 우리 인간이 태초부터 2012년까지 진화, 발전을 거듭하며 쌓아온 논리의 지식이 마치 정답인 양 알고 살아오다 보니 시행착오를 수없이 겪으면서 70%까지 성장해온 시대였다. 2013년부터는 과도기를 거쳐 앞으로 남은 30%의 시대는 진리의 지식참 이치에 닿다. 즉 자연의 법칙을 받아들여 국민들의 피와 땀으로 성장한 지식인들과 경제인들이 융합하는 시대이다. 그동안 희생하면서 뒷바라지해 온 국민들을 위해 지혜를 열어 지금까지 갖추어 온 모든 일반 지식의 모순을 연구하며 정리한 신패러다임의 새로운 법체를 만들어 운용하며 살아가야 하는 새로운 시대를 맞이하게 되었다. 2013년도부터는 대자연의 법칙이 점점 더 분명하게 운용되는 유리알처럼 맑고 투명해지는 시대를 살아가게 된다. 이제부터는 대자연의 법칙을 알고 사는 것이 무엇보다 중요하다. 이러한 시대에 내 지식이 옳다는 고정관념으로 자연의 법칙을 모르고 살면 답답하고 힘들고 아픈 경험을 하면서 살아가야 하는 것이 문제라는 것이다.

자연의 법칙이 운용되고 있는 우주 속의 지구판 위에서 살고 있는 우리 인류를 위해 대자연의 법칙을 알기 쉽게 풀어 주는 것이다. 대자연은 한 치의 오차 없이 운용되고 있다는 걸 이해한다면 모순 많은 인간이 생산한 논리의 지식이 참인지, 대자연이 운용하고 있는 법칙이 참인지 분별할 수 있을 것이다.

억울한 일을 맞이했을 때 나를 속일 수는 있을지 몰라도 하늘은 속일 수 없다는 말을 하지 않는가. 하늘이 바르다는 것을 암시하는 말을 감으로 해왔다. 우리는 '자연의 섭리' 또는 '자연의 순리'라는 말을 하면서 살아왔는데 이 또한 자연의 법칙에 근접해 있다.

많은 변화를 경험하고 있다. 가장 큰 변화는 남편과의 관계였다. 나 자신의 잘못을 돌아보기보다는 내가 옳다는 고집스러운 생각으로 남편을 탓하거나 원망하는 경우가 많았다. 강의를 들은지 3년이 되면서 남편이 바뀌기를 바라며 살아온, 나의 잘못된 모습이 보이기 시작했다. 자연의 법칙에 어긋나는 방법으로 남편을 대하고 있었다는 것을 알아차리게 된 것이었다. 나 한 사람 일깨우기 위해 수많은 시간 동안 술을 먹으며 사자使者 역할을 해 온 남편의 희생이 가슴 아팠다. 그러자 뜨거운 눈물이 주체할 수 없이 흘러 영혼의 티마저도 깨끗하게 씻겨 나가는 귀한 느낌이 들면서 감사함이 저절로 우러나왔다.

며칠 후 남편이 "당신이 살아오면서 나로 인해서 얼마나 힘이 들었을까를 생각하면 자꾸 눈물이 난다"라고 하면서 울먹였다. 그런 일이 있었노라고 한마디도 하지 않았는데 이심전심인가? 이런 일이 일어난 뒤부터 서로 말과 행동이 자연스레 바뀌어갔다.

생활 속에 바른 잣대가 놓였다. 대자연은 바르게 행하면 복을 안겨주고, 틀리게 행하면 아픔을 주는 원리가 있다. 정법강의는 세상의 이치에 대한 폭넓은 공부이며, 참 지식을 담아 내공의 질을 높여준다.

대한민국에 태어나 세상을 널리 이롭게 하기 위한 홍익인간으로서의 삶을 다하기 위해 꾸준히 공부하며 노력하고 있다. 이 자리를 빌어 나의 인생을 바르게 살 수 있도록 법비를 세상에 아낌없이 내려 주시는 스승께 감사드린다.

한국디지털문인협회 책글쓰기 9대학 회원, 정법 공부 중

세 마디 말씀

정선모

우리 세 자매가 만나면 늘 하는 이야기가 있다. 어머니는 정말 큰 유산을 남기셨다고. 어머니가 평소에 늘 말씀하시던 대로 살아오니 어떤 일이 있어도 잘 넘기고 지금껏 살아왔다고.

어렸을 적부터 어머니에게 귀에 못이 박이도록 들어온 말이 있다. 작은 빗방울이 단단한 바위를 뚫듯 그 말은 지금도 우리 자매의 삶을 관통하고 있으며, 인생을 살아가는데 큰 나침반이 되어 주었고, 지금도 내 삶의 지침이 되고 있다.

첫째는 "좋은 말만 해도 시간이 부족하다"였다. 바삐 살다 보면 보고 싶은 사람이나 좋아하는 이들을 자주 만나지 못할 때가 많다. 그런데 그 아까운 시간을 남의 뒷말을 하거나 근거 없는 소문을 퍼뜨리며 남을 비방하는 데 쓰면 되겠냐는 것이었다.

어머니는 누구에게든 칭찬하는 걸 매우 즐기셨다. 이웃들 칭찬은 물론이고, 길을 가다 혹은 지하철로 이동할 때 만난 사람들에 대한 칭찬도 자주 하셨다. 낯선 이의 작은 친절에 무척이나 고마워하며 아낌없이 칭찬하는 모습을 뵐 때면 어머니가 사는 세상이 별도로 있는 것만 같은 생각이 들 정도였다.

어린 시절 친구들과 놀다가 간혹 다투기도 했는데 그럴 때마다 친구들 흉을 보며 투정 부리면 어머니는 늘 "그 아이도 그렇게 생각할까?" 하고 되물으셨다. 그 아이도 집에 가서 내 흉을 볼 거라며. 친구가 내 흉을 볼 거라곤 생각도 못 했기에 내 입은 저절로 다물어졌다. 어린 나이에도 누가 나를 비방하는 것은 싫었던 모양이다.

둘째는 "말을 앞세우지 말아라"였다. 지키지 않을 약속을 남발하면 다른 사람이 나를 우습게 생각하며 신뢰하지 않는다는 것이었다. 다음 시험엔 꼭 백 점 맞겠다고 큰소리 탕탕 치면 영락없이 어머니 말씀이 날아왔다. 지금도 어떤 일을 하겠다고 약속할 땐 말이 먼저 앞서지 않도록 주의하고, 한번 한 약속은 지키려고 무던히도 애쓴다. 말보다 행동으로 보여주길 늘 강조했던 어머니 덕분에 우리 자매는 큰 실수 없이 지금껏 살아왔다.

셋째는 "한번 해보자"였다. 낯선 일에 도전하는 것을 두려워하지 않고 늘 긍정적인 마음가짐으로 살아온 어머니 사전엔 '안될 거야'라는 낱말이 아예 없는 듯했다. 1919년생이었던 어머니는 살아생전 비슷한 연배의 분들에 비해 외국 여행을 많이 하셨다. 결혼하자마자 미국에 이민 간 막내 덕분에 미국과 캐나다는 물론 유럽도 많이 다니셨다.

처음 낯선 나라에 모시고 갈 때 막냇동생은 어머니가 그곳 음식을 드시지 못하면 어쩌나 하는 마음으로 고추장볶음, 김, 멸치 등을 바리바리 싸 들고 갔다. 그러나 그걸 꺼낼 겨를도 없이 현지 음식을 너무 잘 드셔서 깜짝 놀랐다고 했다. "지금 아니면 언제 먹어보냐"라고 하시며 어떤 음식이든 잘 드시는 걸 보곤 다음부터는 아예 음식을 갖고 가지 않았다.

아버지가 사고로 한동안 일을 하지 못하셨을 때 시장 한 귀퉁이에서 고사리를 삶아 팔기도 하셨다. 한학자의 외동딸로 곱게 자라 험한 일은 해보지 않으셨던 분이 어떻게 그런 용기를 내었는지 모른다. 그때도 어머니는 처음부터 장사꾼으로 태어난 사람이 어디 있느냐고 하시며 "도둑질 같은 나쁜 일만 아니면 아이들 키우기 위해 무슨 일이든 다 할 수 있다"라고 하셨다.

하루에도 수없이 그런 말을 듣고 자란 우리 자매는 어떤 일이 닥쳐도 별로 두려워하지 않는다. 혼자 여행도 잘하고, 처음 맡은 일도 척척 해내는 편이다. 언니는 손이 커서 웬만큼 많은 손님도 혼자 뚝딱 치러내고, 정이 많아 사람들을 잘 보살피는 바람에 전국에 아들(?)이 있다. 냉장고에는 늘 그들이 보내오는 것들로 가득하다. 올해 83세라 자신도 돌봄을 받을 나이인데, 날마다 주머니가 불룩하도록 사탕을 넣고 인근에 있는 노인 복지관에 찾아가 어르신들의 말벗이 되어 주며 사탕을 나눠드리고 있다. 방글방글 웃으며 어른들 손도 잡아 주고 얼굴도 만져드리는 모습을 보면 언니는 늙을 새가 없다는 생각이 든다. 지금도 여전히 소녀처럼 예쁘다.

막냇동생은 싹싹하고 다정한 성격을 지니고 있어 영어를 잘하지 못하는 우리나라 교포들을 잘 돕는다. 그들이 어려운 일을 당하면 바쁜 시간 쪼개어 경찰서나 공공기관에 같이 가서 통역해 주고, 때론 온 가족을 집으로 불러 밥도 해 먹인다. 간혹 실컷 도와준 그들에게 말도 안 되는 배신을 겪기도 하지만 속상한 마음은 그때뿐, 금세 잊고 다시 또 도움이 필요한 이들을 위해 나서는 모습을 보면 어머니를 빼닮았다.

어머니의 가르침은 우리 자매가 인생을 살아가는 데 큰 힘이 되었다. 말 한마디도 조심하고 남을 존중하는 태도를 지닐 것, 말과 행동이 일치하도록 노력할 것, 도전을 두려워하지 않고 긍정적인 마음가짐으로 살아가는 것은 인생을 살아가는 데 있어서 가장 중요한 안내판이 되어주었다. 이보다 더 큰 어머니의 선물이 어디 있단 말인가.

수필가, 도서출판 SUN 대표, 한국문인협회 부회장, 현대수필문학상 수상.
저서: 《지휘자의 왼손》, 《바람의 선물》, 《우는 방》 외

봄에 부르는 희망가

조정숙

   2월 4일 입춘이 지났다. 24절기 중에서 첫 번째 절기로 봄의 시작을 알리는 반가운 날이다. 바람은 여전히 차갑고, 따뜻한 햇볕에 눈이 부시다. 겨우내 잠들었던 나뭇가지에 꽃눈과 잎눈이 톡톡 불거지고, 하얀 목련은 꽃잎을 감싸고 있던 단단한 껍질이 열리면서 살아 있다는 신호를 보내고 양지쪽 목련은 하얀 꽃망울이 열리고 있다.
   또 봄, 생각만으로도 설레는 계절이다.
   영춘화, 산수유 노란 봄꽃이 피어 동네가 환하다. 상사화는 연녹색 잎이 흙을 비집고 나오고, 여름이 한풀 꺾이면 꽃대가 올라온다. 상사화는 꽃과 잎이 만날 수 없다. 그래서일까? 꽃말도 서러운 '이룰 수 없는 사랑'. 길동생태공원에도 봄이 오고 따뜻한 햇볕에 들썩거린다. 겨울 끝자락에 쌓인 눈을 조용히 헤집고 나온 복수초 꽃대는 힘이 짱짱하다. 노란 꽃잎이 조용히 열리고 새소리도 명랑하다.
   부들 씨앗도 봄바람 타고 여행을 떠난다. 나뭇가지 사이로 자유롭게 날아가는 씨앗을 눈으로 좇는다. 땅 위에서 또 땅속에서 부산하게 오는 봄맞이에 설레는 날, 가슴이 뜨거워진다.
   마른 풀숲에서 잠자던 새끼 노루가 화들짝 놀라 달아난다. 멀리서 보아도 잔뜩 겁먹은 눈망울이 보이는 듯하다. 골짜기를 타고 내려오던 물이 고인 웅덩이에 개구리 알이 소복하고, 건드리면 톡 터질 것 같은 투명한 막 안을 자세히 보니 작은 점이 콕콕 박혀 있다. 며칠 지나서 가보았더니 인형 눈처럼 까만 점이 제법 또렷해졌다. 하얀 목련과 산수유는 서로 뒤질세라 부지런히 꽃망울을 부풀고, 산책하는 사람들이 나누는 이야기와 발소리가 부산하다.

겨울 끝자락, 그늘진 곳에 쌓인 잔설 위에 도장처럼 선명하게 찍힌 동물 발자국이 보인다. 새 발자국은 희미하게 찍혔어도 알아보겠다. 동물 발자국은 노루인지 멧돼지인지 잘 모르겠다. 눈 위에 찍힌 동물 발자국은 자세히 본 기억이 없기 때문이려니. 산책로를 따라 걷다 보니 상쾌한 봄바람이 분다.

그때 연못에서 왜가리 한 마리가 날아올랐다. 하필이면 전화기를 주머니에 넣고 조류 관찰대 앞에 도착했을 때, 왜가리 한 마리가 무대에서 춤추는 무희처럼 우아하게, 연못을 가로질러 나무 위로 날아갔다. 다음에는 전화기를 촬영 모드로 설정하고 기다렸다가 왜가리가 멋지게 날아오르는 모습을 동영상으로 촬영해야겠다고 다짐했다. 아쉬움을 달래고 발걸음을 돌리는데 미련이 남았는지 자꾸만 뒤를 돌아보았다.

며칠 후, 따스한 봄날. 연못 조류대에 앉아 있는 왜가리를 발견했다. 박제한 새처럼 꼼짝도 하지 않고 30여 분 동안 죽은 듯이 꼿꼿이 앉아 있다. 다리가 아파 막 돌아서려는데, "풍덩" 왜가리가 연못으로 떨어졌다. 순간 용수철처럼 솟구쳐 다시 조류대에 앉는 왜가리가 시치미 뚝! 저 능청스러운 모습에 배꼽을 잡고 웃느라 사진도 못 찍었다. 산책로 주변에 있는 버들강아지도 털을 하늘로 세우고 사방으로 날아갈 준비를 한다. 만지면 부드러운 촉감이 강아지 털처럼 부드럽고 포근하다.

허브천문공원으로 갔다. 이른 봄맞이에 공원 관리하는 분들의 손길이 분주하다. 허브 향기가 가득한 공원을 산책할 생각으로 기쁘다. 수고하는 사람들 덕분에 꽃길을 걸을 수 있으니 얼마나 고마운 일인가. 걷다가 조각품에 앉아 쉬면서 일광욕도 할 수 있으니 더욱 좋다.

허브천문공원이 깜깜한 어둠에 잠기면 별을 관찰할 수 있는 작은 천문대도 있다. 예전에 작은 사다리에 올라가 별을 관찰한 적도 있다. 망원렌즈를 통해 고개를 뒤로 젖히고 별을 찾는데 별은 보이지 않고 어찌나 목이 아프던지. 한참 눈을 이쪽저쪽으로 굴려도 보이지 않던 별이 어느 순간 반짝했다. 황금빛을 발하는 영롱한 별, 손에 잡힐 듯 가까이 있는 별! 순간 목 통증이 거짓말같이 사라지고, 갑자기 별을 따고 싶은 충동이 느껴졌다. 어릴 적, 초등학교 과학실에서 현미경으로 작은 물체를 관찰할 때보다 수십 배는 신기했다. 저녁이면 산책로 별자리에 불이 들어오고, 아이들이 좋아서 폴짝폴짝 뛰며 까르르 웃었다.

하루는 산책하고 저녁때 집에 돌아오는데, 막둥이가 보낸 해산물이 도착했다는 메시지를 받았다. 스티로폼 박스를 열어보니 낙지 대가리가 아이 주먹만 했다. 낙지 빨판에 손이 닿으니 강한 힘이 느껴졌다. 낙지를 먹으면 쓰러진 소도 벌떡 일어나게 한다는 말이 생각났다. 살아서 꿈틀거리는 낙지를 밀가루로 씻어 탕탕이로 먹었다. 굵은 낙지 다리와 대가리는 내장을 제거하고, 끓는 물에 살짝 데쳤다. 생고추냉이를 넣은 초고추장에 찍어 먹었다. 싱싱한 낙지라 그런지 달착지근하고 쫄깃한 맛과 바다향이 입안에 가득했다.

투명 비닐봉지에는 크고 작은 바지락도 섞여 있다. 물이 출렁거려서 놀랐는지 벌리고 있던 입을 꼭 닫았다. 바지락을 박박 씻은 다음 끓는 물에 넣고, 아욱 된장국을 끓였다. 참치 액젓을 조금 넣었더니 바지락이 싱싱해서인지 아욱 된장국도 맛있다. 막둥이 덕분에 신선한 해산물을 먹었더니, 나른한 봄도 거뜬히 날 수 있을 것 같았다.

남쪽에서 매화, 벚꽃이 피었다고 꽃소식이 빠르게 올라오고 있다. 서울에도 부지런한 매화가 피었다. 예년보다 겨울이 따뜻해서인지 서울시민대학 돌담에도 새싹이 단단하게 뿌리를 내리고 있다. 언덕을 올라가는데 훈훈한 바람이 목덜미를 휘감고 지나갔다. 지난해 서울시민대학에서, 시민 학사와 시민 석사 연구 결과물 '추억을 찾아 순정만화 속으로', '성내동 강풀만화거리' 준비하느라 연말을 반납한 보람이 있다. 3월 14일 목요일 오후 3시, 동남권 캠퍼스 4층 미래홀에서 학위 수여식이 진행되었다. 학사 우수상, 석사 학위 수여식을 잘 마쳤다. 겨우내 잔뜩 움츠렸던 어깨도 봄기운에 활짝 펴졌다.

오늘은 봄의 네 번째 절기 춘분이다. 드디어 낮과 밤의 길이가 같아졌다. 내일부터 낮의 길이가 조금씩 길어질 것을 생각하니 기분이 좋다. 서울의 아침 기온은 영상 1~2도로 며칠 전보다 뚝 떨어졌다. 완연한 봄인 듯, 며칠 따뜻하던 날씨가 변덕쟁이처럼 쌀쌀해졌다.

참나무 열매가 후드득 떨어지던 가을날, 어디서 나타났는지 새끼 다람쥐가 나뭇잎 위로 떨어진 도토리를 찾던 나무 밑에는 마른 나뭇잎만 수북하다. 양쪽 볼이 불룩하게 도토리를 찾던 새끼 다람쥐는 겨울을 잘 보냈을까?

2024년 갑진년 새해! 내 생애, 가장 찬란한 봄이기를 바라며 희망가를 부른다.

시인, 칼럼니스트, 한국문인협회 회원, 한국디지털문인협회 회원, 강동문인협회 사무국장 역임, 저서: 《그림자 놀이》, 《화선지에 그리는 사랑》

비 오는 날의 데이트

차경아

육십 중반을 살면서 가족들에게 고마운 마음과 소중한 선물을 많이 받았다. 그중 다시 받고 싶은 선물이 있다면 그 선물이야말로 내 인생의 가장 소중한 선물이 아닐까. 함께 사니 우리는 행복하고 좋은데 항상 독립하겠다고 외치던 작은 딸이 가깝고도 먼 일본으로 갔다. 정말 독립을 한 것이다. 일본에서 회사 다니며 일본어 학원도 다니고 요리해서 먹고 수영도 다니는 작은 딸이 보고 싶어 추억의 선물을 꺼내 본다.

기분 좋게 비가 내린다. 주체할 수 없는 낭만이 몰려온다. 차를 몰고 가까운 곳으로 나간다. 작은딸과 가끔 이렇게 데이트를 한다. 니체의 영향을 받은 이사도라 덩컨처럼 앞 유리의 와이퍼가 라디오 음악에 맞춰서 춤을 춘다. 쉬지 않고 계속 달리고 싶었으나 잠시 쉬었다 가는 것도 좋을 것 같아 카페에 들렀다. 토마토와 치즈가 들어간 따뜻한 빵과 뜨거운 아메리카노를 주문했다.

향이 좋은 커피를 마시고 있는 나의 손에 작은딸이 가볍게 입맞춤한다. 엄마를 사랑한단다. 엄마처럼 멋있고 예쁘게 나이 들고 싶단다. 엄마처럼 열정적으로 살고 싶단다. 세상에 더 훌륭한 부모들이 많은데 고마운 얘기다.

딸과 많은 얘기를 나눈다. 딸은 대학에서 나는 대학원에서 같은 학교를 다닌 우리는 동문이다. 바쁜 시간을 내어 데이트해 주는 딸이 고맙다. 이렇게 곱고 맑은 눈을 가진 작은딸의 영원한 반려자는 지금 어디에 있을까? 오로지 엄마의 마음으로 미래의 딸을 잠시 생각해 본다.

다시 길을 달린다. 음악이 흐른다. 동작대교를 타고 대학원에 다니던 어느 날도 비가 내리고 안개도 자욱했다. 모든 차가 비상등을 켰고, 내 차의 보닛도 보이지 않는 동작대교에서 가다 서다를 반복했다. 식은땀이 날 정도로 긴장된 순간 영화 제목이 생각났다. '파리는 안개에 젖어'. 긴장하면서 스릴을 느꼈던 옛 추억에 잠시 젖는다. 사람들은 저마다의 다양한 인생 스토리를 갖고 살아간다. 무엇 하나 버릴 것은 없다. 딸에게 들려준다. 혹 지금이 힘들다면 이 순간은 긴 인생의 보이지 않을 수도 있는 작은 점이다. 초조하거나 걱정할 필요 없다. 최선을 다해라. 후회가 남지 않도록. 지금 만족한다면 다음 이상을 꿈꿔라. 너는 할 수 있고 젊음은 많은 것을 가능하게 할 것이다.

비 오는 날 들으니 더 좋은 음악이 계속 흘러나온다. 살아보니 인생에서 가장 중요한 것은 사랑이다. 모든 것을 다 가졌어도 사랑이 없으면 슬픈 인생이다. 오래 사유할 수 있는 것 또한 사랑이다. 비 오는 날 사랑하는 작은딸과 언제 다시 데이트를 할 수 있을까?

내가 이해하는 모든 것은 내가 사랑하기 때문에 이해한다.
Everything that I understand, I understand only because I love.

— 레프 톨스토이

(사)KPO명강사협회 전문강사, 문해교실 강의.
저서:《꿈꾸는 새는 날개를 접지 않는다》,《4차 산업혁명과 ESG경영》(공저)

손이 시린 날에

최덕기

　사랑이란 감정이 어떻게 만들어지는지를 미국의 심리학자 해리 할로우Harry Harlow는 붉은털원숭이 연구로 밝혀냈다. 애착이란 감정의 형성은 어미가 새끼에게 주는 먹이나 보상에 있지 않고, 새끼에게 제공하는 따뜻하고 부드러운 스킨십에서 나온다는 사실을 실험을 통해 증명해 보였다.
　나는 처음 이 글을 읽고 놀라고 공감했다. 피부 촉감에 의해서 만들어지는 따뜻함이 사랑의 본질이고, 그 애정의 깊이는 기억으로 뇌 속에 집적된 양에 따라 강도를 더한다. 하나님이 주신 이 신비한 정신적 에너지는 그 개체가 생명을 다할 때까지 끊임없이 분출된다.
　며칠 전 소한이었다. 소한, 대한 하는 절기는 요즘은 생활에서 잘 쓰이지 않고 달력 속에 작은 글씨로 적혀 있을 뿐이다. 오늘처럼 추운 날이면 할머니는 늘 "소한 추위 한다"고 말씀하셨다. 손이 시린 날이면 할머니와 함께했던 기억들이 떠오른다.
　추운 겨울날 밖에서 놀다 방에 들어오면 할머니는 내 손을 잡아채어 "손발이 꽁꽁 얼었네, 아주 고드름이 되었구나" 하시면서 여긴 쩔쩔 끓는다며 방 아랫목에 깔아놓은 이불 밑으로 나를 끌어당긴다. 내가 방바닥이 별로 따뜻하지 않다고 불만의 목소리로 투덜대면 다시 언내 손을 할머니의 따뜻한 종아리에 대고 손과 발을 녹여 주시곤 하셨다. 나는 어린 시절 많은 시간을 할머니와 함께했다. 내 잠자리를 언제나 포근하게 감싸 주시던 할머니의 따뜻했던 손길을 지금까지 기억하고 있다.

며칠 있으면 할머니 기일이다. 할머니의 영정사진을 앞에 놓고 동생들과 우리 가족이 함께 조촐한 추도식을 가진다. 할머니가 돌아가신 지 벌써 30년이 훨씬 넘었다. 그러나 할머니는 영정사진 속의 60대 모습으로 내 기억에 들어가 있다. 어린 시절 할머니와 함께한 많은 기억이 가끔씩 튀어나와 애정의 불씨를 살려낸다.

할머니는 우리 집안에 최초로 기독교를 받아들이셨다. 해방 후 어렵게 38선을 넘어 월남하면서도 예수님 사진을 정성껏 가지고 내려오셨다. 예수님 사진을 항상 안방 벽 중앙에 걸어두셨다. 예수님 사진 옆에는 천사들이 하늘에서 내려오는 천연색 사진도 함께 걸려 있었다. 어린 시절 방에 혼자 남아 벽에 걸린 갈색 머리 서양인 모습에 가슴에 붉은 심장을 내보인 예수님 사진을 바라볼 때면 조금은 두렵고 무서운 느낌도 들었다.

할머니는 정규 학교 교육을 받지 못했다. 독학으로 한글을 깨우치셨다. 집념과 의지력이 무척 강하셨다. 집 책꽂이에 있던 박종화의 《삼국지》와 대하소설 《자고 가는 저 구름아》를 읽으시고 감동적인 장면을 만나면 손자들에게 이야기해 주시곤 했다. 성경을 읽으실 때면 글자를 한 자씩 손가락으로 짚어가며 읽으시기에 읽는 속도가 우리 절반 정도에도 못 미친다. 그러나 한 번 책을 잡으시면 3~4시간을, 어떤 날은 밤새도록 한자리에서 꼼짝 않고 읽으셨다. 성경책 속의 이야기를 어린 손자에게 몇 번이고 이야기해 주시지만 나는 별재미가 없었다. "할머니, 그 얘기는 지난번에 들은 얘기에요"라고 귀에다 대고 큰 소리로 말한다. 할머니는 귀가 어두워 보청기를 끼셨으나 작은 소리로 말하면 못 알아들으셨다.

할머니와 한방에서 자다 새벽에 이상한 느낌에 눈을 떠보면 할머니는 조용히 혼자 일어나셔서 무릎을 꿇고 기도를 하고 계셨다. 어떤 때는 눈을 감고 기도 중인 할머니의 얼굴 앞에 손바닥을 흔들어대는 장난을 쳤던 기억도 있다.

우리는 추도식 때마다 찬송가 '나의 사랑하는 책'을 부른다.

"나의 사랑하는 책 비록 헤어졌으나 어머니의 무릎 위에 앉아서/ 재미있게 듣던 말 그때 일을 지금도 내가 잊지 않고 기억합니다."

찬송가 가사 중에서 어머니를 할머니로 바꾸면 내 어렸을 적 이야기다.

어느덧 내 나이 사진 속 할머니를 훌쩍 넘어섰다. 올겨울같이 추운 날이면 할머니가 손자에게 전해 주시고 간 추억의 선물은 내 메모리칩에서 튀어나와 따뜻한 사랑의 불씨를 지피고 들어간다.

한국디지털문인협회 회원, CJ제일제당 퇴직

선물

최원현

선물을 받았다. 그런데 누가 보낸 것인지를 알 수가 없다. 냉동상품인 데다 추운 날씨에 서로 부딪히다 보니 주소가 벗겨져 버렸기 때문이다. 보낼만한 사람에게 전화를 걸어 확인해 볼까 하다가 그가 아니라면 마치 왜 선물을 보내지 않았느냐고 하는 게 될 것 같아 그도 그만둔다. 분명 내게 보낸 것이고 또 금방 풀어서 먹어야 하는 것이니 그냥 놔둘 수도 없다. 내게 보내준 것은 맞으니 우선 먹고 누군가 연락을 해 오기만을 기다릴 밖에 없다. 선물을 보냈는데도 아무 인사가 없으면 필시 받지 못 했느냐고 물어올 것이기 때문이다.

삶에도 이렇게 누군지도 모르게 보내져 온 사랑과 도움의 선물이 많았을 것이다. 부러 이름을 밝히지 않았을 수도 있고, 보내는 이가 이름을 쓴다는 것을 깜빡 잊었을 수도 있다. 이번처럼 쓰긴 썼는데 운송 과정에서 떨어져 버린 것도 있을 것이다. 그렇다고 일일이 잘 받았느냐고 확인하는 것도 번거롭고 멋쩍을 뿐 아니라 잊어버릴 수도 있다. 그러니 이번 것처럼 나는 누가 보낸 지도 모르고 덥석 받아먹기만 할 수밖에 없다. 어쨌든 나는 보내준 것을 아주 잘 받아먹었다.

요즘 가만 생각을 해보니 선물 받는 일에 너무 익숙해져 있는 것 같다. 문제는 내가 언제부터 이처럼 선물 받는 일에 익숙해져 버렸는가 하는 것이다. 세상에 공짜란 없다고 했는데, 더구나 받는다는 것은 생각도 못 하고 늘 선물을 해야 하는 것에만 마음을 쓰던 것이 엊그제 같은데 어느새 선물 받는 입장이 되어버렸다. 그만큼 세월이 흘렀고 어느새 나이가 들었다는 말일 것이다. 내가 선물할 어른들이 많이 떠나셨다는 것이기도 하다. 그렇다고 하더라도 받은 만큼은 나도 뭔가로 갚아야 할 텐데 주지도 않고 받아먹는 것에만 익숙해졌다면 이는 큰 문제가 아닐 수 없다. 나도 선물을 해야만 할 곳이 한두 곳이 아닌데 말이다.

지금은 다 커버렸지만 일곱 살, 여섯 살, 네 살, 세 손녀에게서 심심찮게 선물을 받았었다. 끄떡하면 카드를 만들었다고 주고, 책을 만들었다고 주고, 그림도 그렸다며 선물을 했다. 아무리 봐도 소장 가치는 없는 것 같은데 녀석들은 아주 소중한 것인 양 내게 주곤 했다. 녀석들의 기준과 내 기준이 달라서일 것이다. 그러고 보면 내가 받은 선물 중에도 내 기준으로만 판단하여 가벼운 마음으로 받은 것은 없었을까. 선물이란 자기가 할 수 있는 최선을 다해서 하는 것이 일반적이다. 그런데 그렇게 한 선물일 텐데 보낸 이의 형편까지도 내 기준에 맞춰 판단하지는 않았을까.

요새는 그러지 않지만, 한때는 지나다 선물감으로 눈에 띄면 미리 사놓았다가 선물할 때 쓰곤 했다. 선물해야 할 곳이 생겼는데도 갑자기 선물감을 찾으려면 마땅치 않을 때가 있다. 그럴 때를 대비하여 미리 준비해 놓으면 여러 가지로 편리하다. 전혀 생각지도 않았는데 갑자기 선물해야 할 때도 있는데 그런 때엔 미리 사놓은 것으로 정말 요긴하게 쓸 수 있다.

언젠가 한 선배가 아버지에 대한 추억을 이야기하면서 자신의 일생 중에 받았던 가장 큰 선물은 아버지와 함께 목욕탕에 간 것이라고 했다.

너무나 엄격한 아버지, 감히 아빠라고 살갑게 불러보지 못할 만큼 어려운 그 아버지가 초등학교에 다니던 어느 날 목욕탕에 가자고 하더란다. 두려움 반 기대 반으로 아버지를 따라 읍내의 목욕탕엘 갔는데 "여기 앉아 등 내밀어라" 하시더니 등의 때를 밀어 주고, 앞가슴이며 팔이며 다리까지 때를 밀어 주더란다. 그런 후 등판을 탁 때리면서 "많이 컸다"고 한마디 하셨단다. 그런데 그 한마디가 자신의 존재를 인정해 주는 말 같아 그렇게 흐뭇할 수가 없었단다. 딱 한 번 아버지와 함께했던 그 일로 그는 '나는 꼭 아들을 낳아 아들과 자주 목욕탕에 가겠다'라고 다짐을 했었는데 딸만 셋을 낳았다며 아쉬워했다. 그러고 보면 선물이란 꼭 물건으로만 오고 가는 것만도 아닐 것 같다.

선물이 뇌물이 되거나 받고 주는데 부담이 되면 선물의 의미를 잃는다. 그러나 사랑의 마음이 가득 담긴 선물은 행복한 나눔이 되고 서로의 관계를 더욱 좋게 만든다. 부부간에도 선물은 좋은 것이고, 부모와 자식 간에도 선물은 주어 기쁘고 받아서 즐겁다.

분명 요 며칠 사이에 선물을 보낸 누군가가 연락을 해올 것이다. 그러나 지금 상황에선 "선물 잘 받아 맛있게 잘 먹었습니다. 감사합니다" 아무래도 이렇게 공개적으로 감사 인사를 해야 할 것 같다. 하지만 또 모를 일이다. 받는 기쁨보다 주는 기쁨이 더 큰 것이 선물이라며 굳이 연락해 오지 않을 수도 있다. 여하튼 나는 또 하나 사랑의 빚을 졌다. 내가 사랑의 빚을 지워 주진 못하고 나만 빚쟁이가 되니 미안할 따름이지만 누군가를 생각하며 선물을 준비하고 보낸다는 것만으로도 행복의 엔도르핀이 마구 솟아나는 일 아닌가. 그래 맞다. 받은 사람이 나처럼 조금은 애가 탈지 몰라도 나도 보낸 이를 모르게 선물을 해봐야겠다.

이것도 하이패스가 없던 오래전에 들은 얘기지만 뮤지컬 배우 최정원 씨는 자기 뒤에 오는 차의 통행료를 가끔씩 내주었다고 한다. 그러면 뒤의 차가 쫓아와 엄지손가락을 세우며 멋있다며 고맙다고 기분 좋은 인사를 하고 갔는데 그러면 하루 종일 기분이 좋더라고 했다. 고작 천 원인데도 아침에 기분을 좋게 해 준 통행료 선물, 그 기분이 짐작되지 않는가. 어쩌면 내 선물의 위력도 그리 나타나지 않을까. "선물 잘 받아 잘 먹었습니다. 감사합니다." 내 밝은 목소리만큼 기분 좋은 하루, 그러고 보면 이것도 선물이 되지 않을까.

수필가·문학평론가. 《한국수필》로 수필, 《조선문학》으로 문학평론 등단. 한국수필창작문예원장·사)한국수필가협회 명예이사장. 수필집 《날마다 좋은 날》 외19권, 문학평론집 《창작과 비평의 수필쓰기》 외.

미얀마 대모代母

한상림

　진정한 마음으로 오고 가는 선물은 사랑이다. 선물은 받는 것보다 줄 사람을 생각하며 준비하는 과정이 더욱 설레고 행복하다. 그래서였을까? 뜻하지 않은 예쁜 딸들이 연이어 한국으로 왔을 때, 나와 남편은 마냥 마음이 들떴다. 특별한 대화거리 없던 밋밋한 일상의 우리 부부가 주고받는 신선한 이야깃거리로 서로에게 활력소가 되었다.

　지난여름의 끝자락, 유미가 서울로 유학 온다는 말에 약간은 흥분되면서 걱정이 앞섰다. '비행기도 처음 타볼 텐데, 인천공항에서 내려 기숙사까지는 어떻게 올는지?' 마치 우리 딸을 해외로 내보낼 때 두려움처럼 수시로 카톡 창에서 준비 과정과 공항에서 기숙사로 이동하는 방법까지 꼼꼼히 안내해 주었다. 그리고 기숙사에서 필요한 생필품을 하나하나 큰 박스에 챙겨 담으며 준비한 목록을 전해 주었다. '이불, 베개, 치약, 칫솔, 샴푸, 타올, 컵, 비상약, 헤어드라이어, 화장품, 세탁세제, 햇반, 참치캔, 김 등…', 행여 오자마자 가게가 어디에 있는지 찾기 힘들어 고생할 거 같아서였다.

　유미는 미얀마 양곤에서도 7시간 거리인 만딜레에서 살았다. 유미라는 이름은 한국어로 만든 이름이다. 한국 유학을 준비하는 과정에서 희망글쓰기대학인 줌 안에서 처음 만났다. 지금은 미얀마대학에서 한국어 교육학을 전공 후 GK 장학생으로 성균관대 석사과정을 공부하는 중이다.

한국디지털문인협회 희망글쓰기대학은 4대학과 7대학을 운영하고 있다. 중급 과정인 7대학을 수료한 학생들이 토픽 5~6급을 받고서 4대학에 입학한다. 한국말로 소통은 잘되지만, 쓰기는 현지 한국인에게 직접 배울 기회가 적어서인지 어려워한다. 하긴 한국 사람들도 글쓰기는 쉽지 않으니, 그 정도면 아주 월등한 실력이다. 미얀마 청소년들은 주로 K-pop과 한국 드라마를 통하여 한국어를 배우면서 현지 세종어학당을 다니던가, 혹은 현지에서 한국어를 가르치는 미얀마인들에게서 배우고 있다. 물론 대학에서 한국어 전공을 한 사람도 있지만, 극히 드문 경우이다.

2년 전에 처음 4대학 강사로 제안받았을 때만 해도 이런 엄청난 인연이 나에게로 올 줄을 상상도 못 했다. 코로나 시국에 화상zoom 강의를 해 왔기에 별 고민 없이 선뜻 응했다. 현지 학생들 한국어 수준을 잘 몰라서 좀 막연한 상태로 강의 자료를 준비해야 했다. 하지만 토픽 5급 자격증을 딴 고급반이어서인지 상상외로 한국말을 잘하거니와 글쓰기 수준도 높았다. 무엇보다도 한국으로의 유학을 꿈꾸는 열망의 눈빛이 화면에서 반짝였다. 강의 후 과제를 내주면 구글 드라이브에 올려놓고, 거기서 개인별 피드백도 해 준다.

글을 통한 아이들 심성과 생활 모습을 엿보면 미얀마인의 정서가 우리와 낯설지 않다. 불교 국가라서인지 아주 예의 바르고 겸손하고, 남을 배려하거나 어른을 알아보는 태도는 한국인과 비슷하다. 그런 아이들에게 아낌없이 주고 싶은 마음이 샘물처럼 솟구치곤 했다. 거기에 아이러니한 것은 나를 통해 간접적으로 이야기를 들은 남편까지 덩달아서 지나친 관심을 쏟으며 가끔 소식을 묻곤 한다.

　2학기 강의가 시작되자마자 카잉, 지현이, 아름이가 9월 초에 매주 연달아 왔다. 역시 생필품을 챙기다 보니 혼자 너무 벅차 주변의 가까운 사람에게 도움을 받았다. 나와 함께 4명의 기숙사를 오가면서 아이들을 만나 밥도 먹고 자기 집으로 초대까지 해 주었다. 그것은 봉사가 몸에 밴 사람이 아니고서는 아무나 일어날 수 없는 마음이다. 그녀 역시 나처럼 20여 년간 새마을부녀회에서 많은 봉사를 한 사람이다. 우리는 둘 다 사회봉사로 이미 대통령 훈장을 받았기에 임기를 마친 후 모두 내려놓은 상태인데도 이런 일에는 망설임 없이 나선다. 그러다 보니, '미얀마 엄마, 미얀마 대모'라는 호칭을 얻게 된 것이다. 익숙하게 들어온 '시인과 작가, 혹은 회장님'이란 호칭과 달리 '미얀마 대모'는 신선하고 푸근하다. 그것은 '미얀마 대모'라는 닉네임에는 미얀마 딸들이 들어 있기 때문이다. 이제 한 학기가 지나고 새로운 학기가 시작되었다. 처음 겪는 추운 겨울도 잘 지냈으니, 한국 생활에 잘 적응하는 대견한 모습에 한시름 놓는다.

　미얀마와의 인연은 2009년도에 새마을부녀회에서 딱 한 번 워크숍을 다녀올 때부터 시작되었다. 그렇지만 시간이 오래 지나다 보니 한동안 잊고 살았다. 하지만 그때 찍은 여행 사진이 한 장도 보관돼 있지 않아 아쉽다. 그저 'ㅇㅇ파고다'라는 사원을 여러 곳 다니면서 맨발로 사원 바닥을 디뎠던 뜨거운 여름날만 어렴풋이 떠오른다. 1983년 10월 9일 제5공화국 때 전두환 대통령이 버마(미얀마)에 가서 북한 공작원에게 당한 아웅산 폭탄테러 사건 현장에도 갔었다. 당시에는 미얀마가 우리나라에 비해 많이 뒤떨어진 저개발 국가로 보였지만, 이제는 14년이란 세월이 지났으니 좀 더 발전된 모습이라 생각된다. 언제 기회가 된다면 아이들 글 속에서 소개된 미얀마의 아름다운 곳을 다시 여행하고 싶다.

올해에도 한국디지털문인협회 책쓰기 4대학 강의를 시작하여 매월 2회 줌zoom 안에서 미얀마 청소년들을 만나고 있다. 입학식 날 인터뷰한 학생들 대부분 꿈을 들어보니 한결같이 GK 장학금으로 한국 유학 오는 거다. 그것은 미얀마의 현재 정치 상황에서 학생들 스스로 공부할 곳을 찾아 나서야 하기 때문이다. 대학 생활이 멈추어서 졸업장도 받지 못하고, 졸업장이 없어 취업이 어려운 데다가 가정 사정도 그다지 여의치 못하다고 한다. 또한 한국에 온 유학생들 역시 방학 동안에는 아르바이트하여 기숙사비를 모으고 용돈도 벌어야 하므로 유학 생활도 만만치 않다.

희망글쓰기대학에서는 한글 글쓰기를 가르치는 것뿐만 아니라 '나눔 실천'을 우선으로 실행하도록 안내하고 있다. 조별로 나눔 팀을 만들어 팀장 주도하에 봉사활동을 하여서 학기 마지막 강의 날엔 나눔 활동을 서로 보고하여 공유한다. 예를 들면, 어린 학생들에게 한국어를 가르치면서 한국에서 하는 놀이와 게임도 함께한다. '무궁화 꽃이 피었습니다'와 같은 오징어 게임도 하고, 학용품도 나눠주고, 한국 문화 놀이를 체험하면서 한국의 우수한 문화와 한글의 우수성을 알리고 있다.

'내 인생 최고의 선물은 무얼까?'

선물은 'present'로 현재라는 의미다. 따라서 기쁨을 나누는 현재가 과거보다 더 값진 선물이다. 현재 나에게 최고의 선물은 줌으로 만나는 미얀마 청소년들이다. 꿈과 희망을 나눠주는 '희망글쓰기대학'

도 그들에겐 큰 선물이 될 것이다. 어둠 속에서 희망의 빛을 찾는 미얀마 청소년들의 간절한 눈빛을 희망글쓰기대학에서 값진 선물로 채워줄 것이다. 미얀마 청소년들 또한 한국에서 공부한 후, 취업하거나 미얀마로 돌아가 한국 문화와 한글을 전파할 것이다. 그러므로 그들이 나에게 붙여준 '미얀마 대모'란 호칭이 그 어떤 보석보다 값진 사랑이며 선물이다.

시인, 칼럼니스트. 시집: 《따뜻한 쉼표》, 《종이물고기》, 칼럼집: 《섬으로 사는 사람들》, 한국문인협회, 중앙대문인협회, 강동문인협회 회원, 한국예총 전문위원

함께여서 더욱 특별했던 3,422m 등정

한헌

　고교 동창 18명이 뭉쳤다. 그 친구들이 모두 고산증 없이 대만 합환산 북봉 3,422m 등정에 성공하고 돌아왔다. 다들 고산증 걱정을 많이 했는데 이번 여행 일정을 치밀하게 짜서 성공한 듯하다.

　1일 차에 가오슝 공항에서 버스로 5시간 이동하여 2,200m 고지인 아리산 카오팡 호텔에서 숙박하고, 2일 차엔 일출 전망대 일월담 등 2,200m 고지 주변을 관광하며 1만 보 걷기로 준비 운동하며 이틀간 고산 적응에 힘썼다. 3일 차엔 아침에 버스로 90분 이동하여 3,000m 고지에서 하차하여 3,422m 합환산 북봉에 도전하는 4시간 등산 그리고 점심 후 1시간 반의 합환산 주봉 등산, 4일 차엔 오전 시내 관광 후 귀국이 주요 일정이다.

　대만은 고산지대이고 3,000m 이상인 고산이 268개라고 한다. 최고봉인 옥산은 3,952m이다. 설악산 한계령에서 보는 능선보다 두 배 높고, 그곳 계곡보다 두 배 깊다. 엄청난 규모에 감탄사가 절로 나온다. 장엄한 풍광을 마주하니 갑자기 시인이 된 듯 시 한 수 읊어본다.

아리산을 지나 합환산에 오르니

3,422m의 북봉이 우리를 반기네

고교 동창들과 함께한 등산길

고산증을 이겨내고 정상에 서니

50년 우정이 더욱 빛나네

광활한 고지 위에 운해가 흐르고

친구들의 말 한마디, 한마디가 정겹다

고교 시절 추억이 떠오르고

내 인생을 돌아보니 어느새 70

가족과 함께한 시간이 소중하고

친구들과 함께한 이 순간이 행복하다

합환산의 추억, 영원히 간직하리

    이번 여행은 나에게 있어 매우 특별한 경험이었다. 고교 동창들과 함께 대만의 합환산을 등반하며, 서로의 삶과 추억을 나누고, 새로운 도전과 목표를 세우는 계기가 되었다.

    친구들은 각자 다양한 삶의 모습과 인생 경력을 지니고 있었다. 은퇴 후에도 건강한 삶을 유지하며, 자신의 취미와 관심사에 열정적으로 임하는 모습이 인상적이었다. 스스로 기록하고 기행문을 쓰고 공유하는 친구, 자식에게 목소리를 남기기 위해 유튜브를 한다며 자신의 강의 유튜브를 소개하는 친구, 노래 요청에 망설임 없이 노래하고, 집에서는 아침마다 노래로 부인을 깨운다는 '모닝콜' 친구, 새벽 4시에 일어나 식사 준비를 해놓으면 부인이 일어나 함께 식사한다는 모범 친구, 그에 반해 식사 준비는커녕 설거지나 청소 빨래도 안 한다는 고리타분한 친구들도 있었다.

친구들의 즉각적인 타박에도 불구하고 푼수(?) 같은 질문을 계속하는 무던한 친구, 20년간 주말 등산의 첫 번째 대장이며 지금까지도 리더 역할을 하고 저녁에 술을 사는 친구, 노인의 고집을 지니고 있는 친구, 리무진 공항버스를 예약하지 않아서 승차 거부를 당하고 다른 교통편으로 오느라 많이 늦어져서 디지털 문맹이 의심되는 친구, 노래 잘하는 친구 그리고 노래 못해도 끝까지 하는 친구, 본인이 저질 체력 삼인방 중 한 명이라는 친구, 강한 정신력과 실천으로 중병을 극복하고 건강 회복에 성공한 친구도 있었다.

꼼꼼한 성격으로 모임에 총무로 봉사하는 친구, 책임감이 무거운 대장으로 봉사하는 친구, 동창회를 열심히 운영하는 봉사 정신 투철한 친구, 등산을 즐기고 고산 등산 경험이 있어 이번 여행의 리더가 되어 준 친구도 있었다.

무거운 카메라를 들고 다니며 좋은 사진 만들고 공유하는 사진작가 친구들, 술을 즐기는 애주가 친구들, 커피를 좋아하는 친구들, 유쾌한 분위기를 만드는 친구들, 평소에 열심히 운동하여 누구보다 단단한 다리를 자랑하는 친구들도 있었다.

서로 다른 각자의 재능도 보여주어 더욱 특별한 여행이었다. 오랜 정을 나누는 친구들이 은퇴 후에도 건강한 삶을 유지하고 있어 든든하고 자랑스러웠다. 친구들과 함께여서 더욱 소중하고 아름다운 시간이었다.

20인승 작은 버스에 몸을 싣고 꼬불꼬불 산길을 올라간다. 아래를 내려다보면 엄청난 깊이에 놀라울 뿐이다. 우리나라의 산에서 못 보던 고산지대의 웅장한 광경에 감탄하면서 눈에 담는다. 평생 잊지 않고 오래 기억하리라.

고산증을 검색하니 고도 3,000m이면 산소포화도가 낮아서 해변에 비해 68% 정도라고 한다. KF94 마스크를 쓰고 빨리 걸으면 숨이 차서 마스크를 살짝 들어 올리고 숨을 돌리는데, 그와 비슷하지 않을까 생각하며, 잔뜩 긴장하고 극한 체험에 도전했다. 멀미약도 준비하고 고산증 예방에 쓰인다는 말초혈관 이완제 시알리스도 준비했다.

다들 마음의 준비를 단단히 했을 텐데 다행히도 모두 정상을 무난히 밟았다. 평소에 정기적으로 등산하는 등 다들 건강관리를 잘한 덕분일 것이다.

이번 경험을 통해 하고 싶은 일이 있다면 그게 무엇이든 포기하지 않고 용감하게 도전하면 이룰 수 있다는 것을 깨달았다. 평소에 책을 내고 싶은 마음으로 늘 도전해왔던 책쓰기도 포기하지 않고 끝까지 한번 가보려고 한다. 도와주겠다는 전문 작가도 소개받았으니 말이다. 새로이 시작하는 미술 공부와 합창, 그리고 평생 초보인 골프도 그만두지 않고 지금처럼 해나가는 것이 나의 소박한 목표이다. 사진을 잘 배워 즐기고 활용하고 있는 것처럼 새로운 것을 배우고 도전하는 열정을 계속 유지해 나가고 싶다.

50년 지기 친구들과 함께한 여행은 매우 큰 행운이고 편안함이었다. 3,422m 고지를 함께 오르고 보니 평소와는 다른 동지애가 생긴다. 서로 다른 직장, 경력, 그리고 퇴직, 현직 등 삶의 모습은 제각각이지만 우린 그냥 티격태격하면서 오래오래 정든 친구들인 것이다.

친구들과 함께한 도전, 그를 통한 성공이 나에게 자신감과 새로운 목표를 가져다주었다. 올림픽에 참가한 단체우승팀의 기분이 이럴까 하는 생각도 든다. 친구들 덕분에 준비를 잘하여 멋진 여행을 했다. 친구들에게 감사한 마음이 든다. "우리가 언제까지 이렇게 등산할 수 있을까?" 하고 걱정하는 친구도 있지만, 나는 미래 걱정은 하지 않고 현재에 만족하려고 노력한다.

이번 등산은 나로서는 큰 도전이었지만 결과적으로 내가 나에게 주는 최고의 선물이 되었다. 미지의 세계에 대한 용감한 도전은 앞으로도 계속될 것이다.

강원대학교 의과대학 명예교수, 강원대학교병원 영상의학과 진료교수, 전) 강원대학교 의과대학 학장, 전) 강원도 속초의료원 원장

내 삶은 누가 뭐래도 당신 하나요

홍경석

사랑愛과 사랑舍廊은 천양지차天壤之差다. 사랑愛은 어떤 사람이나 존재를 몹시 아끼고 귀중히 여기는 마음, 특히 그 대상은 이성異性이 주를 이룬다. 반면 사랑舍廊은 집의 안채와 떨어져 있는, 집주인이 찾아온 손님을 접대하는 곳에서 시중을 드는 하인下人쯤으로 격하된다.

나의 성장 과정과 청소년기가 꼭 그랬다. 그때까지 아무도 날 사랑하지 않았다. 주변의 무관심 역시 견고했다. 진작 파산된 피폐의 가정환경은 극도의 상처를 강요했다. 부부간의 불화로 어머니가 집을 나간 집구석은 만날 아버지의 자학과 원망이 뒤섞인 술병만 나뒹굴었다.

어찌어찌 한술 뜨고 학교에 갔지만 "엄마 없는 놈"이라고 놀려대기 일쑤였다. 노골적 따돌림이었다. 그런 놈들에게 꿀리지 않으려고 이를 악물고 공부에 매진했다. 덕분에 초등학교 1~3학년 때는 부반장을, 4~6학년 때는 3년 연속 학급회장을 꿰찼다.

하지만 거기까지였다. 더욱 거센 빈곤의 쓰나미가 습격하면서 중학교 진학은 물거품이 되었다. 대신 소년가장이 되어 갈수록 피골이 상접해지는 홀아버지의 봉양에 열중하지 않으면 안 되었다. 효녀 심청이야 공양미 삼백 석에 자신의 몸을 던졌다지만, 나에겐 그런 기회조차 주어지지 않았다.

갖은 고생을 하다가 십 대 후반에 어찌어찌 괜찮은 직장에서 일하게 되었다. 그때 만난 나름 절세가인絶世佳人이 바로 지금의 아내다. 나는 정말이지 그녀를 보는 순간 한눈에 매료되었다. 사랑의 늪에 빠진 것이다. 그것도 흠뻑. 사람이 사랑하는 이유는 뭘까. 먼저 감정적 유대감이다. 유대감은 서로를 이해하고 지지하는 데 도움이 되며, 상대방과의 관계를 더욱 깊게 만든다. 사랑은 자신의 가치를 인정받고 상대방과의 관계를 통해 삶을 더욱 풍요롭게 만들 수 있다. 성적 욕구 또한 간과할 수 없다.

사랑하는 사람과 함께하는 모습은 다른 사람들에게 부러움을 자아내며, 자신의 사회적 지위를 높이는 데도 도움이 된다. 특히 대중적 정치인이라고 한다면 더더욱 필요한 기본 옵션이다. 사랑은 정서적 안정을 제공하며 서로를 이해하고 소통하는 데도 중요한 역할을 한다. 한마디로 다다익선多多益善이다.

태어나서 20년 가까이 아무도 나를 사랑하지 않았건만 그녀는 달랐다. 진정 나를 사랑하고 아끼는 모습에서 나는 그녀에게 푹 빠졌다. 역시 사랑은 달콤했다. 우리는 자연스럽게 부부가 되었다. 이듬해 떡두꺼비 아들을 보았다. 비로소 한 가정의 가장이라는 막중한 임무를 맡았다는 책임감이 어깨를 짓눌렀다.

그러나 희비는 마치 파도처럼 교대로 찾아오는 법. 아들이 불과 두 살 때 아버지는 세상을 버리셨다. 엄동설한에 선친을 땅에 묻으면서 새삼 비정한 어머니를 덩달아 매몰埋沒했다. 아무리 피치 못해 이혼한 부부였을지라도 정작 자녀가 결혼할 적엔 예식장에 와서 혼주석에 잠시라도 앉았다 가는 게 부부의 도리이거늘. 부부가 이혼하더라도 자녀와의 관계는 유지되며, 자녀의 결혼식은 부부가 함께 축하해야 할 중요한 축제이기 때문이다.

그렇게 허무하게 별이 되신 선친의 올 설날 차례상도 역시 아내가 정성을 다하여 차렸다. 어느덧 40년이라는 세월이 흘렀다. 몸이 부실하여 그동안 몇 차례 수술을 받은 까닭에 아내는 고삭부리 아낙으로 훼손된 지 오래다. 그런데도 설과 추석, 선친의 기일이 되면 그야말로 원더우먼wonder woman으로 돌변한다. 올 설에도 그랬다. 그 바람에 또 몸살이 찾아왔다. 그래서 예정했던 또 다른 수술 일정을 미뤘다. 안 아프고 건강만 한 삶이라면 오죽이나 좋을까. 하지만 그런 삶은 애초 존재할 수 없는 게 생로병사의 길을 가는 나그네 처지인 우리의 인생길이다. 따라서 사는 동안 최선을 다해 사랑하고 배려하며 조그만 것이나마 거기서 행복을 찾는 노력을 병행하는 것이 반드시 필요하다는 생각이다.

사람은 누구나 취미가 있다. 취미는 개인의 취향과 관심사에 따라 다양하며, 이를 통해 자신의 삶을 더욱 풍요롭게 만들 수 있다. 스트레스를 해소하고, 삶에 활력을 불어넣는 데에도 큰 도움이 된다. 취미라곤 하되 나는 등산이나 낚시, 댄스, 당구, 볼링 이딴 건 모른다. 그저 좋아하는 거라곤 평소 글쓰기와 대중가요 듣기다.

대중가요는 그 시대의 사회적, 문화적, 경제적 상황 등을 반영하며, 대중의 감정과 생각을 표현하고 공감을 이끌어내는 역할을 한다. 이를 통해 대중은 자신의 경험과 생각을 공유하고 위로와 공감을 얻기도 한다. 요즘 들어 더욱 흠뻑 매료되어 툭하면 유튜브로 듣는 가요가 나훈아의 '기장 갈매기'다. "동쪽에서 바라보면 여섯 개로 보이고/ 서쪽에서 쳐다보면 다섯 개로 보이는/ 오륙도 돌고 돌며 나래 치는 내가 바로/ 내가 바로 기장 갈매기다" 가사부터 예사롭지 않다. 이어지는 가사는 더욱 압권이다. "사랑 따윈 누가 뭐래도 믿지 않는다/ 이별 따윈 상관없다 떠나든 말든/ 어차피 사랑이란 왔다가는 파도처럼" 가버리면 그만이기 때문이란다. 역시 대장부답다.

 이 노래를 더 아끼는 이유는 다음에 이어지는 가사가 내 폐부를 더욱 콕콕 찌르기 때문이다. "내 청춘은 누가 뭐래도 의리 하나/ 빈 주머닌 상관없다 없어도 그만/ 어차피 인생이란 밀물처럼 왔다가 썰물처럼 가버리는 것"이니까. 가히 물질에 달관한 도사의 청빈을 보는 듯싶다. 나는 물론 물질적인 것에 집착하지 않고, 정신적인 가치를 추구하는 삶이 본질인 도사와는 거리가 멀다.

 아내와 살아오면서 그동안 벌였던 사업과 장사에서 연전연패하는 바람에 여전히 궁핍하다. 따라서 뭐가 되었든 돈벌이가 되는 거라면 마다할 이유가 없다. 물론 그렇다고 해서 정말 소중한 나의 가치관과 윤리적 기준을 지키는 것에 소홀하지 않는다. '기장 갈매기'에서 나를 가장 매료시킨 가사 "내 청춘은 누가 뭐래도 의리 하나다"에 방점을 찍으며 글을 마친다.

 "여보, 이 못난 남편을 떠나지 않고 입때껏 잘 살아 주어 정말 고맙소! 이 풍진 세상에서 유일무이하게 나를 사랑해 준 당신이 있었기에 나는 그 모진 풍파와 크레바스보다 깊었던 세파까지 견딜 수 있었습니다. 내가 이젠 비록 청춘은 아니고 노년이긴 하되 누가 뭐래도 나 또한 삶의 모토가 '의리 하나다'였다는 건 당신도 익히 잘 알리라 믿어요. 돌이켜보건대 내 인생 최고의 선물은 바로 당신이었소. 그래서 하는 말인데 앞으로도 나의 당신을 향한 의리만큼은 추호도 변질이 없을 것임을 약속합니다. 내 삶은 누가 뭐래도 당신 하나요. 사랑합니다. 당신만을 영원토록."

N뉴스통신 편집국장.《소설 평행선》, 에세이《두 번은 아파봐야 인생이다》 포함 저서 6권 발간

'추억'이라 쓰고 '선물'이라 읽는다

황의윤

한평생 나는 산에서 삶을 배웠다. 척박한 강원도 시골 산자락에서 태어나서 자라고, 거기서 꿈을 키우며 일생의 업인 시를 배웠다. 철들자마자 얼떨결에 서울 사람이 되어 어느덧 오십여 년을 허망하게 허비해 버렸거늘, 늘 고향은 묵묵히 변치 않는 산의 얼굴을 지니고 곁을 지키며, 언제나 똑같은 자리에서 넉넉한 표정으로 나를 보듬어 주고 있다.

지금 창밖으로 내다보이는 저 산이 고향의 그 산은 아니지만, 신기하게도 산은 어디 있는 산일지라도 항상 고향의 너른 품을 떠오르게 하는 마력을 지니고 있다. 예컨대 산이라는 제목 있어서 그 산이 여기 존재하는 한, 그리고 언제나 그 산을 내가 생각하고 있는 한 산 사랑, 고향 사랑은 운명처럼 늘 꾸준하리라 여긴다. 그렇기에 산은 사랑이고, 산은 행복이며, 산은 감동이다. 그리고 산은 나의 고향이기에 영원한 추억이며, 축복 서린 삶이 주는 귀한 선물이다.

하기야 고향 하면 떠오르는 선물이 어디 산뿐이랴. 세월이 아무리 흘러도 변함없는, 오래된 어릴 적의 친구들을 제쳐놓고 고향 이야기를 나눌 수는 없다. 이만큼 나이를 먹다 보니 이런저런 제목의 모임이나 참석해야 할 단체의 회합이 번잡스럽게도 꽤나 많아졌다. 그 가운데 특별히 내게는 어떤 모임과도 바꿀 수 없는 자랑스럽고 소중한 모임 하나가 있으니, 이야말로 선뜻 내 인생 최고의 선물이라고 주저 없이 엄지손가락 치켜세울 만한 실체이다. 사실 근사한 조직의 명칭도 없이 총인원 그저 일곱 명뿐인 단출한 친목 모임이긴 하다. 다름 아니라 먼 옛날 강원도 원주에 있는 한 대학교 재학 시절, '두레이스빛을 지닌 사람들'라는 이름의 그룹사운드로 함께 추억을 쌓아 올렸던 친구들의 모임이다. 글자 그대로 질풍노도의 시절, 펄펄 끓는 청춘을 음악으로 빚어 무대에서 발산하면서 소중한 시간을 공유했던 우리는, 수십 년이 흐른 지금 시간을 뛰어넘어 정기적인 만남을 이어가고 있다.

그 시절 교내의 축제나 각종 음악회 등의 외부 행사에도 수시로 초대되어 공연하고, 각자의 재능을 모아 1978년이던 4학년 때에는 대학가요제 본선에 강원도 대표로 출전하여 경연에서 입상하는 등 정말 잊지 못할 추억을 가슴속에 간직하고 있는 우리다. 당시 나는 본래는 키보드 파트였는데 대학가요제에서는 사운드 보강을 위해 클라리넷 연주와 코러스를 담당하고, 키보드에는 객원 멤버를 초빙했었다.

많은 추억을 등진 채 우리는 가는 길이 서로 달라 부득이하게 오랜 기간 헤어져 살 수밖에 없었는데, 불과 얼마 전에야 간절한 열망이 결실을 맺어 어렵게 만남을 시작했다. 그리고 그 뒤로는 마치 그동안 만나지 못했던 아쉬움을 달랠 참인 양 수시로 만남을 이어가고 있으니 이제라도 인연이 다시 이어지는 듯하여 다행스럽고 참 좋다. 삶의 황혼기에 접어드는 시점에 아름다운 추억을 공유할 수 있는 축복을 함께 누리고 있으니, 이 어찌 인생 최고의 선물이 아닐까. 생각만으로도 절로 얼굴에 미소가 지어지고 가슴이 뛴다.

멤버 일곱 명 중에 여섯 명이 ROTC 소속이었기에, 졸업 후에는 바로 임관하여 장교로 복무하게 되었으니 당연히 음악 활동은 더 이상 이어지지 못하고 해체할 수밖에 없었다. 언젠가 다시 모여 공연할 날을 그리며 뿔뿔이 흩어져서 각자의 인생 행로를 걷게 되었는데, 당분간일 거라고 믿었던 이별이 긴 과거의 추억으로 되고 말았다. 간혹 개인적으로는 따로 만나기도 했지만, 이상하게도 다 함께 한자리에 모이기란 정말 쉽지 않았다.

그렇게 나이를 먹어가던 회갑 즈음에 한 친구의 적극적인 주선으로 마침내 한자리에 모이게 된 우리는 감격과 감동으로 서로를 얼싸안은 채 눈물 흘리며 한동안 말을 잇지 못했었다. 그러다가는 곧바로 음악과 추억을 주제로 열띤 대화가 시간 가는 줄 모르고 이어졌다. 비록 늙었지만 그래도 한때는 소위 자타가 공인하는 7080 음악의 전문가들 아니었던가?

생각 같아서는 늘 어울려 함께하고 싶지만, 친구들의 생활 반경이 멀리 떨어져 있다 보니 자주 만나기 쉽지 않아 평소에는 단톡방을 이용해서 서로 소통을 하고 있는데 우리 단톡방은 특징이 있다. 안부나 전달 사항을 주고 받는 일상의 연결 고리 역할은 물론 수시로 음악실로 변모하기도 하는 화수분 단톡방이다. 음악이 그리워지면 누구든 밤이건 낮이건 장르를 가리지 않고, 각종 국내외의 음악을 올리곤 한다. 그러면 음악 감상과 더불어 지난날을 회고하며 잊혀졌던 옛 사연을 공유하곤 한다. 그 시절의 많은 이야기들을 되새기면서 우리의 소중한 추억이 은근한 미소로 선물하는 것이다. 아마도 오늘 밤에도 어느 친구가 흘러간 팝송 한 곡쯤 선정해서 단톡방을 방문할 것이다. 아! 어쩌면 내가 먼저 멋진 추억의 노래를 골라서 친구들에게 보낼지도 모른다.

본래부터 운동에도 소질 있는 친구들이었는데, 알고 보니 당시에

2nd 기타와 코러스 전문이었던 알짜 서울 토박이 친구우종천와 대학가 요제 출전곡 작사 작곡자이며 팝송 전문 싱어였던 일산 거주 친구이세철는 이미 오랫동안 함께 테니스를 치면서 그동안 함께 건강을 다지고 있었다. 메인 보컬 출신의 친구원성용는 춘천에서 고교 교장으로 정년 퇴직을 한 뒤에 마라톤, 사회인 야구 등을 전전하다가 급기야 테린이의 대열에 합류하더니, 요즘은 셋이 어울려 거주 지역을 오가면서 코트를 누비는 모양이 보기에 흐뭇하고 좋다.

현재 대구에서 식당을 운영하는 베이스기타 파트 친구강민규는 지금도 축구경기를 쉬지 않고 있다. 그것도 정식으로 등록된 대구지역 시니어부의 대표 골잡이로 노익장을 과시하는데 인근에서는 그 명성이 자자하다. 도대체 칠십 목전의 이 나이에 어떻게들 그렇게 체력이 좋은지 모르겠다. 나는 몸 관리랍시고 겨우 여기저기 걸어 다니는 게 다인데 말이다.

물론 나도 예전에는 새벽 등산을 습관화했던 적이 있다. 그러다가 여건이 허락되질 않아 산행은 중단하고 그 뒤로는 하루에 만 보 이상 꾸준히 걷기 운동을 생활화하고 있는데, 이제까지 칠 년 정도 단 하루도 빼지 않고 목표치를 초과 달성하고 있으니, 실상 끈기로 따지면 누구와 견주어도 모자라지는 않을 터수다.

또한 인천 남동공단에서 오랫동안 공장을 운영하면서 요즘도 헬스클럽을 자주 드나들고 있는 밴드부장 출신 드럼 담당 만능 뮤지션이었던 사업가 친구김상렬와 고향 원주에 터줏대감으로 유일하게 뿌리를 내린 리드기타 파트 친구이홍찬도 젊은 시절부터 어깨로 불리며 운동신경이 남달랐고 펄펄 날아다니던 부류였으니, 건강관리나 여가 활용은 알아서 잘하고 있으리라 여긴다.

앞으로 우리가 살날이 얼마나 남았을지 모르지만, 이제부터라도 더 열심히들 시간을 내고, 건강을 잘 지키면서 소중한 선물 같은 이 만남을 이어갈 수 있으면 좋겠다. 그리고 지금처럼 사정이 허락되는 친구들은 부부동반으로 걸음하는 이 전통까지도 그대로 이어간다면 더욱 좋겠다.

일상에서 자주 사용하는 '우리'라는 말이 새삼 정겹게 가슴에 와닿는 오늘이다. 오십 년 전 그 시절 우리가 모여서 합숙할 때 같이 뒹굴고, 웃고 울던 아름다운 추억이 우리의 뇌리에서 사라지지 않는 한 우리의 모임은 그 어떤 모임보다도 귀하고 빛나는 선물인 동시에 찬란한 인생 역사의 증거일 것이다.

사실 우리 친구들에 관한 자랑은 아직도 할 게 너무도 많지만, 이제부터 남은 이야기는 가슴에 간직하고 조금씩 살짝 꺼내어 차곡차곡 되새김질하면서 살아갈 참이다. 쓸 때는 추억이라 쓰고 읽는 건 선물이라 읽으면서 우리의 사연들을 한 올 한 올 곱씹어볼 참이다. 추억의 사진첩은 은밀하니까, 그리고 은밀해서 더욱 맛깔스러울 테니까 말이다.

시인, 칼럼니스트, 필명 림삼(林森), (현) 사단법인 휴앤해피 이사장, 해피우먼 부사장, 시집: 林森 제1시집 《그대와 같이 부르는 이 사랑의 노래 있는 한》~ 林森 제9시집 《돼지껍데기》

'나'라는 꽃을 피우게 한 아빠의 응원

Kay Thwe Aung 께이 뜨웨 아웅(지혜)

2003년 6월 9일, 여기는 미얀마의 한 도시인 만달레이에 있는 어떤 병원이다. 이날 나는 누군가와 같이 태어났다. 사람들은 우리를 쌍둥이라고 불렀다. 우리는 외모만 닮을 뿐 성격, 관심사, 실력, 다 다르다. 그 애에 비하면 나는 다른 사람과 의사소통이 매우 두려웠다. 그래서 그런지 내 곁에 있는 사람들도 나를 피해 갔다. 심지어 친오빠마저 나보다 그 애를 더 예뻐했다. 과자가 하나만 있을 때는 그 애한테만 주고 나한테는 맨날 못된 말만 했다. 오빠랑 싸울 때 나는 항상 베란다에 가서 울면서 편지를 썼다. 이럴 때마다 나한테 다가와서 위로해 주는 한 사람이 있다. 그분이 바로 우리 아빠다. 아빠랑 나 사이는 남들처럼 좋을 때도 있고 나쁠 때도 있다. 하지만 이거 하나는 확실히 말할 수 있다. 아빠는 내가 본 사람 중에 가장 멋진 분이다. 때로는 최고의 개그맨 같고, 때로는 인생을 인도해 주는 선생님, 때로는 오직 나를 위한 유일하게 존재한 지니 같다.

2010년 중학교 1학년 때, 내가 미치도록 갖고 싶은 게 생겼다. 그게 바로 금반지였다. 아마 반 친구들 거의 다 금반지를 가지고 있어서 나도 갖고 싶어 했나 보다. 그래서 아빠한테 학교에서 돌아올 때마다 거의 매일 사달라고 졸랐다. 아빠는 아기라서 금을 못 사 준다고 했지만 내가 울고불고 조르니 금반지 하나를 사 주셨다. 가격은 한 25만 짯 정도인 금반지다. 그 반지는 내가 본 반지 중 가장 예쁘고 비쌌다. 단순한 금일뿐만 아니고 아주 큰 다이아 보석도 박혀 있었다. 나는 그때 아주 기쁘기도 하고 미안하기도 했다. 왜냐하면 그 금액이 나한테는 아주 큰 금액이었기 때문이다. 그 당시 나의 용돈은 500짯이었는데 25만짜리라 너무 부담스러웠다. 그래도 늘 학교에 끼고 갔는데, 어느 날부터 내 금반지 색깔이 변하기 시작했다. 그때부터 이게 25만짜리 반지가 아니라 2,500짜리 짝퉁 반지인 걸 깨달았다. 지금 생각해 보니 진짜로 웃기기도 하고 잊지 못할 추억으로 남았다.

아빠한테는 이런 장난꾸러기 모습도 있지만, 때론 아주 얄미운 모습도 있다. 나는 중1 때부터 공부 잘하는 애였고, 반에는 항상 1등이었다. 가끔 2, 3등으로 떨어질 때도 있다. 이럴 때는 부모님에게 성적표를 보여주고 싶지 않았다. 특히 아빠한테는 더 싫었다. 아빠는 내가 1등을 못 하면 항상 이렇게 말했다. "1등 딴 사람들은 너보다 뇌가 1개 더 있냐? 손, 발들도 너보다 더 있냐? 없으면서 얘는 왜 1등 받았냐"라고 했다. 아빠는 아마 이렇게 하면 내가 공부를 더 열심히 할 줄 알았나 보다. 그런데 나는 그 말을 들을 때마다 짜증이 나 더 노력하고 싶은 마음이 달아났다. 아빠한테서 내가 바랐던 건 오직 칭찬이었다. 그 당시에 아빠의 칭찬은 나에게는 아주 비싼 과자 같았다. 내가 1등을 할 때도 아빠는 칭찬해 주지 않았다. 그래도 나는 나대로 공부를 열심히 해 왔다.

2013년, 중 2학년 땐 아빠는 처음으로 나한테 휴대폰을 사줬다. 내 첫 휴대폰이라 그런지 엄청 예뻤다. 색깔은 노란색이었으며 커버도 내가 제일로 좋아하는 빨간색 미키마우스를 사용했다. 그때 나의 하루는 언니들과 함께 휴대폰으로 게임하느라 바빴다. 미얀마에는 학교에 휴대폰을 가져가면 안되는 규칙이 있다. 그런데 나는 친구들과도 같이 놀고 싶고 자랑하고 싶어서 휴대폰을 학교에 가져갔다.

선생님들한테 들키지 않으려 애를 쓰면서 친구들에게 자랑했다. 점심시간에는 밥을 먹으러 가야 해서 가방 안에 꼭꼭 숨겨놓고 학교 식당에 갔다. 밥을 먹은 후에 다시 교실에 돌아와 보니 휴대폰이 없어졌다. 너무 당황해서 선생님께 말씀을 못 드렸다. 그때야 내가 까먹고 있던 것이 생각났다. 우리 반에는 도둑이 있는 것이다. 나는 아무것도 할 수 없는 채 집으로 돌아왔다. 혹시 아빠가 혼내실까 걱정스러운 마음으로 조심스럽게 아빠한테 말을 꺼냈다. 그런데 아빠는 혼내지 않고 그냥 넘어갔다.

그 사건 후에 아주 조심스럽게 학교생활을 하다가 나에게 또 다른 분실 사건이 터져 버렸다. 이번에는 MP3였다. 내 친구한테 3천 짯으로 산 것이었는데 그것도 구매한 바로 그날 교실에서 없어졌다. 그 당시 MP3가 아주 핫한 물건이었다. 너무 갖고 싶어서 내가 받은 용돈 5백 짯을 모아서 산 거였다. 억울한 마음으로 이번에는 담임선생님한테 말했는데, 내 판단이 잘못되었다. 그땐 담임선생님이 나만 혼내고 부모님을 학교에 모시고 오라 하셨다. 나는 너무 억울했다. 그 당시 반 친구들과 선생님들도 다 나한테만 따가운 시선을 보내면서 나를 탓했다.

나는 선생님 얼굴도 보기 싫고 여러모로 학교에 가기 싫어서 다음 날 아침에 아빠한테 오늘 학교에 안 간다고 하고 내 속마음을 털어놨다. 그때 아빠가 말씀하셨다.

"넌 오늘 학교에 안 가도 된다. 그런데 내일은 어떡할래? 내일도 안가? 그래 안 가도 된다. 근데 그다음, 다음, 다음날에는 어떡할래? 이 일은 네가 학교에 안 간다고 해서 해결되지 않아. 이럴 때는 더더욱 가서 네가 잘못한 것이 없음을 증명해야 한다."

그리고 마지막으로 아빠가 한 말씀으로 내 인생이 바뀌었다.

"피할 수 없는 일은 피하려 하지 말고, 하루라도 빨리 해결해야 한다. 그래야 네 마음도 편해질 것 아니야."

이 말씀 때문에 나는 지금까지 나한테 일어나는 모든 일을 피하려 하지 않는다. 그날에도 학교에 가 봤는데 내가 생각했던 것보다 별일 없이 지나갔다.

그렇게 나는 20년이라는 시간을 여러 감정을 품고 살았다. 16살 때 부모님이 반대했던 한국어 공부를 시작하고, 17살에는 첫 취직을 했다. 아빠는 그때부터 나에게 아무런 말도 안 하고 오직 응원만 해줬다. 그러다 나는 한국어 글쓰기대회에 상을 받아 한국 신문에도 나왔다. 그때야 아빠는 내가 그토록 듣고 싶어 했던 칭찬을 해 주었다. 그때야 깨달았다. 아빠는 내가 무엇을 하든, 뭐가 됐든, 표현은 하지 않지만, 속으로는 늘 응원하고 계신다는 것을.

나는 그저 험난한 세상에 '나'라는 꽃을 예쁘게 피우려고 애쓴 것뿐이지만, 아빠는 그런 나에게 물이 되어 주고 태양이 되어 주었다. 그런 아빠 덕분에 나는 지금 무엇이든 용기를 잃지 않고 자신 있는 사람으로 거듭나고 있다. 앞으로도 내 삶은 떳떳하게 잘 헤쳐나갈 것이다.

미얀마 만달레이 거주, 대학 휴학 중, 한국디지털문인협회 희망글쓰기 4대학 회원